2019 年度教育部人文社会科学研究规划基金项目"刑事一体化视阈中的环境犯罪研究"（项目编号：19YJA820019）成果

暨南法学文库

刑事一体化视阈中的
环境犯罪研究

贾学胜◎著

暨南大学出版社
JINAN UNIVERSITY PRESS

中国·广州

图书在版编目（CIP）数据

刑事一体化视阈中的环境犯罪研究/贾学胜著 . —广州：暨南大学出版社，2022.10
（暨南法学文库）
ISBN 978 - 7 - 5668 - 3506 - 2

Ⅰ.①刑⋯　Ⅱ.①贾⋯　Ⅲ.①破坏环境资源保护罪—研究—中国
Ⅳ.①D924.364

中国版本图书馆 CIP 数据核字（2022）第 177988 号

刑事一体化视阈中的环境犯罪研究
XINGSHI YITIHUA SHIYU ZHONG DE HUANJING FANZUI YANJIU
著　者：贾学胜

出 版 人：张晋升
丛书策划：李　战
责任编辑：姚晓莉
责任校对：刘舜怡　陈慧妍　黄子聪
责任印制：周一丹　郑玉婷

出版发行：暨南大学出版社（511443）
电　　话：总编室（8620）37332601
　　　　　营销部（8620）37332680　37332681　37332682　37332683
传　　真：（8620）37332660（办公室）　37332684（营销部）
网　　址：http://www.jnupress.com
排　　版：广州市天河星辰文化发展部照排中心
印　　刷：佛山市浩文彩色印刷有限公司
开　　本：787mm×960mm　1/16
印　　张：18
字　　数：280 千
版　　次：2022 年 10 月第 1 版
印　　次：2022 年 10 月第 1 次
定　　价：59.80 元

CONTENTS 目 录

附论　美国对环境犯罪的刑事法规制

导论

一、刑事一体化的思想溯源

"刑事一体化"是储槐植教授刑事法思想的一个学术标签。① 储槐植教授最早在 1989 年发表于《中外法学》的论文《建立刑事一体化思想》中提出了这一概念。在该文中，储槐植教授针对当时犯罪数和刑罚量同步增长的现象，开始根据刑法的实际运行状态反思刑法效益和刑法学理论研究方法的问题，进而提出"必须建立刑事一体化思想"，以实现刑法的最佳效益。"刑事一体化的基本点是，刑法和刑法运行处于内外协调状态才能实现最佳社会效益。实现刑法的最佳效益是刑事一体化的目的，刑事一体化的内涵是刑法和刑法运行的内外协调，即刑法内部结构合理（横向协调）与刑法运行前后制约（纵向协调）。"其中，合理的内部结构包括合理划定犯罪圈、协调罪刑关系和调整刑罚体系；刑法运行的前后制约是指刑法的运行不仅受犯罪情况的制约而且受刑罚执行情况的制约，即建立"犯罪情况→刑罚←行刑效果"双向制约的刑法运行机制。② 其后，在其系列论著中，储槐植教授对其刑事一体化思想做了进一步的阐释和发展。

首先，储槐植教授在"横向协调"和"纵向协调"的基础上，进一步提出立体化的刑法研究思路。在 1991 年《中外法学》编辑部组织的"刑法学研究的新构想"的"笔谈会"上，储槐植教授提出了"立体化的"刑法学研究思路，即在刑法之中研究刑法、在刑法之外研究刑法和在刑法之上研究刑法。③ 前者是指研究刑法法条的刑法解释学，中者是指犯罪学和行刑学的研究，后者主要是指刑法哲学和刑事政策学。

其次，在 1996 年的《刑法存活关系中——关系刑法论纲》一文中，储槐植教授又提出"关系刑法"的概念。所谓关系刑法，是指在关系中存在和运作的刑法，包括外部关系和内部关系。前者是指刑法之下的经济与刑法的关系，刑法之上的政权结构、意识形态与刑法的关系，刑法之前的

---

① 参见陈兴良：《老而弥新：储槐植教授学术印象——〈刑事一体化论要〉读后感》，《昆明理工大学学报（社会科学版）》2008 年第 5 期。
② 参见储槐植：《建立刑事一体化思想》，《中外法学》1989 年第 1 期。
③ 参见储槐植：《刑法学研究的新构想：刑法研究的思路》，《中外法学》1991 年第 1 期。

犯罪与刑法的关系，刑法之后的行刑与刑法的关系，刑法左右的其他部门法与刑法的关系；后者是指国家意志与客观规律的关系，刑法保护功能与保障功能的关系，罪与刑的关系，刑罚目的与刑罚机制的关系，刑事立法与适用解释的关系。关系刑法论的核心思想是刑法在关系之中存在并运作，关系是刑法的本体，关系是刑法的生命。①

最后，经过一系列的发展和诠释，储槐植教授将"刑事一体化"思想总结概括为"作为观念的刑事一体化"和"作为方法的刑事一体化"。作为观念的刑事一体化旨在论述建造一种结构合理和机制顺畅（即刑法和刑法运作内外协调）的实践刑法形态；刑法在运作中存在和发展，刑法本性是动态的和实践的，根据刑法的本性打造一门学问，是刑法本身的需要；刑法结构的基本内涵是犯罪圈大小与刑罚量轻重的不同比例的搭配和组合，犯罪圈大小基本体现为刑事法网的严密程度，刑罚量轻重即为法定刑苛厉程度；从"罪与刑"相对应的"严与厉"的关系上来看，罪刑配置不外乎有四种组合，即四种刑法结构：不严不厉、又严又厉、严而不厉、厉而不严；作为观念的刑事一体化与刑事政策的关系极为密切，一方面它要求良性刑事政策与之相配，另一方面在内涵上又与刑事政策兼容并蓄，因为刑事政策的基本载体是刑法结构和刑法机制。作为方法的刑事一体化，是一种刑法学的研究方法，其重在"化"字，即深度融合。刑法在关系中存在和变化，刑法学当然也在关系中发展，此处的"关系"是指内外关系。内部关系主要指罪刑关系，以及刑法与刑事诉讼的关系。外部关系更加复杂：其一为前后关系，即刑法之前的犯罪状况，刑法之后的刑罚执行情况；其二为上下关系，即刑法之上的社会意识形态、政治体制、法文化、精神文明等，刑法之下主要指经济体制、生产力水平、物质文明等。"关系"的外延也许太过宽泛，作为刑法学方法的一体化至少应当与有关刑事学科（诸如犯罪学、刑事诉讼法学、监狱学、刑罚执行法学、刑事政策学等）知识相结合，疏通学科隔阂，关注边缘（非典型）现象，推动刑

---

① 参见储槐植：《刑法存活关系中——关系刑法论纲》，《法制与社会发展》1996 年第 2 期。

法学向纵深开拓。① 质言之，作为观念的刑事一体化就是刑法的实践样态，也可谓一种关于刑法结构和刑法运行的刑事政策，而作为方法的刑事一体化是一种刑法学理论研究上的方法论。

在我国，与储槐植教授的"刑事一体化"思想体现相同旨趣的是甘雨沛教授的"全体刑法学"观。甘雨沛教授曾指出："19 世纪的刑法学是合，融刑法学、犯罪学、诉讼法学、行刑学为一体；20 世纪的刑法学是分，除上述学科相继独立外，还出现一些边缘学科；将来必走向统一、联合，成为一个熔刑事立法论、适用解释论、行刑与保安处分论以及刑事政策论等为一炉的全面规制的'全体刑法学'。它不是过去各学科的简单相加，而是在新的观念指导下的升华。"② 甘雨沛教授从刑法学发展历史脉络中，总结了刑法学发展由合到分、再由分到合的非单线向的螺旋式发展规律。

如果在世界范围内追根溯源，刑事一体化思想与德国刑法李斯特时代所倡导的"整体刑法观"可谓"不谋而同"。③ 为了克服专业的片面性，实现刑事法学各部分的有机统一，李斯特追求"整体刑法学"的目标，他在 1881 年创立的具有先导性的德国刑法学杂志，至今还保留了原来的名称，即《整体刑法学杂志》。④ 属于新派阵营的李斯特基于对犯罪原因的研究和对犯罪对策的关注，主张将与犯罪和刑罚相关的所有科学都纳入刑事科学的屋檐下，进行整体的研究，以告别以往偏仄的单一学科视角。⑤ 他一方面认为：犯罪和刑罚是刑法的两个基本概念，刑法学的任务是"从纯法学技术的角度，依靠刑事立法，给犯罪和刑罚下一个定义，把刑法的具体规定，乃至刑法的每一个基本概念和基本原则发展成完整的体系"；作

---

① 参见陈兴良、梁根林主编：《润物无声：北京大学法学院百年院庆文存之刑事一体化与刑事政策》，北京：法律出版社 2005 年版，第 19－20 页。

② 甘雨沛：《刑事法学要论》，北京：法律出版社 1998 年版，第 3 页。

③ "不谋而同"是储槐植教授自己的评价。参见陈兴良、梁根林主编：《润物无声：北京大学法学院百年院庆文存之刑事一体化与刑事政策》，北京：法律出版社 2005 年版，第 19 页。

④ 参见［德］汉斯·海因里希·耶赛克、托马斯·魏根特著，徐久生译：《德国刑法教科书（总论）》，北京：中国法制出版社 2001 年版，第 53 页。

⑤ 参见［德］克劳斯·罗克辛著，蔡贵生译：《刑事政策与刑法体系》（第二版），北京：中国人民大学出版社 2011 年版，译者序。

为实用性很强的学科，刑法学必须自成体系，只有将体系中的知识系统化，刑法的适用才能避免偶然和专断。① 这是李斯特关于刑法学的基本观点，即强调教义刑法学是体系性的科学，必须为刑事司法实践提供体系性的认识秩序。同时，李斯特还重视犯罪学的重要意义，他认为："如果不从犯罪的真实的、外在的表现形式和内在的原因上对犯罪进行科学的研究，那么，有目的地利用刑罚——与犯罪做斗争的武器——充其量只不过是一句空话。"② 此外，他还重视刑事政策的研究，他认为，"利用法制与犯罪作斗争要想取得成效，必须具备两个条件：一是正确认识犯罪的原因；二是正确认识国家刑罚可能达到的效果"，科学地解决这些问题是以犯罪学和刑罚效果学为基础的刑事政策的任务；刑事政策给予我们评价现行法律的标准，它向我们阐明应当适用的法律，它也教导我们从它的目的出发来理解现行法律，并按照它的目的具体适用法律。③ 李斯特的整体刑法学"囊括了大量的研究领域，从实体刑法、刑事诉讼法到青少年刑法、刑事执行法再到犯罪学"④，其整体刑法学观对德国刑法学的发展产生了深远影响，其后德国刑法学的著名代表性人物，无不贯通学科藩篱，以相关学科领域的卓越成就，滋养教义刑法学的研究，如梅茨格尔的犯罪学、威尔哲尔的法哲学、耶赛克的刑事政策学，以及罗克辛的法哲学、刑事政策学和刑事诉讼法学，等等。整体刑法学涉及的学科范围相当广泛，除了作为核心的刑法教义学之外，还包括刑事政策学、刑法史学、法哲学、法比较学、社会科学、犯罪学、犯罪侦查学、法医学等。⑤

从李斯特教授的整体刑法学，到甘雨沛教授的全体刑法学和储槐植教

---

① 参见［德］弗兰茨·冯·李斯特著，徐久生译：《德国刑法教科书》，北京：法律出版社2000年版，第1－2页。

② ［德］弗兰茨·冯·李斯特著，徐久生译：《德国刑法教科书》，北京：法律出版社2000年版，第8页。

③ 参见［德］弗兰茨·冯·李斯特著，徐久生译：《德国刑法教科书》，北京：法律出版社2000年版，第2、13页。

④ ［德］埃里克·希尔根多夫著，江溯、黄笑岩等译：《德国刑法学：从传统到现代》，北京：北京大学出版社2015年版，第165页。

⑤ 参见［德］汉斯·海因里希·耶赛克、托马斯·魏根特著，徐久生译：《德国刑法教科书（总论）》，北京：中国法制出版社2001年版，第52页。

授的刑事一体化，尽管名称或者称谓不同，但其所体现的注重刑法的法律实效和推崇刑法学研究方法革新的旨趣却异曲同工。

二、刑事一体化的精神实质

我国刑法学的研究，历来存在着理论与实践脱节的现象，理论上追求精致的制度构建和阳春白雪式的研究，而司法实践却遵循着自己的现实考量和裁判逻辑，理论和实务在专业知识上缺乏充分的沟通和相互"关照"①。这种"脱节"现象的一个主要体现是，司法实践中刑法的运行是"一体化的"——实体刑法的运行，离不开刑事诉讼法的配合，甚至可以说，如果没有刑事诉讼法，刑法就是空中楼阁，难以落地；而学术研究中却学科壁垒分明，一个刑法学者通常就是一个纯粹意义上的刑法学者，并不研究证据制度和诉讼机制，刑事诉讼法学者通常就是一个纯粹意义上的刑事诉讼法学者，对刑法的罪刑规范不甚了解。教育部的法学二级学科分类中，"刑法学"是一个独立的二级学科，不包括刑事诉讼法学，而刑事诉讼法学却与学科属性迥异的民事诉讼法学同属一个独立的二级学科"诉讼法学"，这种扭曲的学科分类，可谓理论与实践脱节的典型表现。

储槐植教授对刑事一体化的倡导，犹如一个惊雷警醒了刑事法学各学科恪守分际的研究状态。刑事法学界对这一思想贡献格外珍视，1989 年之后举办了多场学术研讨会研讨"刑事一体化"思想。例如，在 2017 年 12 月 14 日由国家检察官学院联合中国犯罪学学会主办、《中国检察官》杂志社承办的"刑事一体化：理论与实践——纪念 1997 年刑法刑事诉讼法颁布实施二十周年"的学术研讨会上，来自刑法学界、刑事诉讼法学界和犯罪学界的著名学者以及实务界的重要领导齐聚一堂，从不同角度对"刑事一体化"思想做了高度肯定。②

"刑事一体化"思想受到广泛赞誉，但学界似乎对储槐植教授关于刑

---

① 意指理论对实践的关注和指导，实践对理论的滋补和借鉴。
② 参见孙茂利：《专题：刑事一体化思想的理论与实践》，《中国检察官（司法实务）》2018 年第 1－2 期。

事一体化的研究有更高的期许。此举两例：一是在一次访谈中，储槐植教授谈道："我这个'刑事一体化'提出了二十多年，当时陈兴良教授说'储老师提出来后，一下子得到了意想不到的广泛认同'，去年也说道'储老师只见开花不见结果'。我说你这个批评也对，我这个'刑事一体化'提出了基本的框架，基本上是大家都接受了，也给了很多人一些思路和启示。但是从我本人来说，没有进一步做这个研究，所以兴良说'只见开花不见结果'，我说结果要由你们去做了。"① 二是在一次讲座中，储槐植教授谈到原本自己拟定的题目是"漫谈刑事一体化"，但论坛的发起人梁根林教授不满足于"漫谈"，给他换了题目，要求讲"刑事一体化的具体展开"。在该次论坛的开始，储老师也提到"刑事一体化"概念提出二十多年了，但在学术含量上并未得到提升，对劳东燕教授"观点有新意，可惜没有再做进一步的实质性推进"的评价深为认同。然后，他以犯罪心理学、犯罪人格知识、主观恶性等具体事项与司法实务的关系，对死刑适用的刑罚标准，自首、立功情节可以不从宽处罚的问题和同一罪名能否出现两种罪过形式三个具体问题作了探讨。② 在笔者看来，讲座的内容与题目是契合的，用刑事一体化的方法论对具体的刑法问题进行研究，确实属于"具体展开"的范畴。

刑事一体化的提出是我国刑法学研究的方法论革命。如果说刑事古典学派崇尚的是教义刑法学的研究方法的话，那么刑事近代学派崇尚的就是实证的研究方法，而李斯特所提出的"整体刑法学"观无疑具有方法论的意义。刑事一体化作为一种理论或者思想，承继了整体刑法学的学术精神，并经历了成熟的德国刑法学发展的检验，其内容是清晰的，也是宏大的，也即前文所述的观念的刑事一体化和方法的刑事一体化。作为观念的刑事一体化，其是对实践刑法运行的概括，就此而言，似乎并没有实质的新意；作为方法的刑事一体化，其要义是"贯通学科联系"或者"淡化学

① 参见皮艺军、翟英范：《"严而不厉"与"刑事一体化"——储槐植先生访谈》，《河南警察学院学报》2015 年第 2 期。
② 参见梁根林主编：《当代刑法思潮论坛（第三卷）：刑事政策与刑法变迁》，北京：北京大学出版社 2016 年版，第 3 - 12 页。

科界限，关注现实问题"，其重要意义在于提供了一种刑法学研究的方法论。作为方法论的刑事一体化，其可贵之处在于认清了以下现实，即理论本身可能有学科之分，但实务问题并不是按照学科设置来出现的；实务问题的解决，需要有刑事一体化的知识性支持，不然，就无法对实务问题给出有针对性的建议，理论也就无法对实务产生相应的影响。这一方法论在其提出后的刑法学研究中得到了广泛的运用。在"中国知网"上以"刑事一体化"为篇名进行检索，有120篇学术论文，15篇学位论文，7篇会议论文，3篇报刊论文；以"刑事一体化"为关键词进行检索，有220篇期刊论文，36篇学位论文，21篇会议论文，5篇报纸论文。[①]可见，作为一种方法论，刑事一体化已深入人心并被广泛运用，可谓已经"开花结果、枝繁叶茂"了。

三、刑事一体化在环境犯罪研究领域的贯彻和展开

环境犯罪具有专业性、技术性和复杂性，环境刑法在运行过程中，必须遵循刑事一体化的理念和规律，方能发挥刑法的最大效益。这从关于环境犯罪的刑法修正和司法解释内容中已得到了充分体现。试举两例：

其一，《刑法修正案（八）》对《刑法》第338条的修正，体现了刑事一体化的理念。1997年《刑法》第338条规定了重大环境污染事故罪，其中将"造成重大环境污染事故，致使公私财产遭受重大损失或者人身伤亡的严重后果"作为该罪的结果要件。但实践中，环境污染的长期性、潜伏性和复杂性，使得司法实践中证明环境污染行为与"公私财产遭受重大损失或者人身伤亡的严重后果"之间的因果关系极为困难。尽管大陆法系

---

① 2022年4月3日的检索结果。

刑法理论针对因果关系证明的难题，已发展出"疫学因果关系理论"①，但该理论并未对我国的司法实践产生实质影响。因果关系证明困难成为重大环境污染事故罪在司法实践中极少适用的重要原因。一方面是2011年之前我国的环境污染日趋严重，另一方面却是规制环境污染的主要罪名"重大环境污染事故罪"极低的适用率。而这正是刑事立法与司法实践严重脱节造成的。2011年的《刑法修正案（八）》第46条将"造成重大环境污染事故，致使公私财产遭受重大损失或者人身伤亡的严重后果"修改为"严重污染环境"，并且通过司法解释将"严重污染环境"解释为在特定地区排放、倾倒、处置有放射性的废物、含传染病病原体的废物、有毒物质，非法排放、倾倒、处置一定数量的危险废物等18种具体情形，无疑是看到了刑法法条设置的构成要件在司法实践中证明和适用的困难，是为了降低实践中证明环境污染因果关系的难度。这是刑事立法贯彻刑事一体化理念的具体体现。

其二，环境犯罪的司法解释体现了刑事一体化思想。2016年12月23日最高人民法院、最高人民检察院《关于办理环境污染刑事案件适用法律若干问题的解释》第12条规定了环境污染案件行政执法程序与刑事司法程序的证据衔接问题，第14条规定了环境污染案件中环境污染专门性问题的鉴定和证明问题。2019年最高人民法院、最高人民检察院、公安部、司法部、生态环境部《关于办理环境污染刑事案件有关问题座谈会纪要》除了对单位犯罪的认定、犯罪未遂的认定、主观罪过的认定、生态环境损害标准的认定等刑法问题作出规定外，还对管辖问题、鉴定问题和监测数据的证据资格问题作出了规定。这反映了司法实践中环境刑法运行的实态，即实体问题和程序问题是融合在一起的，实体问题的解决，有赖于程序问

---

① 疫学因果关系理论是针对公害犯罪中因果关系证明困难而提出的一种因果关系理论，根据疫学理论，符合以下四个条件就可以肯定某种因子与疾病之间具有因果关系：第一，该因子是在发病的一定期间之前起作用的因子；第二，该因子的作用程度越显著，患病率就越高；第三，该因子的分布消长与疫学观察记载的流行特征并不矛盾；第四，该因子作为原因起作用，与生物学并不矛盾。概括起来，某种因子与疾病之间的关系，在医学上、药理学上即使得不到科学证明，但根据大量的统计、观察，能说明该因子对产生疾病具有高度的盖然性时，就可以肯定因果关系。参见张明楷：《外国刑法纲要》，北京：清华大学出版社1999年版，第127-128页。

题的解决和保障，否则，刑法关于犯罪构成要件的规定就难以认定和落实，环境刑法保护环境的立法目的也就难以达成。这些指导刑法适用的司法解释性文件，都体现了刑事一体化的理念和思想。

以上两例，说明的是刑事立法和刑事司法中贯彻刑事一体化理念的必要性和重要性，属于储槐植教授所讲的观念的刑事一体化范畴。本书内容是对方法的刑事一体化的具体应用，即从犯罪学、刑事政策学、教义刑法学、刑事诉讼法学、证据法学等视角对环境犯罪展开研究。

本书分为导论、本论和附论三部分。导论梳理和概述了刑事一体化的思想渊源、精神实质和具体应用。第一章至第五章是本论，从不同学科视角研究环境犯罪，其基本思路是：以环境犯罪的实证事实为基础，研究规制环境犯罪的刑事政策；以刑事政策为指导，研究教义学立场上的环境犯罪；最后研究教义学立场上的环境犯罪在司法实践（侦查、审查起诉阶段和审判阶段）的实现状态。

附论主要研究了美国对环境犯罪的刑事法规制，具体包括：美国环境犯罪刑事法规制的历史考察、环境犯罪的追诉机构、环境犯罪的起诉、环境犯罪的成文规范和判例解读、环境犯罪的法律后果五个部分。之所以在附论部分研究美国对环境犯罪的刑事法规制，主要原因有两个：其一是"刑事一体化"方法论的联结。即这部分研究也体现和运用了"刑事一体化"的方法论，符合本书"刑事一体化视阈"的主旨。其二是与笔者的学术积累有关。笔者曾于 2011 年 8 月至 2012 年 8 月期间在美国福德汉姆大学法学院（Fordham Law School）访学，其间收集了很多美国环境犯罪的研究资料，其后也进行了一定的研究，有一些学术积累，借此机会提供给学界，作为环境犯罪领域比较法上的研究资料。[①] 从研究内容的安排上可以看出，我国环境犯罪的刑事一体化研究和美国环境犯罪的刑事一体化研究在思路上是有区别的：美国部分的研究遵循了"历史考察→追诉机构→起诉→成文规范和判例解读→法律后果"的思路。这主要是我国和美国不同

---

① "附论"第四节中的"环境犯罪的成文规范"部分，原本对美国具有典型意义的十部环境法律，从立法目的与内容、相关环境犯罪的构成要件和抗辩事由等方面做了较为全面的介绍，但因篇幅所限，最终只能对环境成文法律略做提及。

的法系特点造成的：我国的法律在技术上具有成文法系的特点，因此研究和内容安排是"从实证事实到刑事政策、再到成文规范、最后到司法实践"的思路；而美国的法律属于判例法，其环境刑法是在追诉实践中形成的，因此研究和内容安排遵循了"从实践到规范"的思路。

本论

第一章

环境破坏状况及其治理

本章意图展示改革开放以来，伴随着经济的高速发展，我国对环境的破坏和治理情况，这可谓环境犯罪研究赖以展开的实证事实。

第一节 环境污染和资源破坏的实证事实

地球是人类与其他生物共同的家园，只是因为进化的机缘，人类逐渐成为地球的主宰。进入工业化时代以来，为了发展经济、追求更好的生活，人类肆意污染和破坏我们赖以生存的土壤、空气、水源、森林，大量捕杀本应与我们和睦相处的动物。这似乎成为不同国家和地区工业化发展的必经阶段。著名篮球运动员姚明曾说过一句广告词：你怎么对待身体，身体就会怎么对待你。这在人类与环境的关系上同样是适用的：我们怎么对待环境，环境就会怎么对待我们。人类为了工业化和发展经济而对环境过度掠夺和破坏，必然会遭到环境的报复。据统计，发展中国家80%～90%的疾病病因和1/3以上死亡者的死因是细菌感染或使用了受污染的水源。[①] 我国自改革开放以来，以牺牲环境来换取经济的高速发展，也为此付出了惨重的代价，例如：我国城镇饮用水水源从1985年的水源地"尚属清洁"发展到2006年的"严重恶化"；2005年，素有水乡之称的浙江嘉兴出现了严重的污染性缺水危机，上游吴江市盛泽镇工业污水的过境是导致嘉兴达标可用水匮乏的一项重要原因；同年，黄河流域的一些地区出现

---

① 杨兴、谭涌涛：《环境犯罪专论》，北京：知识产权出版社2007年版，第25页。

了农作物减产甚至绝收的现象，原因在于位于黄河上游沿岸的诸多能源、重化工、有色金属、造纸等高污染企业的废污水排放量逐年增大，这些工厂往往将大量未达标的工业废水直接排放入渠，最终导致了原本可以用于灌溉的黄河水成为污水，曾经的"母亲河"也沦为了"农业之害"；① 2012 年，中国大约有 67 万人死于煤炭使用所引起的 PM2.5 污染；② 同年，我国呈现出生态盈余的地区只有西藏和青海，北京甚至出现了大约需要 21.5 倍自身生物承载力才能支持本地人口消费的局面；③ 2013 年，我国遭遇了史上最严重的空气污染，雾霾持续多日侵袭了我国华北、华东、黄淮与华南北部等地，严重的空气污染在对我国人民群众的身体健康产生了极大影响的同时也引发了政府与民众的高度关注，在这一年，《中国环境报》中关于雾霾的报道数急剧飙升，由 2012 年的 1 篇上升到了 55 篇之多；④ 2014 年 4 月 17 日，环保部与国土资源部发布了历时 8 年的土壤状况调查结果，即《全国土壤污染状况调查公告》，这一报告披露了长江三角洲、珠江三角洲、东北老工业基地等部分区域土壤污染问题较为突出，西南、中南地区土壤重金属超标范围较大的现状。尽管环境污染和资源破坏的情况触目惊心，但对环境违法行为的规制仍以行政处罚手段为主，作为最严厉的处罚方式的刑法由于规制范围不明确、范围狭窄等原因几乎没有用武之地，直至 2013 年之后情况才有所转变。本节运用数据统计的实证研究方法展示 20 世纪 90 年代至今环境污染、资源破坏的变化情况，数据来源于《中国环境年鉴》《中国国土资源年鉴》《中国林业和草原年鉴》《中国生态环境状况公报》《生态环境统计年报》，意图展示伴随着经济的高速发展，环境被破坏的情况，以及随着我国政府对环境治理的重视和采取行政、刑事等综合治理手段，生态环境逐步好转的过程。

---

① 《近年来重大环境污染事件纪录》，载苏州依斯倍环保装备科技有限公司官网，https：//www.cps88.cn/Article/jnlzdhjwrsjjl_1.html（2022 年 3 月 19 日访问）。

② See "Better growth better climate：the challenge"，*The New Climate Economy*，https：//newclimateeconomy.report/2014/（2022 年 3 月 20 日访问）。

③ 参见报道：《超 25 万中国人因空气污染过早死 致死率超吸烟》，参考消息，http：//www.cankaoxiaoxi.com/china/20150205/653533.shtml？fr＝pc（2022 年 3 月 20 日访问）。

④ 参见报道：《〈地球生命力报告·中国 2015〉发布 上海人均生物承载力倒数第一》，新民网，http：//shanghai.xinmin.cn/xmsq/2015/11/12/app/28936180.html（2022 年 3 月 20 日访问）。

一、环境污染状况①

(一)空气污染

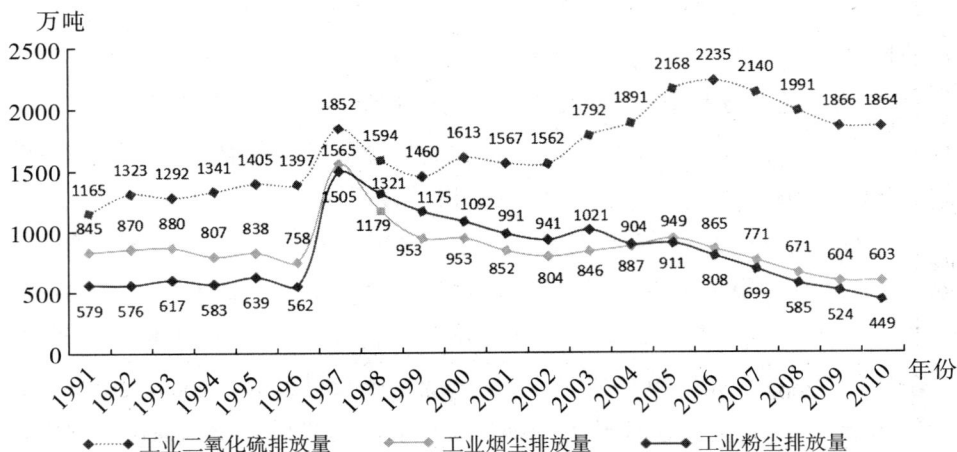

图 1 - 1　1991—2010 年工业废气中污染物排放量

在工业废气污染物排放中，工业二氧化硫排放量②是最多的，而且其排放量虽然在不同年份有反复，但整体上呈上升趋势。在 1997 年之前，排放量基本上是逐年上升的，1991 年二氧化硫排放量为 1165 万吨，至 1997 年排放增多至 1852 万吨；在 1998—2010 年间二氧化硫排放量的变化趋势变缓（见图 1 –1）。

工业粉尘排放量③、工业烟尘排放量④各有排放量较多的年份，二者均自 1997 年之后呈下降趋势，工业粉尘排放量的下降趋势更为明显。工业粉尘排放量从 1997 年的 1505 万吨，下降至 2006 年的 808 万吨，至 2010 年

---

① 数据以 1998 年为界，之前为县级及以上数据统计，之后数据包含县以下。
② "工业二氧化硫排放量"指工业企业在厂区内的生产作业过程中和燃料燃烧过程中排入环境的二氧化硫总量。
③ "工业烟尘排放量"指工业企业在厂区内的燃料燃烧过程中排入环境的烟尘量。
④ "工业粉尘排放量"指工业企业在生产工艺过程中排放的固体微粒总重量。

排放量为 449 万吨，不足 1997 年的 1/3；1999 年、2000 年工业烟尘排放量从 1997 年的 1565 万吨骤降至 953 万吨，下降超过 1/3，之后 2001—2006 年排放量维持在 800 万 ~ 950 万吨之间，到 2010 年降至 603 万吨。（见图 1 – 1）

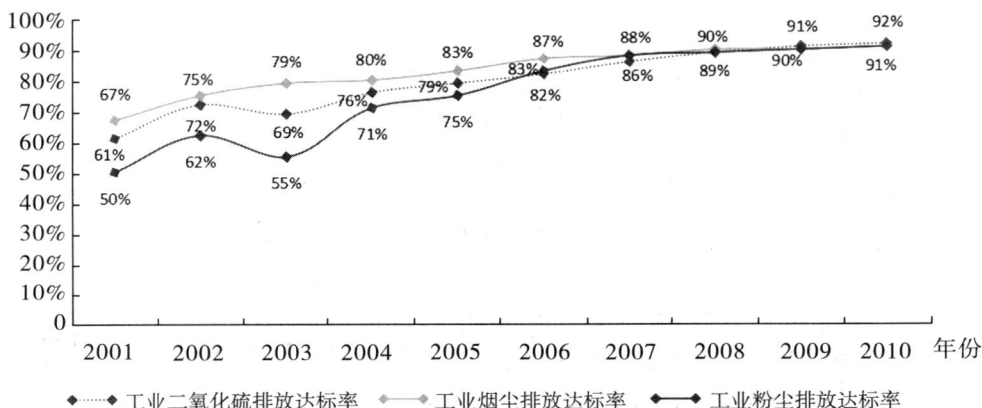

图 1 – 2　2001—2010 年工业废气污染物排放达标率

2001—2010 年，三者排放达标率均保持上升，上升速度为工业烟尘排放达标率 > 工业二氧化硫排放达标率 > 工业粉尘排放达标率。工业烟尘排放达标率 2001 年为 67%，2002 年为 75%，一年间达标率上升 8%，之后上升速度变缓，平均每年上升 3% 左右，到 2006 年上升至 87%，2008 年、2009 年、2010 年的达标率均为 90% 及以上；工业二氧化硫排放达标率从 2001 年的 61%，一年时间便上升至 72%，达标率上升 11%，2004—2008 年，达标率基本每年上升 3%，2008 年二氧化硫排放达标率达 89%，之后年份在 90% 以上；工业粉尘排放达标率在 2001 年只有 50%，到 2004 年增长至 71%，达标率提升 21%，2006 年达标率首次超过 80%，在 2009 年、2010 年达到 90%。（见图 1 – 2）

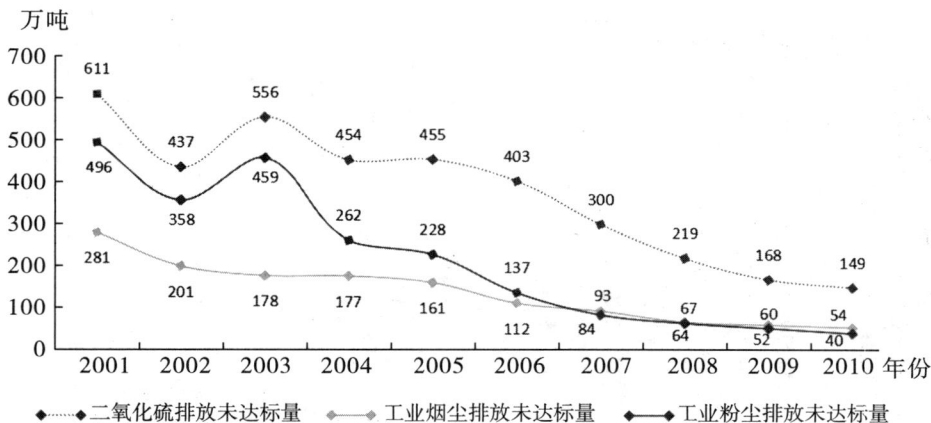

图 1－3 2001—2010 年工业废气中污染物排放未达标量

三种工业污染物的排放未达标量与其排放达标率相反，呈下降趋势。总体而言，工业二氧化硫排放未达标量 > 工业粉尘排放未达标量 > 工业烟尘排放未达标量。工业二氧化硫排放未达标量从 2001 年的 611 万吨降至 2006 年的 403 万吨、2010 年的 149 万吨，分别减少了 1/3、3/4；工业粉尘排放未达标量在 2001 年为 496 万吨，2002 年、2003 年分别为 358 吨和 459 万吨，到 2004 年骤降至 262 万吨。以 2006 年为分界线，之前及 2006 年均大于 100 万吨，之后则少于 100 万吨；工业烟尘排放未达标量 2002 年之前大于 200 万吨，2007 年之前大于 100 万吨，至 2010 年仅 54 万吨。三者均呈下降趋势，也就是说工业废气的合法排放情况在好转，但 2001—2010 年间，三者仍有较大的排放未达标数量。（见图 1－3）

（二）水污染状况

亿吨

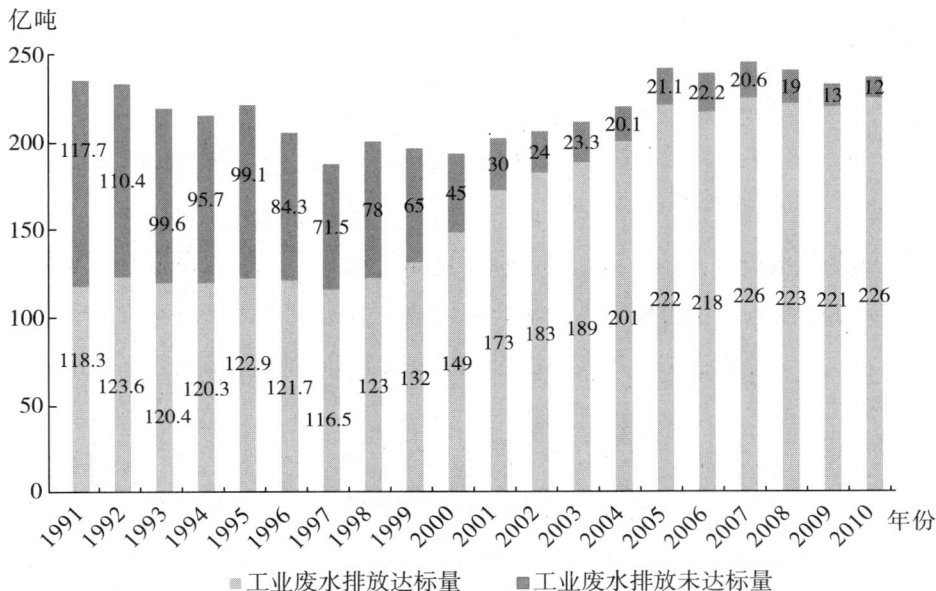

图 1 - 4　1991—2010 年工业废水排放情况

　　虽然工业废水排放量并无降低或增高的显著变化趋势，但 20 年间排放达标率一直在持续增高，1991 年工业废水排放达标率约为 50%，1997 年之前排放达标率一度在 60% 左右。从 1998 年起，仅经过 3 年时间，至2000 年达标率便达到约 77%。2006 年上升到了约 91%，2010 年更是达到约 95%。工业废水排放达标量[①]在 1997 年及之前一直无明显变化趋势，数量维持在 120 亿吨左右。自 1997 年之后呈上升趋势，说明废水排放情况在变好，经过处理后外排和未经处理外排达标数量均在增加，2005—2010 年间排放达标量维持在 220 亿吨左右，比 1997 年及之前增加了大约 100 亿吨。1991—1999 年间，工业废水排放未达标量均在 50 亿吨以上，1991 年、1992 年更是达到 100 亿吨以上。之后，在 2000—2010 年工业废水排放未

---

　　① "工业废水排放达标量"指各项指标都达到国家或地方排放标准的外排工业废水量，包括经过处理后外排达标的废水量和未经处理外排达标的废水量两部分。

达标量持续减少，从 2000 年的 45 亿吨未达标量减少至 2010 年的 12 亿吨，说明工业废水排放对环境的污染在减轻。（见图 1 - 4）

2013 年出台的最高人民法院、最高人民检察院《关于办理环境污染刑事案件适用法律若干问题的解释》第 10 条①对何为"有毒物质"进行了解释，而之前的司法解释并未对《刑法》第 338 条的违法排放有毒物质进行解释。根据 2013 年的司法解释，笔者从有关资料中选取和整理了汞、镉、六价铬、铅、砷、氰化物六种有毒物质和重金属（从排放的工业废水中的污染物质中选取）在工业废水中的纯重量的数据。（见表 1 - 1）虽然并未细致收集到是否超过国家污染物排放标准或者省级污染物排放标准、是否在饮用水水源一级保护区等地排放等司法解释认定构成环境犯罪标准的数据，但同样展示了排放和治理趋势。

表 1 - 1　1992—2015 年工业废水中有毒物质、重金属排放量②　　单位：吨

年份	汞	镉	六价铬	铅	砷	氰化物
1992	21.8	137.9	382.9	972.7	872	3484
1993	16.3	134	376.9	1093.4	906.7	2480
1994	12.4	161.6	343.4	1180	1037.7	2480
1995	13.4	202.3	330.9	1250.5	1086.2	2502

---

① 该司法解释已失效。取代该司法解释的 2016 年最高人民法院、最高人民检察院《关于办理环境污染刑事案件适用法律若干问题的解释》中没有对"有毒物质"进行解释和列举，而是直接在第 1 条规定了排放不同种类的污染物的定罪标准。2013 年最高人民法院、最高人民检察院《关于办理环境污染刑事案件适用法律若干问题的解释》第 10 条规定：下列物质应当认定为"有毒物质"：

（一）危险废物，包括列入国家危险废物名录的废物，以及根据国家规定的危险废物鉴定标准和鉴别方法认定的具有危险特性的废物；

（二）剧毒化学品、列入重点环境管理危险化学品名录的化学品，以及含有上述化学品的物质；

（三）含有铅、汞、镉、铬等重金属的物质；

（四）《关于持久性有机污染物的斯德哥尔摩公约》附件所列物质；

（五）其他具有毒性，可能污染环境的物质。

② "工业废水中污染物排放量"指排放的工业废水中所含的汞、镉、六价铬等重金属和砷、氰化物、硫化物等一般无机物和有机物等污染物本身的纯重量。污染物纯重量 = 污染物平均浓度 × 报告期工业废水排放量。

（续上表）

年份	汞	镉	六价铬	铅	砷	氰化物
1996	12.6	158.4	213.7	1152.3	1132.3	2457
1997	11.6	138.9	206	1076.8	950	2194
1998	12.2	158.2	234	1063.8	844	1767
1999	11	178.7	179	889.2	49.87	1511
2000	10.1	138.5	119.7	655.2	578.7	924
2001	5.6	118	121.4	540	463	890
2002	4.8	105.6	111	484.8	369	772.9
2003	5.5	84.5	103.1	568.5	373.7	638.6
2004	3	56.3	150.8	366.2	306	630
2005	2.7	62	105.6	378.3	453.2	573.8
2006	2.6	49.4	96	339	245.2	457
2007	1.2	39.3	69	320	187.4	382
2008	1.4	39.5	75	241	215	256
2009	1.4	32.3	55	182	197.3	250
2010	1	30.1	55	141	118	242
2011	1.2	35.1	290	151	145	215
2012	1.1	26.7	70.4	97.1	127.7	171.8
2013	0.8	17.9	58.1	74.1	111.6	162
2014	0.7	16.9	34.8	71.8	109.2	165.4
2015	1	15.5	23.5	77.9	111.6	146.2

　　除了六价铬在2011年有了一个数值的突然变化，其他五种有毒物质均基本呈下降趋势，也就是说工业废水中有毒物质的排放（无论合法排放/非法排放）均在减少，这说明我国水环境、工业排水环境治理的成效显著。其中，纯重量数值排序基本是氰化物＞铅＞砷＞六价铬＞镉＞汞。氰化物作为六者中重量排序第一的有毒物质，变化趋势明显，对其进行细致分析可发现：1997年及之前，工业废水中所含氰化物年重量大于2000吨，甚至在1993—1996年维持在2500吨左右；1997—2000年减少趋势明显，

2000 年排放 924 吨, 2006 年之前年排放重量均超过 500 吨, 到 2013 年则已降至 162 吨, 也就是说至 2006 年、2013 年时排放量已较 1997 年减少了约 79%、92%。

1998 年之前, 铅、砷的年排放重量在 850 吨以上, 六价铬、镉、汞分别在 200 吨、130 吨、11 吨以上; 2006 年之前, 铅的年排放量在 350 吨以上, 砷的年排放量在 300 吨以上, 六价铬、镉、汞分别在 100 吨、50 吨、2.5 吨以上; 2012 年之前, 氰化物、铅的年排放量均大于 100 吨。

(三) 工业固体废物与工业危险固体废物污染状况

工业固体废物排放量①自 1997 年开始, 呈下降趋势, 仅 1997—1998 年就下降了超过 1 亿吨, 即使如此, 1998 年也排放了 7048 万吨, 到 1999 年下降至 3880 万吨, 比 1998 年又下降了将近一半, 之后至 2006 年、2013 年排放量分别为 1302 万吨、129 万吨, 2013 年比 1997 年下降 18283 万吨。放射性废渣产生量在 1998 年及之前虽仅是县及县以上的统计数据, 没有之后的数据范围广, 但是 1992—1998 年放射性废渣产生量均在 150 万 ~ 300 万吨之间, 而之后年份无明显变化趋势, 但基本上都小于 30 万吨。(见表 1 – 2)

表 1 – 2 1991 – 2015 年工业固体废物情况 　　　　　单位: 万吨

年份	放射性废渣产生量	工业固体废物排放量
1992	291	
1993	254	
1994	169	
1995	171	
1996	227	
1997	248	18412

----

① "工业固体废物排放量"指将所产生的工业固体废物排放到固体废物污染防治设施、场所以外的量。

（续上表）

年份	放射性废渣产生量	工业固体废物排放量
1998	220.7	7048
1999	10.9	3880
2000	7.9	2894
2001	22.9	2894
2002	11.5	2635
2003	30.7	1941
2004	14.5	1762
2005	19.6	1655
2006	10.4	1302
2007	18.5	1197
2008	21.4	782
2009	21.6	710
2010	27.8	498
2011		433
2012		144.2
2013		129
2014		59
2015		56

工业固体废物产出后，为保护环境需要对其进行处理，处理方式包括：废物综合利用；处置，即焚烧或者置于符合环境保护要求的场所，并不再取回。未处理、利用的工业废物堆积或者弃置，会对环境造成二次污染，危险废物同样如此，且因其危害程度更甚，刑法对其予以规制。在2006年之前，工业危险废物非法排放情况严重（因仅有危险废物利用、处置的总数量，不对危险废物的非法倾倒与处置进行讨论），2006年的司法解释虽未有具体规定，但参照2013年最高人民法院、最高人民检察院《关于办理环境污染刑事案件适用法律若干问题的解释》第一条的规定，

非法排放危险废物三吨以上即构成污染环境罪中的"严重污染环境"。此处的排放量便是将工业危险废物排放至固体废物污染防治设施、场所以外的量，1997—1999年排放量最多，均在35万吨以上；2006年之前每年的工业危险废物的排放量也几乎都达到了上万吨。（见表1－3）

表1－3　1996—2015年工业危险废物排放量①　　　　单位：吨

年份	工业危险废物产生量	工业危险废物利用量	工业危险废物贮存量	工业危险废物处置量	工业危险废物排放量
1996	993	485	432	71	22000
1997	1010	497	451	128	460000
1998	974	427	387	131	460000
1999	1015.5	465	398	132	359700
2000	830	408	276	179	25708
2001	952	442	307	229	20596
2002	1001	391	383	242	16972
2003	1170	427	423	375	2798
2004	995	403	343	275	11470
2005	1162	496	337	339	5967
2006	1084	566	267	289	199664
2007	1079	650	154	346	736
2008	1357	819	196	389	718
2009	1430	831	219	428	1.5
2010	1587	977	166	513	1.5
2011	3431	1773	916	824	96
2012	3465	2005	698	847	16
2013	3157	1700	811	701	0
2014	3634	2062	691	929	9
2015	3976	2050	810	1174	2

---

①　"工业危险固体废物排放量"指将所产生的工业危险固体废物排到固体废物污染防治设施、场所以外的量。

（四）环境污染与破坏事故

根据 1987 年颁布的《报告环境污染与破坏事故暂行办法》①，我国将环境污染、破坏事故等级分为四级，2006 年之前均适用此种等级区分方法。2006 年颁布的《国家突发环境事件应急预案》②，重新对四级环境事件进行了定义，将"致人死亡、中毒"细化表述为"致几人死亡、中毒"等。根据图 1-5 可知，事故次数的总体变化为下降趋势。在 1992—1994 年事故次数均超过 2500 件，1995 年、1997 年下降至 2000 件左右，而 1998 年、1999 年降到了 1500 件左右。2000 年事故次数再次上升，达到近 2500 件，之后便是逐年减少的态势。2006 年由于等级划分的修改，事故次数陡

---

① 1987 年的《报告环境污染与破坏事故暂行办法》将事故根据程度分为四级：

（一）一般环境污染与破坏事故。由于污染或破坏行为造成直接经济损失在千元以上、万元以下（不含万元）。

（二）较大环境污染与破坏事故。由于污染或破坏行为造成经济损失在万元以上、五万元以下（不含五万元）；人员发生中毒症状；因环境污染引发厂群冲突；对环境造成危害。

（三）重大环境污染与破坏事故。由于污染或破坏行为造成直接经济损失在五万元以上、十万元以下（不含十万元）；人员发生明显中毒症状，辐射伤害可能导致伤残后果；人群发生中毒症状；因环境污染使社会安定受到影响；对环境造成较大危害；捕杀、砍伐国家二类、三类保护的野生动植物。

（四）特大环境污染与破坏事故。由于污染或破坏行为造成直接经济损失在十万元以上；人群发生明显中毒症状或辐射伤害；人员中毒死亡；因环境污染使当地经济、社会的正常活动受到严重影响；对环境造成严重危害；捕杀、砍伐国家一类保护的野生动植物。

② 《国家突发环境事件应急预案》将事故按照程度分为四级：

（一）一般环境事件。发生 3 人以下死亡；因环境污染造成跨县级行政区域纠纷，引起一般群体性影响的；4、5 类放射源丢失、被盗或失控。

（二）较大环境事件。发生 3 人以上、10 人以下死亡，或中毒（重伤）50 人以下；因环境污染造成跨地级行政区域纠纷，使当地经济、社会活动受到影响；3 类放射源丢失、被盗或失控。

（三）重大环境事件（Ⅱ级）。发生 10 人以上、30 人以下死亡，或中毒（重伤）50 人以上、100 人以下；区域生态功能部分丧失或濒危物种生存环境受到污染；因环境污染使当地经济、社会活动受到较大影响，疏散转移群众 1 万人以上、5 万人以下的；1、2 类放射源丢失、被盗或失控；因环境污染造成重要河流、湖泊、水库及沿海水域大面积污染，或县级以上城镇水源地取水中断的污染事件。

（四）特大环境事件（Ⅰ级）。发生 30 人以上死亡，或中毒（重伤）100 人以上；因环境事件需疏散、转移群众 5 万人以上，或直接经济损失 1000 万元以上；区域生态功能严重丧失或濒危物种生存环境遭到严重污染；因环境污染使当地正常的经济、社会活动受到严重影响；利用放射性物质进行人为破坏事件，或 1、2 类放射源失控造成大范围严重辐射污染后果；因环境污染造成重要城市主要水源地取水中断的污染事故；因危险化学品（含剧毒品）生产和贮运中发生泄漏，严重影响人民群众生产、生活的污染事故。

然降低，为 842 件，2007—2012 年基本维持在 500 件左右。2013 年事故次
数上升至 712 件，但仅有这一年，之后便降至 2016 年的 300 件左右，至
2020 年已降至 200 件左右。

件

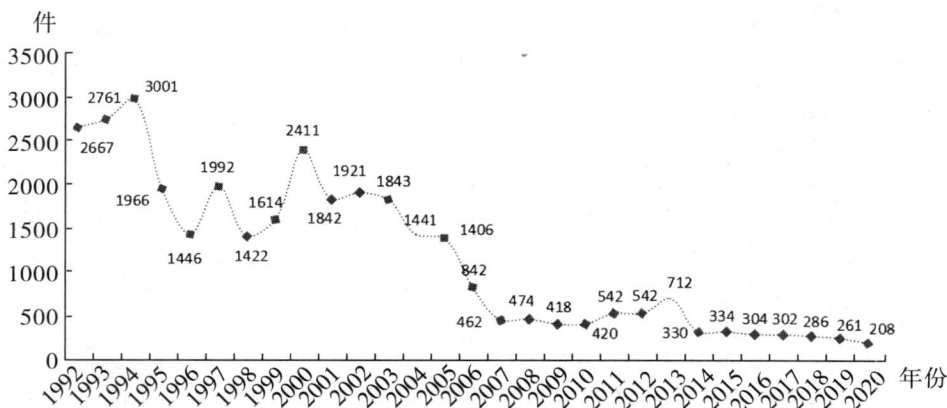

图 1 - 5　1992—2020 年环境污染与破坏事故次数统计

1992—1995 年，特大、重大、较大事故总数每年在 500～600 件之间，
1996—2002 年，除个别年份外总数维持在 300～400 件之间，2003—2005
年总数在 200 件左右。之后的年份便均不足 100 件，甚至除 2006 年、2008
年外，其余年份三等级事故总数不足 50 件。其中，特大事故在 1992—
1997 年，数量在 35～65 件之间。1998—2004 年，除 2000 年、2001 年外，
特大事故次数维持在 20～30 件之间。之后以 2009 年为界，之前基本只有
个位数，之后便无特大环境污染破坏事故；重大事故发生次数在 1992—
1997 年间基本维持在每年八九十件。1998—2004 年，除 2000 年、2001 年
发生 60 件左右之外，其余年份维持在 30～40 件之间。2005—2008 年，除
2005 年为 22 件外，其余年份重大事故每年发生十几件，之后除了 2011 年
外便是个位数。（见表 1 - 4）

表 1 - 4　1992—2020 年环境污染与破坏事故次数统计

年份	特大事故次数	重大事故次数	较大事故次数	一般事故次数
1992	49	81	428	2109
1993	64	80	367	2250
1994	44	97	448	2412
1995	56	84	380	1444
1996	42	31	263	1110
1997	36	77	326	1553
1998	29	37	294	1046
1999	29	43	319	1223
2000	42	65	388	1917
2001	32	52	328	1430
2002	27	31	251	1612
2003	20	30	153	1640
2004	25	29	166	1221
2005	15	22	153	1216
2006	4	13	43	777
2007	1	9	11	434
2008	0	12	41	421
2009	2	3	6	356
2010	0	3	12	405
2011	0	12	12	518
2012	0	5	5	532
2013	0	3	12	697
2014	0	3	5	322
2015	0	3	5	326
2016	0	3	5	296
2017	0	1	6	295
2018	0	2	6	278
2019	0	0	3	258
2020	0	2	8	198

（五）环境污染的行政处罚、司法情况

2010 年之前，环境污染罪结案数均在个位数。而环境行政处罚案件数量和处罚金额基本呈上升趋势，1997 年行政处罚案件受理量将近 3 万件，2002 年则达到 10 万件以上，之后 2003—2008 年间处罚案件均在 9 万件左右，2010—2012 年这三年数量维持在十一二万件，而在 2016—2019 年数量有所增加，甚至在 2017 年达到了 25.06 万件。虽然环境处罚案件数量整体上呈上升趋势，但根据前述数据统计，环境污染情况在变好，说明之前对于环境处罚的力度远远不足，而环境污染犯罪的结案数更是与之相差上万倍。（见表 1 – 5）

表 1 – 5　1997—2019 年环境行政处罚、司法状况

年份	行政处罚 受理量/万起	行政处罚 金额/亿元	环境污染 犯罪结案/件
1997	2.95		
1998	3.98		
1999	5.31		
2000	5.52		
2001	7.11	1.4	4
2002	10.01	3	2
2003	9.28	3.29	1
2004	8.01	4.6	2
2005	9.33	6.41	0
2006	9.24	9.64	4
2007	10.91		3
2008	9.49		2
2009	7.88		3
2010	11.7		8
2011	11.93		
2012	11.73		

（续上表）

年份	行政处罚 受理量/万起	行政处罚 金额/亿元	环境污染 犯罪结案/件
2013	6.62	23.6	
2014	7.32	31.7	
2015		42.5	
2016	13.78	66.3	
2017	25.06	116.2	
2018	18.6	152.8	
2019	16.28	118.8	

二、矿产资源破坏状况

（一）矿产资源违法案件统计

矿产资源违法勘查案件在 1999 年为 105 件，2000 年仅 60 件，之后立案数量逐渐上升，在 2005—2009 年间数量达到最高，除 2007 年为 118 件外，其余几年每年 300 件左右；2010 年起，立案数量整体下降，维持在 100~150 件之间，部分年份甚至不足 100 件。（见表 1-6）

表 1-6 1999—2017 年矿产资源勘察违法案件情况

年份	无证勘查	越界勘查	非法转让探矿权
1999	59	45	1
2000	43	12	5
2001	76	5	7
2002	124	17	2
2003	176	24	27
2004	132	34	15
2005	233	43	21

（续上表）

年份	无证勘查	越界勘查	非法转让探矿权
2006	277	14	19
2007	91	16	11
2008	233	56	36
2009	188	25	23
2010	96	17	14
2011	79	24	5
2012	82	14	15
2013	122	22	9
2014	63	11	4
2015	71	9	4
2016	120	23	
2017	100	10	

矿产资源违法开采案件在 1999 年、2000 年近 12000 件；2001—2005 年间，除 2004 年为 14890 件外，其余几年每年立案数均超过 15000 件；从 2006 年开始，立案数量整体呈下降趋势，2013 年近 7000 件，2016 年不足 5000 件。（见表 1-7）

表 1-7 1999—2017 年矿产资源开采违法案件情况

年份	无证开采	越界开采	非法转让采矿权	其他	破坏性开采
1999	6488	1904	215	2875	445
2000	7856	1272	185	2413	343
2001	14119	1650	262	1432	161
2002	18620	1468	236	1679	190
2003	12953	2058	334	908	112
2004	11762	2097	342	629	60
2005	12952	2562	292	1130	149

（续上表）

年份	无证开采	越界开采	非法转让采矿权	其他	破坏性开采
2006	10483	2607	757	1284	138
2007	8689	2079	286	751	40
2008	7143	1629	184	505	42
2009	5557	1181	97	493	32
2010	4741	1354	70	576	40
2011	5048	1443	44	619	21
2012	3908	1248	41	576	13
2013	4398	1663	43	426	35
2014	3573	1811	16	369	10
2015	2816	1469	15	312	4
2016	2912	1058	10	235	2
2017	3528	1503	3	198	6

其中，无证开采①案件数量占比最高，1999—2002 年案件数量以较大趋势走高，1999 年共发生 6488 件，至 2002 年已增加至 18620 件，增多了 1 万多件；2002 年后，无证开采案件数量逐年减少，但在 2007 年之前，每年案件数量仍超过 1 万件；至 2013 年，无证开采案件数量骤降至 4398 件，到 2016 年已降至 2912 件。

越界开采案件②数量无明显变化趋势，基本维持在 1000～2000 件之间，仅在 2003 年、2004 年、2005 年、2006 年、2007 年超过 2000 件。破坏性开采案件③数量除 1999 年、2000 年为 445 件、343 件外，其余年份均在 200 件之内，且案件数量基本上呈下降趋势。2001—2006 年，除 2004 年为 60 件外，其余年份破坏性开采案件数量均超过 100 件。但 2006 年之

---

① 无证开采是指未依法取得采矿许可证的非法采矿行为。
② 越界开采是指采矿权人超越批准的矿区范围进行的采矿活动。
③ 破坏性开采是指采矿权人违背开采顺序、合理开采方法及工艺进行的采富弃贫、采易弃难等破坏矿产资源的开采活动。

后的年份均少于 50 件，且从 2015 年起案件数量均为个位数。

（二）矿产资源违法案件查处结果

因矿产资源勘查违法案件数量占矿产资源违法案件比重极小，因此每年吊销勘查许可证的数量不足 30 个，多数年份数量仅为个位数，且无明显变化趋势，但总体还是呈减少趋势。而吊销采矿许可证在 2008 年之前数量较多，每年都有成百上千个许可证被吊销；而在 2008 年之后，数量骤减，每年被吊销许可证的案件数量不足 20 起。（见表 1 - 8）

表 1 - 8　1999—2017 年矿产资源违法案件查处结果

年份	吊销勘查许可证/个	吊销采矿许可证/个	罚款/亿元
1999	5	2135	0.19
2000	2	978	0.19
2001		1481	0.44
2002	10	1103	0.55
2003	19	571	0.59
2004	6	441	2.22
2005	8	249	2.32
2006	25	1030	3.53
2007	8	966	3.11
2008	3	41	4.08
2009	3	4	2.16
2010	7	11	3.43
2011		1	4.36
2012		5	3.58
2013		13	4.6
2014	1	11	4.14
2015	5	7	3.91
2016		4	6.08
2017	14	15	2.96

三、土地资源破坏状况

（一）土地违法案件查处情况

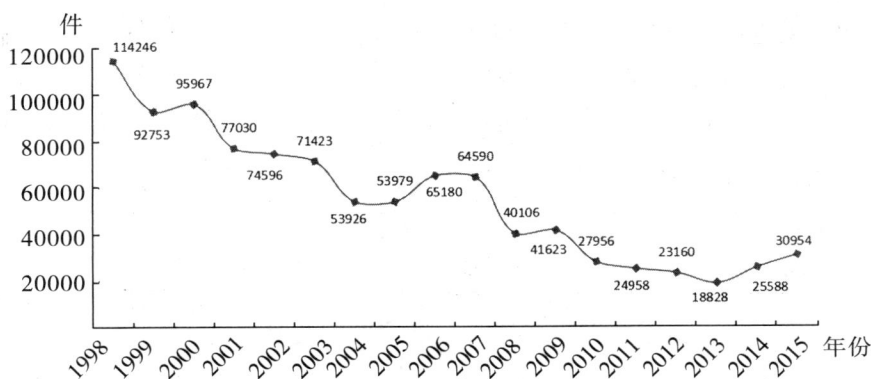

图 1 - 6　1998—2015 年土地违法案件查处情况

　　土地违法案件发生数总体上呈下降趋势，在 1998 年发生超过 11 万件，之后年份均小于 10 万件。2004 年、2005 年降至 5.4 万件左右，相较 1998 年案件发生数降低将近一半。而在 2006 年、2007 年回升到 6.5 万件左右，之后逐年降低。至 2013 年降低至 1.9 万件左右，比 1998 年减少了 9 万多件。（见图 1 -6）

表 1 - 9　1998—2017 年非法买卖、转让土地①案件统计情况

年份	案件数/件	涉及土地面积/亩	涉及耕地面积/亩
1998	14196	69225	5040
1999	14303	37860	10410
2000	11861	38880	8510

　　① 非法买卖土地是指以牟利为目的，违反土地管理法律、法规，无限期地将土地所有权和使用权转移给他人的行为；非法转让土地是指违反土地管理法律、法规，将土地使用权有限期地转移给他人的行为。

（续上表）

年份	案件数/件	涉及土地面积/亩	涉及耕地面积/亩
2001	9099	27885	7320
2002	7618	20940	5250
2003	8659	27360	6315
2004	3876	25965	12540
2005	3190	12885	4740
2006	2878	28095	12345
2007	2176	32640	16185
2008	1485	10440	2790
2009	1086	4515	1425
2010	411	3885	525
2011	221	1125	300
2012	152	660	180
2013	177	2640	225
2014	246	870	270
2015	92	615	240
2016	54	195	75
2017	45	450	30

　　1998 年，非法买卖、转让土地案件发生 14196 件，涉及土地面积 69225 亩、耕地面积 5040 亩，案件数、涉及土地与耕地面积数量在 2005 年之前基本上呈下降趋势，分别下降至 2005 年的 3190 件、12885 亩、4740 亩；但 2005—2007 年，涉及土地面积、耕地面积数量又逐年增多，至 2007 年到达小高峰，涉及土地面积 32640 亩，涉及耕地面积 16185 亩；2007 年之后，三者数量总体来看是逐年下降，至 2013 年减少至案件数 177 件，涉及土地面积 2640 亩，其中涉及耕地面积 225 亩。至 2016 年，案件数 54 件，涉及土地面积 195 亩，耕地面积 75 亩。（见表 1-9）

表 1－10 1998—2017 年破坏耕地①案件统计

年份	案件数/件	涉及土地面积/亩	涉及耕地面积/亩
1998	2641	11445	9900
1999	3131	10230	8595
2000	3084	11640	10260
2001	3407	13125	11595
2002	3227	9660	9030
2003	2592	13350	11925
2004	2685	15210	13230
2005	2937	18780	17220
2006	3439	23295	21045
2007	2818	19005	16920
2008	1475	6855	6285
2009	1605	8355	7710
2010	1001	5505	4035
2011	585	3990	3525
2012	594	1680	1545
2013	496	1875	1350
2014	748	2400	2040
2015	1188	2130	1770
2016	443	2010	1455
2017	679	1725	1170

1998—2006 年，破坏耕地案件数量并无明显增多或者减少，维持在 2500～3500 件，但涉及的土地面积与其中涉及的耕地面积却呈较大幅度的上升态势，1998 年，涉及土地面积 11445 多亩、涉及耕地面积 9900 亩，到 2006 年，涉及土地面积增加至 23295 亩、涉及耕地面积至 21045 亩。2006 年之后，案件数量、涉及土地面积、涉及耕地面积均呈下降趋势，到

---

① 破坏耕地指单位或者个人违法占用耕地建窑、建坟，未经批准擅自在耕地上建房、挖沙、采石、采矿、取土等，使土地种植条件遭到破坏的违法行为。

2008 年，案件数量降至 1475 件，涉及土地面积及耕地面积陡然降至 6855 亩；2012—2017 年间数据均无明显变化趋势，案件数量在 400~1200 间浮动，涉及土地面积在 1500~2500 亩，其中涉及的耕地面积在 1100~2100 亩之间。（见表 1-10）

表 1-11 1998—2017 年非法占地案件情况

年份	案件数	涉及土地面积/亩	涉及耕地面积/亩
1998	83435	340920	117720
1999	60798	129675	51315
2000	71353	191880	58185
2001	57756	182805	80355
2002	58142	217800	111630
2003	55748	365205	204945
2004	45129	420240	233790
2005	46321	314970	151800
2006	57060	662610	276960
2007	57799	746685	318915
2008	36185	297720	127215
2009	28182	278175	132555
2010	26015	306675	124350
2011	23903	272940	96645
2012	22198	220320	68640
2013	17944	158370	51120
2014	24374	183195	59805
2015	29523	159345	56565
2016	19193	119925	41520
2017	19606	136905	49755

非法占地案件数量从 1998 年起基本逐年在减少，1998 年超过 8 万件，2006 年、2007 年在 5.7 万件左右，从 2009 年起，案件数量无明显变化趋

势，在 1.7 万~3 万间浮动。非法占用土地面积在 1998—2007 年间基本呈上升态势，1999 年非法占用土地约 13 万亩，2007 年数量最高，增加至近 75 万亩；但到 2008 年陡然降低，降至约 30 万亩；到 2013 年、2014 年非法占用土地面积分别约 15.8 万亩、18.3 万亩；2014 年之后的年份非法占用土地面积在 13 万~16 万亩之间上下浮动，仅 2016 年数量最低——约 12 万亩。涉及耕地面积变化趋势与涉及土地面积基本相同，但前者面积数低于后者；非法占用耕地面积在 1998—2007 年间呈上升态势，1999 年共约 5 万亩，在 2007 年达到最高值——近 31.9 万亩，到 2008 年陡然降低至约 12.7 万亩；之后年份面积数基本逐年减少，到 2013 年、2014 年、2016 年分别减少至约 5.1 万亩、5.9 万亩、4.1 万亩。（见表 1-11）

表 1-12　1998—2017 年非法批地①案件情况

年份	案件数/件	涉及土地面积/亩	涉及耕地面积/亩
1998	2207	13890	13890
1999	1108	4500	2760
2000	1333	33945	1785
2001	657	8340	2205
2002	508	1455	3630
2003	252	4800	525
2004	145	5070	1905
2005	49	570	3270
2006	182	66270	300
2007	153	15390	18975
2008	26	3405	16920
2009	195	6690	2040
2010	72	7350	4290

① 非法批地是指没有批准权的单位批准用地、虽有批准权但超越批准权限批准用地、违反土地利用总体规划批准用地和违反法律规定程序批准用地的违法行为。

（续上表）

年份	案件数/件	涉及土地面积/亩	涉及耕地面积/亩
2012	56	840	495
2013	58	1470	420
2014	55	975	420
2015	32	570	615
2016	31	345	210
2017	3	45	30

非法批地案件数量在 1998 年、1999 年、2000 年最高，分别有 2207 件、1108 件、1333 件，均超过 1000 件；2001 年降至 657 件；2003—2007 年，除 2005 年为 49 件外，均维持在 100～300 件之间，之后年份，除 2009 年为 195 件外，均不足 100 件，且在 2017 年仅有 3 件。但相对于案件数量 的变化趋势，非法批地涉及土地面积与耕地面积均无明显变化趋势，非法 批地涉及土地面积在 1998 年、2000 年、2006 年、2007 年均上万亩，2006 年更是超过 6 万亩。（见表 1 - 12）

表 1 - 13　1998—2017 不同主体破坏耕地案件数　　　　单位：件

年份	机关	企事业单位	个人
1998	82	352	2207
1999	195	426	2173
2000	95	301	2344
2001	51	306	2710
2002	48	257	2633
2003	40	272	2088
2004	22	214	2298
2005	100	288	2368
2006	87	469	2660
2007	59	342	2308

（续上表）

年份	机关	企事业单位	个人
2008	8	153	1262
2009	22	152	1360
2010	4	70	896
2011	8	36	522
2012	3	53	514
2013	0	60	426
2014	9	38	653
2015	10	71	1026
2016	2	29	383
2017	3	38	576

　　根据表 1 - 13，可以明显看出破坏耕地的主体排序：个人 > 企事业单位 > 机关。机关由于数量本就不多，趋势并不明显，但也可知案件发生数是在下降，在 1999 年数量达到最高峰 195 件，2000—2007 年除个别年份外数量维持在 50 ~ 100 件；之后的年份，除 2009 年、2015 年，均保持在个位数。企事业单位破坏耕地的案件数量在 2001 年及以前超过 300 件，2002—2005 年数量维持在 200 ~ 300 件，之后年份除 2006 年、2007 年数量突然升高至 469 件、342 件和 2008 年、2009 年的 150 件左右外，均低于100 件。个人作为占比最高的主体，在 1998—2007 年间数量在 2000 ~ 2800件之间浮动，到 2008 年、2009 年分别降至 1262 件、1360 件。随后的年份，除 2015 年外，发生案件数均不足 1000 件。

表 1 - 14　1998—2017 年不同主体非法买卖、转让土地案件数　　单位：件

年份	机关	企事业单位	个人
1998	675	2332	11189
1999	1474	2296	8779
2000	860	1980	8038

（续上表）

年份	机关	企事业单位	个人
2001	626	1739	5766
2002	486	1437	4937
2003	530	1896	4928
2004	235	731	2239
2005	239	515	2106
2006	237	554	1603
2007	148	272	1240
2008	55	231	999
2009	40	100	857
2010	13	43	294
2011	9	23	144
2012	9	17	104
2013	1	17	87
2014	1	14	205
2015	1	5	65
2016	0	6	31
2017	0	7	36

　　非法买卖、转让土地案件的主体排序同样是个人 > 企事业单位 > 机关。以机关为违法主体的案件，在 1999 年案发率最高，达 1474 件，之后逐年下降，在 2004—2006 年间发生数便降至 200 多件，2008 年、2009 年发生约 50 件机关非法买卖、转让土地案件，而在 2010 年之后便仅为个位数或 0 件。企事业单位在 2000 年之前非法买卖、转让土地案件发生数大于 2000 件，2000—2003 年间虽有下降，但仍发生了 1400～2000 件，2004 年之后便均低于 1000 件，2006 年发生 554 件，相较 1999 年降低约 3/4，2009 年之后便低于 100 件，且在 2015 年及之后降为个位数。个人非法买卖、转让土地案件在 2004 年之前发生件数多但降幅也快，从 1998 年的上万件，降至 2004 年的 2239 件，且从 2008 年起案件数低于 1000 件，到

2013 年案件数不足 100 件，与 1998 年相比降低约 99%。（表 1 - 14）

表 1 - 15　1998—2017 年不同主体非法占地案件数　　　单位：件

年份	机关	企事业单位	个人
1998	3317	14976	65160
1999	1629	4326	52276
2000	1913	5325	60359
2001	1392	4872	49263
2002	1243	6257	47472
2003	1701	8009	42912
2004	771	7762	34580
2005	783	6785	36697
2006	1101	12278	40460
2007	1682	13435	39532
2008	792	6907	26076
2009	712	6281	19756
2010	593	6143	17959
2011	496	6667	15587
2012	471	5303	14873
2013		4624	11645
2014	515	5845	16323
2015	357	5610	21337
2016	248	3774	13660
2017	407	3909	13285

　　非法占地案件是土地违法案件中占比最大的，其按主体区分排序同上。以 2008 年为界，之前个人非法占地案件数量每年均大于 3 万件，但总体仍呈下降趋势，由 1998 年的 65160 件降低至 2007 年的 39532 件，之后的 2008—2017 年间，除 2008 年、2015 年超过 2 万件外，其余年份维持在 1 万~2 万件之间。企事业单位非法占地案件除 1998 年、2006 年、2007 年发

生上万件外，其余年份均低于 1 万件，基本维持在 4000~8000 件之间。机关的非法占地案件在 1998 年发生 3317 件，而在 2008 年之前除个别年份外均在 1000~2000 件之间，2008 年及之后均低于 1000 件。（见表 1-15）

表 1-16　1998—2016 年不同主体非法批地案件数　　单位：件

年份	机关	企事业单位	个人
1998	446	103	1658
1999	200	131	609
2000	274	41	800
2001	193	21	147
2002	195	12	165
2003	75	16	102
2004	62	21	18
2005	13	1	26
2006	100	46	18
2007	92	22	14
2008	19		
2009	195		
2010	72		
2011	62		
2012	58		
2013	53		
2014	23		
2015	28		
2016	2		

　　非法批地案件并无哪个违法主体在数量上一直很突出。企事业单位非法批地案件数基本是最低的，且在 2008 年及之后便无相关案件。在 2001 年之前，个人非法批地案件数大于机关，但之后的年份基本是机关案发数量更多。个人非法批地在 1998 年发生 1658 件，1999 年、2000 年降低了一

半以上，分别为 609 件、800 件，2001—2003 年间，发生了 100 多件，2004—2007 年间案件数量便不足 100 件，之后更是无个人为违法主体的非法批地案件。机关非法批地是刑法所规制的主体，1998 年非法批地案件为 446 件，1999—2002 年降低至 200 件左右，之后非法批地案件数基本低于 100 件。（见表 1 – 16）

表 1 – 17　1998—2017 年不同主体非法低价出让土地①案件数　单位：件

年份	机关	企事业单位	个人
1998	14	9	32
1999	27	34	88
2000	10	42	138
2001	13	7	21
2002	5	8	7
2003	59	80	93
2004	1	2	1
2005	1	0	0
2006	0	1	2
2007	4	9	0
2008	1	0	0

　　非法低价出让土地案件本身发生数量不多，除个别年份有剧烈变化外，数量变化趋势并不明显。2004 年之后，三类主体的非法低价出让土地案件基本维持在个位数。（见表 1 – 17）

---

　　① 非法低价出让土地是指违反土地管理法律、法规，滥用职权，以低于国家规定的价格出让国有土地使用权，造成国有土地资产流失的违法行为。

（二）土地违法案件责任人受处分及处罚情况（见表 1-18）

表 1-18 2007—2016 年土地违法案件责任人受处分及处罚情况

年份	刑事处罚/人①	非法转让、倒卖土地使用权罪	非法占用农用地罪	非法批准征用、占用土地罪	非法低价出让国有土地使用权罪
2007	474	82	368	20	4
2008	213	43	166	4	
2009	118	9	109		
2010	64	7	43	14	
2012	92	34	57	1	
2016	30	3	27		

四、森林与草原资源破坏状况

本部分统计数据来源于《中国林业和草原年鉴》，分为林业公安机关受理案件和林政案件。由于数据缺失，只统计了 1989—1993 年和 1997 年以后两个阶段的数据。其中，第一个阶段林业公安机关受理各类案件的统计数据全面，盗伐林木案件，滥伐林木案件，故意毁坏林木、苗木案件，木材、野生动物及其产品投机倒把案件，违法狩猎案件的数量和损失情况均有统计；但 1997 年之后，由于上述各类案件数据缺失，笔者仅将统计分为森林案件和野生动物案件两部分。森林案件是指与林木相关的案件，先统计各年份与林木相关的刑事案件和行政案件总数量，在此基础上分别统计各年份的盗伐林木和滥伐林木案件数量（年鉴只包含这两类案件数据）；野生动物案件是指与动物相关的案件，先统计与动物相关的刑事案件和林政案件总数量，在此基础上分别统计各年份非法猎捕、杀害珍贵濒危野生动物，非法收购、运输、出售濒危野生动物及其制品，非法狩猎的刑事案件数量以及非法出售、运输、携带野生动物及其制品，违法猎捕野生动

---

① 此数据来源于《中国国土资源年鉴》。

物，非法狩猎的行政案件数量。林政案件仅有案件总数量和各类案件数量统计。

（一）林业公安机关受理案件

1. 1989—1993 年间的各类案件

（1）盗伐林木。

表 1 - 19 1989—1993 年盗伐林木案件情况

年份	刑事案件/件	行政处罚案件/件	损失情况		
			林地面积/万亩	林木数量/万立方米	幼树、竹子数量/万株
1989	4611	29176	6.4	106.2	108.5
1990	4230	27694	1.8	21.1	53.9
1991	3446	71411	1.7	6.7	46
1992	2984	23214	1.4	10.6	26.4
1993	4904	31364	1.7	10.7	43

1989—1992 年间，盗伐林木的刑事案件数量呈下降趋势，从 1989 年的 4611 件降至 1992 年的近 3000 件，但到 1993 年又回升到近 5000 件；因盗伐林木而受行政处罚的案件数除 1991 年外大多维持在两三万件，而 1991 年处罚案件较之前年份上升了 2 倍多。就损失情况而言，1989 年林木、幼树、竹子损失情况最多，数量达到上百万立方米和上百万株，之后年份的损失情况虽非简单地呈下降趋势，但都较 1989 年小很多。无论案件数量多少，林地损失面积除 1989 年外，均维持在 1 万~2 万亩间，无明显变化趋势。（见表 1 - 19）

（2）滥伐林木。

表 1 - 20   1989—1993 年滥伐林木案件情况

年份	刑事案件/件	行政处罚案件/件	损失情况		
			林地面积/万亩	林木数量/万立方米	幼树、竹子数量/万株
1989	1726	10263	3.5	11.5	57.3
1990	1313	10701	2.8	11.3	31.6
1991	1149	9663	5.7	15.1	40
1992	974	11625	3.7	12.3	45.1
1993	1529	13461	4.8	20.6	39.4

1989—1993 年间，滥伐林木的刑事案件发生数量在 1989—1992 年间呈下降趋势，从 1726 件降低至 974 件，但在 1993 年飙升至 1529 件。行政处罚案件整体上在增多，1989—1992 年每年发生 1 万件左右，到 1993 年上升至 13461 件；案件损失情况整体上呈上升趋势。（见表 1 - 20）

（3）故意毁坏林木、苗木。

表 1 - 21   1989—1993 年故意毁坏林木、苗木案件情况

年份	刑事案件/件	行政处罚案件/件	损失情况		
			林地面积/万亩	林木数量/万立方米	幼树、竹子数量/万株
1989	183	1530	1.6	3.5	198.4
1990	286	1758	1.3	0.26	219.2
1991	348	1725	1.4	0.3	247.6
1992	243	1909	1.2	0.43	163.4
1993	203	1579	0.73	0.5	76

1989—1993 年间，故意毁坏林木、苗木的刑事案件发生数量维持在 180～350 件之间，而行政处罚案件发生数量在 1500～2000 件之间，数量

整体上并无明显增多或者减少趋势。但就损失情况而言，林地面积与林木、幼树、竹子等损失数量基本上在减少。1990—1991 年间，幼树、竹子的损失数量超过 200 万株，但在之后逐渐减少，至 1993 年减少至仅 76 万株。就林地面积而言，1989 年损失 1.6 万亩，在 1992 年之前虽然损失数量也在减少，但损失都超过 1 万亩，1993 年降低至 0.73 万亩。（见表 1 - 21）

（4）木材、野生动物及其产品投机倒把。

表 1 - 22　1989—1993 年木材、野生动物及其产品投机倒把案件情况

年份	刑事案件/件	行政处罚/件	损失情况		
			林木数量/万立方米	幼树、竹子数量/万株	野生动物数量/万只
1989	350	6476	1.4	0.72	4
1990	335	10363	1.5	2.3	0.92
1991	336	12703	2.6	2.8	15.08
1992	215	18043	2.4	3.9	12.3
1993	150	30214	12	5.8	12.2

1989—1993 年间，木材、野生动物及其产品投机倒把刑事案件发生数量逐渐减少，从 1989 年的 350 件减少至 1993 年的 150 件。但与之相反，行政处罚案件的发生数量是逐年增多的，1989 年该类案件行政处罚发生数不足 7000 件，1990 年超过了 1 万件，1992 年达到了将近 2 万件，1993 年已然超过 3 万件，增长速度很快。从损失数量上来讲，也是呈上升趋势的，林木数量从 1989 年损失 1.4 万立方米，上升至 1991 年、1992 年损失 2.5 万立方米左右，而在 1993 年突然上升至 12 万立方米。幼树、竹子 1989 年损失不足 1 万株，在 1990 年上升至 2.3 万株，至 1992 年、1993 年损失便分别增加至 3.9 万株、5.8 万株。野生动物只有 1990 年损失不足 1 万只，1991 年损失更是超过了 15 万只，1992 年、1993 年数量维持在 12 万只左右。（见表 1 - 22）

（5）违法狩猎。

表 1 - 23　1989—1993 年违法狩猎案件情况

年份	刑事案件/件	行政处罚案件/件	损失野生动物数量/万只
1989	169	330	0.27
1990	253	475	3.55
1991	177	632	1.1
1992	221	787	2.2
1993	134	1019	2.3

1989—1993 年，违法狩猎的刑事案件发生数量维持在 130～260 件之间，年份之间并无明显变化趋势；而行政处罚案件数量基本呈上升趋势，从 1989 年的 330 件，逐渐增长至 1993 年超过 1000 件。各年份损失野生动物数量在 1990 年最多，达到 3.55 万只，之后年份损失数量虽低于 1990年，但呈上升趋势，1991 年损失 1.1 万只，而 1992 年、1993 年损失均超过 2 万只。（见表 1 - 23）

2. 1997 年之后的各类案件

（1）森林案件。

表 1 - 24　1997—2014 年森林案件情况　　　　单位：件

年份	案件数量	
	刑事案件	行政案件
1997	6765	105283
1999	6711	112552
2000	8832	117169
2001	10194	125401
2002	9714	120960
2003	9472	151583
2004	10642	161598
2005	12943	189697

（续上表）

年份	案件数量	
	刑事案件	行政案件
2006	12190	197553
2007	13783	
2010		172508
2013		250000
2014	29600	209172

　　森林案件中，就刑事案件而言，1997—2006 年案件发生数量基本上呈逐年增多的趋势。1997 年发生将近 7000 件，2001—2004 年间增长并维持在 1 万件左右，2006 年发生了 12190 件。一些年份无相关统计资料。到 2014 年森林相关的刑事案件发生将近 3 万件。行政处罚案件，同样在整体上呈上升趋势，1997 年森林行政案件便已发生上万件，之后逐年增加，至 2002 年增加至 1.2 万件左右，之后增长速度加快，到 2006 年行政案件发生数量已将近 2 万件。中间数量有所波动，而在 2013 年数量又增多到了 2.5 万件。（见表 1 - 24）

　　（2）盗伐林木和滥伐林木案件。

表 1 - 25　2001—2013 年盗伐林木和滥伐林木案件数　　单位：件

年份	刑事案件		行政案件	
	盗伐林木	滥伐林木	盗伐林木	滥伐林木
2001	4640	3030		
2003	3315	2557	22283	23647
2004	2778	2182	21816	25532
2005	3717	3470	24217	27919
2006	4131	3924	22276	33013
2007	4417	4700		
2009	4410		23241	28585
2010	4683			
2013			28360	39974

2001—2004 年间，盗伐林木的刑事案件发生数量是呈下降趋势的，与前述 1989—1993 年间该案的发生数量（见表 1 - 19）并无太大变化。2005—2010 年间案件发生数量虽在缓慢上升，但除 2005 年外，其余年份均处于 4000 ~ 5000 件之间，说明盗伐林木的刑事案件多年来案发数基本稳定；2003—2013 年，盗伐林木的行政案件数量在整体上呈上升趋势，2003—2006 年间处于 2.2 万件左右，至 2013 年增加至约 2.8 万件。

2001—2007 年间，滥伐林木的刑事案件发生数量较 1989—1993 年间（见表 1 - 20）显著上升，从之前的 1000 ~ 2000 件上升至 2000 ~ 5000 件，2007 年案件发生数量最高，为 4700 件；滥伐林木的行政案件发生数量也呈增多趋势，2003—2006 年案件数量从约 2.4 万件增多至约 3.3 万件，之后在 2009 年数量虽有减少，但到 2013 年增多至将近 4 万件。（见表 1 - 25）

（3）野生动物案件。

表 1 - 26　1997—2014 年野生动物案件数　　　　　单位：件

年份	刑事案件	行政案件
1997	524	5216
1999	462	4835
2000	615	9196
2001	825	9312
2002	630	6273
2003	946	14506
2004	624	7717
2005	455	6583
2006	488	5937
2007	508	
2013	1360	7291
2014	1666	6745

野生动物刑事案件在 1997—2007 年间并无明显增多或减少的变化趋势，年度数量除 2001 年、2003 年外，在 400 ~ 700 件之间上下浮动。而在

2013 年、2014 年较之前年份数量大幅增多，超过 1000 件甚至超过 1500
件。但从数量上来看，野生动物案件少于森林案件（见表 1 - 24）10 倍左
右。野生动物行政案件，在 1997—2003 年间呈增多趋势，在 1997 年发生
5000 多件，到 2000 年大幅增多至 9000 多件，到 2003 年更是发生近 1.5 万
件，虽然中间偶然有年份数量相比上年减少。在 2004—2006 年间，案件数
量呈下降趋势，在 2006 年便下降至不足 6000 件，但在 2013 年、2014 年也
未有很大变化，数量在 7000 件左右。（见表 1 - 26）

（4）各类野生动物案件。

表 1 - 27　2003—2014 年各类野生动物案件数　　　　单位：件

年份	刑事案件			行政案件		
	非法捕猎、杀害珍贵濒危野生动物	非法收购、运输、出售濒危野生动物及其制品	非法狩猎	非法出售、运输、携带野生动物及其制品	违法猎捕野生动物	非法狩猎
2003		479		8472		
2005	124	260	48	4015	952	1029
2006	114	221	122	3373	1194	746
2007		297	61			
2009				1858	829	720
2013				5152		
2014	205	781	436	4448		

2003—2014 年间，非法猎捕、杀害珍贵濒危野生动物刑事案件仅有个
别年份的统计数据，难以总结变化规律，仅知案件数量在 100 ~ 210 件之
间；违法猎捕野生动物的行政案件同样仅有个别年份的数据，仅可总结出
案件发生数维持在 800 ~ 1200 件之间的结论。（见表 1 - 27）

非法收购、运输、出售濒危野生动物及其制品的刑事案件在 2003—
2006 年有一个下降的表现，从 479 件降至 221 件，但在 2007 年数量有所增
加，而到 2014 年数量增多至近 800 件；非法出售、运输、携带野生动物及

其制品的行政案件数量基本在减少，2003 年还有近 8500 件，但至 2006 年仅发生 3000 多件，至 2009 年更是不足 2000 件。（见表 1 - 27）

非法狩猎的刑事案件在 2007 年之前数量不多，在 100 件左右，有些年份甚至不足 100 件，而在 2014 年飙升至 436 件；非法狩猎行政案件的统计数据不足。（见表 1 - 27）

（二）林政案件

1. 案件数量整体情况

表 1 - 28　1993—1997 年案件数量整体情况　　　　单位：万件

年份	总计	违法运输	滥伐林木	盗伐林木	违法征占用林地	毁坏林木、苗木
1993	48.1	34.1	10.3		0.2	
1994	58.5	42.3	7		0.2	
1995	46.9	30.1	10.7		0.32	0.83
1996	43.8	28.3	8.29		1.08	0.79
1997	60.6	45.87	3.62	4.68	0.99	0.89

1993—1997 年间，林政案件数量总体上在增多，特别是 1997 年案件数突然增加至 60.6 万件，而在之前除 1994 年外，数量基本维持在 40 万～50 万件。违法运输案件数量及占比最多，基本占总数的 60% 以上，在 1997 年数量已超过 45 万件，其余年份除 1994 年外案件数基本在 30 万件左右。盗伐林木和滥伐林木的案件占比排名第二，二者总数基本是 7 万～11 万件。违法征占用林地案件数量总体上呈增多趋势，在 1993 年、1994 年发生 0.2 万件，1995 年增加至 0.32 万件，而到了 1996 年、1997 年突然增加至 1 万件左右。毁坏林木、苗木的案件仅有 1995—1997 年的数据，案件数量基本在 0.8 万件左右。（见表 1 - 28）

2. 各类案件的具体情况

表 1 - 29　1998—2013 年各类案件的具体情况　　　　　单位：万件

年份	总计	违法运输	滥伐林木	盗伐林木	非法收购、经营、加工木材	违法征占用林地	毁坏林木、苗木	非法收购、出售、运输、携带野生动物及其产品	乱捕滥猎野生动物
1998	47.1	32.8	3.88	3.84	0.93	0.93	0.75		
1999	44.8	31.6	4	3.91	1.1	1.2	0.81		
2000	45.7	29.9	4.35	4.24	1.6		0.62		
2001	48.1	32.3	3.8	4	2	0.7	0.7	0.6	0.5
2002	46.8	32	4.1	2.8	2.1	0.7	0.6	0.6	0.3
2003	44	27.9	3.7	2.6	3.6	0.8	0.81	0.75	0.35
2004	43	28.4	3.7	2.8	2.3	1.4			
2008	35.4	20.4	3.9	2.5	2.9	1.4	0.78		
2009	29.8	16.2	3.4	2.4	2.3	1.36	0.7		
2010	30.5		3.7	2.2	1.7	1.56	0.68		
2012	27.4		3.8	2		1.93		0.09	0.09
2013	26.9		3.8	2.1		2.44		0.17	0.12

1998—2004 年间，林政案件的发生总数并无明显变化趋势，数量大致维持在43万~48万件之间。违法运输案件占比排名第一，案件数量整体上在变少，在1998—2002年间案件数量基本每年都在32万件左右，但之后案发数呈降低趋势。2003年、2004年减少并维持在28万件左右，而2008年、2009年减少到了20.4万件、16.2万件。（见表1-29）

滥伐林木和盗伐林木案件在1998—2001年间排名基本上不分先后，二者在这4年间数量基本都维持在3.8万件~4.5万件之间。而在之后的年度，即 2002—2013 年间，滥伐林木数量大于盗伐林木数量，滥伐林木数量还是基本每年都维持在 3.8 万件左右，而盗伐林木案件数量在 2002—2004 年则是降低并维持在 2.8 万件左右，而在 2008 年之后数量仍不断降低，由 2008 年的 2.5 万件降低至 2013 年的 2.1 万件。（见表 1 - 29）

非法收购、经营、加工木材的林政案件 1998 年、1999 年发生数量在 1 万件左右，2000—2010 年之间增加并维持在 2 万件左右，但有个别年份例外，2003 年、2008 年分别发生了 3.6 万件、2.9 万件；违法征占用林地的林政案件总体上呈增多趋势，1998—2003 年数量在 0.7 万 ~ 1.2 万件之间，2004—2010 年间案件数量增加并保持在 1.4 万件左右，而到 2012 年、2013 年分别增约多至 1.93 万件、2.44 万件。（见表 1 - 29）

毁坏林木、苗木的林政案件数量基本维持在 0.6 万 ~ 0.8 万件之间，无明显变化趋势；非法收购、出售、运输、携带野生动物及其产品的林政案件有统计数据的年份不多，2001—2003 年发生 0.7 万件左右，而在有统计数据的 2012 年、2013 年减少到了不足 0.2 万件；乱捕滥猎野生动物的林政案件统计数据也很少，仅知 2001—2003 年间案件数量在 0.4 万件左右，而到 2012 年、2013 年发生不足 0.13 万件。（见表 1 - 29）

五、环境犯罪的案发数量

本节的第一至第四部分主要通过数据统计直观反映了我国近三十年来的环境污染和资源破坏情况，本部分将用数据统计直观反映环境犯罪的刑事司法状况。整体而言，尽管环境污染和资源破坏情况严重，但环境犯罪的刑事司法是近十年才逐渐活跃起来的。这一方面反映了刑事司法的最后手段性质，另一方面也反映了犯罪事实和刑事追诉之间的断裂状态。

（一）污染环境罪

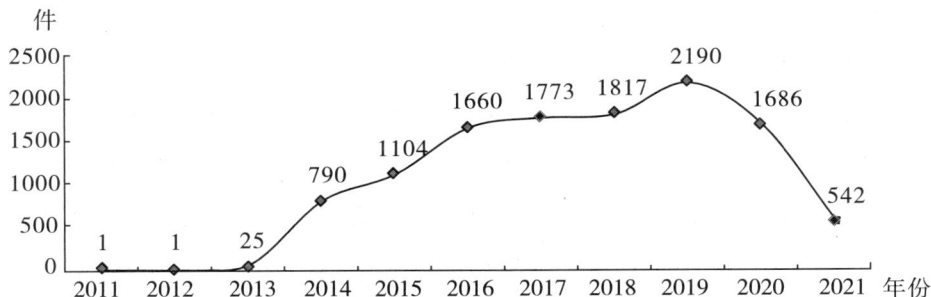

图 1 - 7　2011—2021 年污染环境罪裁判数量

2001—2010 年重大环境污染事故罪的相关数据并非检索而来，而是来自 2002—2011 年《中国环境年鉴》总结的全国完整数据，2001—2010 年间重大环境污染事故罪的年度判决数量均为个位数。在小包公平台以刑事案件为类型，检索污染环境罪一审判决书，共得到 11609 件。根据检索数量变化状态，可知在 2011 年、2012 年污染环境罪仅有一件，而从 2013 年的 25 件起，至 2019 年数量呈明显上升态势，2015 年达到了 1000 件以上，而 2016 年便超过了 1500 件，2019 年更是突破了 2000 件。（见图 1 -7）

（二）非法采矿罪

检索非法采矿罪，自 2010 年开始才有相关案件。2010—2013 年间，年度审判数量均不足 100 件，数量变化并不明显。2014—2020 年，审判数量呈明显的持续上升态势，不过至 2018 年非法采矿罪裁判数量才突破 1000 件大关，2019 年、2020 年更是达到了 2500 件左右。对比之前生态破坏行政案件可知，2010 年之前无证采矿案件数量上万件，完全高于 2010 年之后的无证采矿案件数量。但对比非法采矿罪的裁判情形可知，无证采矿情形较为严重之时，以非法采矿罪被起诉的案件反而更少。（见图1 -8）

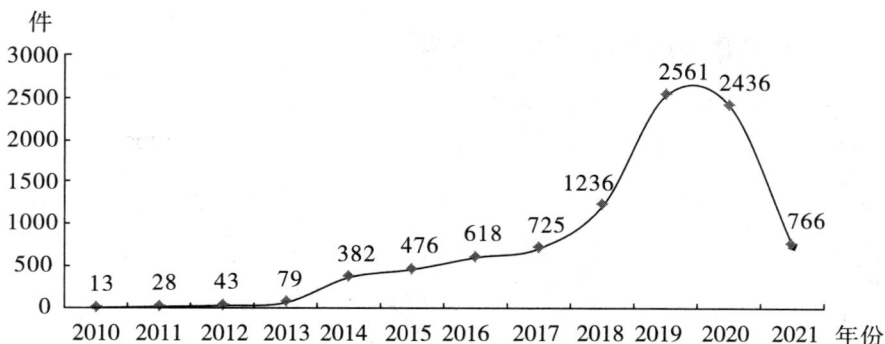

图1-8 2010—2021年非法采矿罪裁判数量

（三）非法捕捞水产品罪

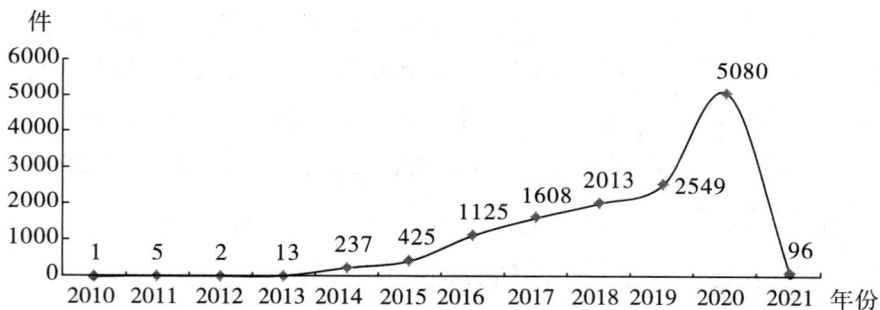

图1-9 2010—2021年非法捕捞水产品罪裁判数量

非法捕捞水产品罪同样仅有2010年起的数据统计。2013年之前仅有个位数的裁判文书被发布，2014—2020年间数量持续增长，2016年非法捕捞水产品的裁判案件数量超过1000件，2018年超过2000件，2020年最多，达到5080件。（见图1-9）

（四）危害珍贵、濒危野生动物罪

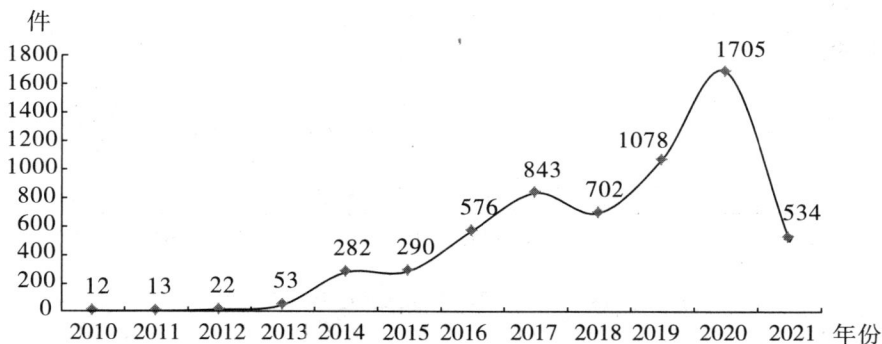

图 1 - 10　2010—2021 年非法收购、运输、出售珍贵、濒危野生动物及其制品罪裁判数量

非法收购、运输、出售珍贵、濒危野生动物及其制品罪案件文书在 2010—2013 年间虽也呈上升趋势，但变动幅度很小，且案件年度数量均低于 60 件；2014 年起，便直接达到将近 300 件，且裁决数量开始显著地逐年增长。到 2019 年该罪相关案件裁决数量增长至超过 1000 件，2020 年达到该罪裁判数量的最高峰——1705 件。（见图 1 - 10）

（五）非法处置进口的固体废物罪

该罪年度裁判数量在个位数，且仅有四个年份存在相关案例，即 2014 年 2 件、2015 年 3 件、2018 年 1 件、2019 年 2 件，其余年份均无相关判例被上传至系统。表明该罪案发数量极低，仅从 2014 年开始才存在相关案例。

（六）非法狩猎罪

件

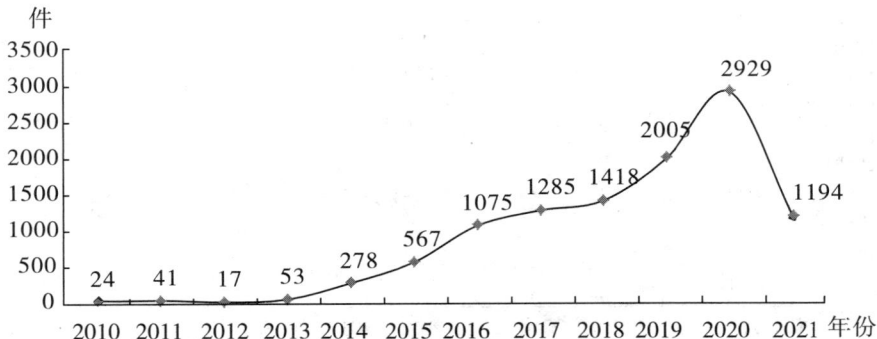

图 1 - 11　2010—2021 年非法狩猎罪裁判数量

　　2010—2013 年间，非法狩猎罪案发数不高，且数量并非逐年增长，案发数每年均低于 60 件。在 2014 年及之后数量有了明显变化，2014—2020年间，非法狩猎罪保持明显增长的趋势，2015 年虽仅有 567 件，但在 2016年便陡然增至 1075 件，至 2019 年更是突破了 2000 件，在 2020 年达到2929 件（即案发数最高峰）。（见图 1 - 11）

（七）非法占用农用地罪

件

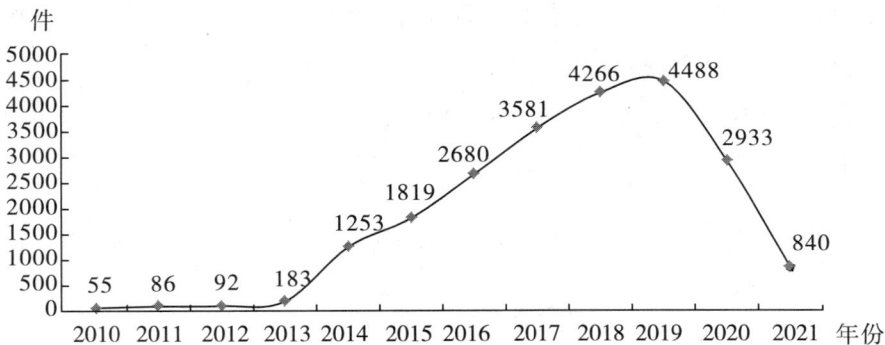

图 1 - 12　2010—2021 年非法占用农用地罪裁判数量

　　非法占用农用地罪在 2010—2013 年间数量最少，在 2012 年及之前案发数量虽也在增长，但由于数量均不足 100 件，并没有明显的增长趋势。2013 年裁判数量将近 200 件，到 2014 年及之后，裁判数量突然快速增长，2014 年便达到了 1253 件，2016 年、2017 年、2018 年分别突破了 2000 件、3000 件、4000 件，到 2019 年达到裁判数量顶峰——4488 件。2020 年数量虽不及 2019 年，但也有近 3000 份裁判文书。（见图 1 - 12）

（八）破坏性采矿罪

破坏性采矿罪的裁判数量极低，仅在 2016 年、2019 年、2020 年各有 1 份裁判文书。根据之前破坏资源行政案件统计，破坏性采矿案件本就数量不高，在 2006 年之前案发数量超过 100 件，但之后年份便逐渐降低且均不足 100 件。至 2014 年之后更是每年不足 10 件，因此破坏性采矿罪的裁判数量也相应极低。

（九）危害国家重点保护植物罪：非法采伐、毁坏国家重点保护植物

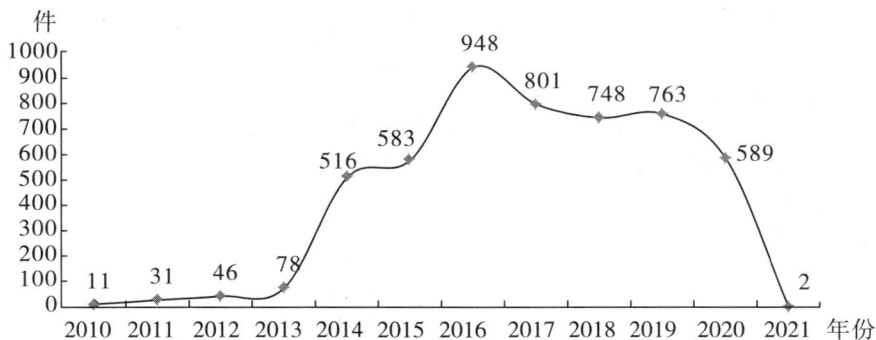

图 1 - 13 2010—2021 年非法采伐、毁坏国家重点保护植物罪裁判数量

非法采伐、毁坏国家重点保护植物罪在 2010—2013 年的四年间，案发数量缓慢上升，直至 2013 年也不过 78 件；2013—2016 年间，该罪的裁判数量持续明显增长，从 2013 年的不足百件，到 2016 年的 948 件，2016 年也是本罪裁判数量最高的一年；自 2016 年起，该罪的裁判数量便在持续走

低，至 2020 年便降低至不足 600 件。（见图 1 - 13）

（十）危害国家重点保护植物罪：非法收购、运输、加工、出售国家重点保护植物、国家重点保护植物制品

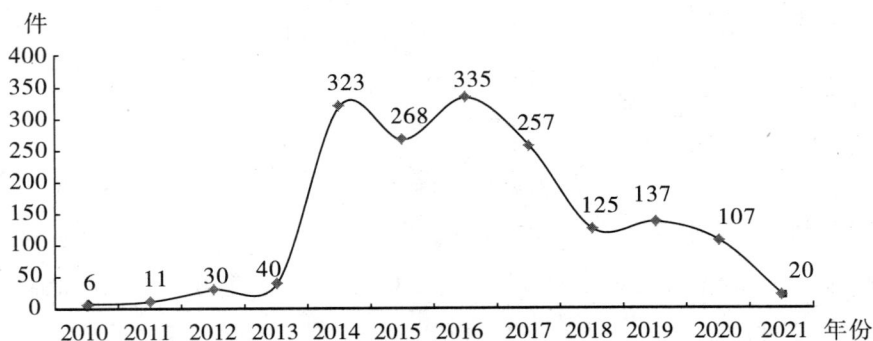

图 1 - 14   2010—2021 年非法收购、运输、加工、出售国家重点保护植物、国家重点保护植物制品罪裁判数量

　　非法收购、运输、加工、出售国家重点保护植物、国家重点保护植物制品罪在 2010—2013 年间同样案件数量极低，虽呈缓慢的上升趋势，但总体上来看每年的裁判数量不足 50 件；2014 年，裁判数从 2013 年的 40 件上升至 323 件，之后裁判数便没有明显变化，一直在 250～350 件之间；2018 年裁判数量降低至 125 件，之后在 2019 年、2020 年该罪的裁判数量便基本维持在 100～150 件之间。（见图 1 - 14）

（十一）盗伐林木罪

件

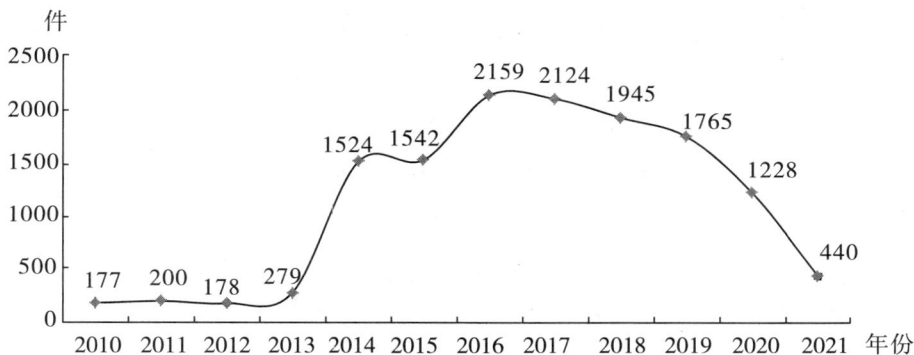

图 1-15 2010—2021 年盗伐林木罪裁判数量

盗伐林木罪在 2010—2013 年间，裁判数量虽比其他罪要高，但变化趋势并不明显，每年裁判数量维持在 200 件左右，在 2013 年达到 279 件。在 2014 年、2015 年，裁判数量大幅上升，达到 1500 件左右；2016 年、2017 年、2018 年裁判数量继续上升，且维持在 2000 件左右。因此，从整体上来看，该罪裁判数量自 2013 年起整体上是呈上升趋势的，2018 年之后稍微有点下降，但裁判数量也基本维持在每年 1000~2000 件。（见图 1-15）

（十二）滥伐林木罪

件

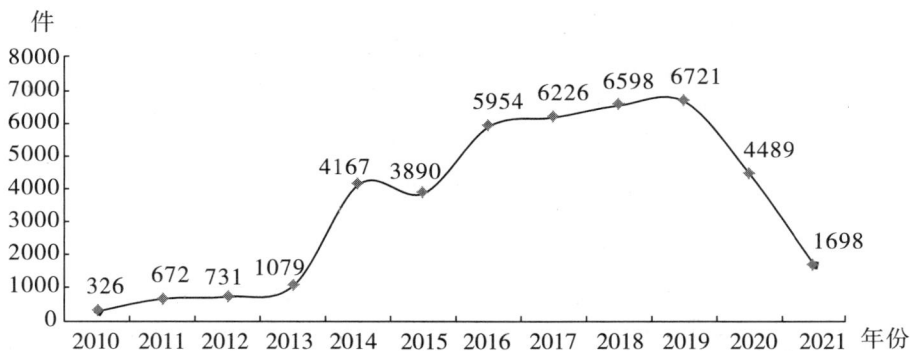

图 1-16 2010—2021 年滥伐林木罪裁判数量

　　滥伐林木罪在 2010—2013 年间的裁判数量相比其他各罪要高。2010 年便有 326 件，之后逐年增长，至 2013 年便超过了 1000 件。2013—2014 年裁判数量有了明显的上升，一年增加了近 3000 件，使得在 2014 年、2015 年该罪的裁判数量维持在 4000 件左右。2016—2019 年间，该罪的裁判数量虽有增大但并不明显，从近 6000 件增长至近 7000 件，在 2019 年达到了该罪裁判数量最高峰。2020 年数量有所降低，但仍有 4489 件。（见图 1 - 16）

（十三）非法收购、运输盗伐、滥伐的林木罪

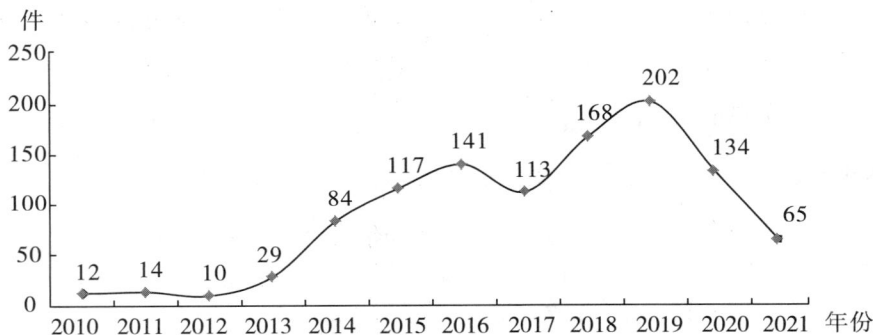

图 1 - 17　2010—2021 年非法收购、运输盗伐、滥伐的林木罪裁判数量

　　非法收购、运输盗伐、滥伐的林木罪在 2010—2013 年间，案发数量极低，2010—2012 年每年仅裁判 10 件左右，2013 年达到了近 30 件。之后年份裁判数量逐年快速上升，在 2019 年达到数量最高峰——202 件。从整体上来看，2010—2019 年间，该罪裁判数量虽然整体上呈上升趋势，但总体数量不高，至多不过 202 件。（见图 1 - 17）

（十四）一点说明

　　小包公系统自 2010 年开始才有相关的数据统计。除破坏性采矿罪和非法处置进口的固体废物罪并非每年都有相应案件且案发数量极低（仅有个位数）外，2010—2013 年是其他各罪案发数量最低的时期，虽然基本呈缓

慢的上升态势，但除滥伐林木罪等个别罪外，这期间的案件发生数量基本不足 100 件。2014—2019 年间，各罪裁判数量均呈较明显的上升趋势，这与国家在此期间开始执行严厉的环保刑事政策和重视打击环境犯罪有直接关联。

六、小结

纵观本节关于环境破坏和环境犯罪的数据统计，可以得出以下两个基本结论：第一，通过纵向考察可以发现：放在一个较长的视野观察，我国的生态环境处于持续改善过程中；第二，环境犯罪的大部分具体罪名在 2013 年之后适用率显著提高，表明在国家保护环境的"工具箱"中，刑事手段日益受到重视。

第二节　环境污染的原因与治理

环境犯罪是一类罪，我国《刑法》规定了 16 个具体环境犯罪，可分为污染型环境犯罪和资源破坏型环境犯罪两大类。分析整个环境犯罪的原因和治理是一个浩大的工程，笔者深感力有不逮。因此，本节对环境破坏的原因和治理情况的分析，以环境污染为中心。

一、原因分析

改革开放以来，我国经济发展一直处于高增长过程中。由于我国经济发展对于高污染、高能耗企业的依赖，尽管我国政府很早便宣称我们要走出一条发展与环保"双赢"的新路，但实践证明我国依然没能跳出"先污染，后治理”的怪圈。① 环境污染和资源破坏是经济发展和工业化过程的产物，资源消耗型的经济增长方式和环境保护不力，是环境污染和资源破坏的两大原因。

（一）经济的高速发展和转型艰难导致了严重的环境污染

我国政府极早就意识到了“先污染，后治理”模式的弊端，在 1994年的《中国二十世纪议程》中已明确说明我国环境问题的解决需要依靠法律、经济等综合手段，1996 年印发的《关于加强环境保护若干问题的决定》以及 2002 年制订的《国家环境保护“十五”计划》中也明确了实施可持续发展这一战略的关键在于保护环境。但由于这一时期我国经济发展方式的转型艰难，经济的高速发展仍然主要依赖于重工业的支撑，以冶金、能源等为代表的重工业一方面推动了我国经济的发展与繁荣；另一方面其违规排放的废气、废水也造成了我国大气环境、水环境的严重污染，恶化了我们的生存环境。

我国经济的高速增长对于环境破坏型和资源消耗型的重工业的依赖度较高，在实现经济较快发展的同时，却并未实现经济发展方式向资源节约和环境友好的发展方式转型。重工业的支撑加上商人的逐利属性导致对于未达标废水、废气、重金属污染往往采用的是未达标的偷排而非进行达标处理后再排放，这最终导致河流、大气、土壤等资源受到严重污染。同时，在 2010 年之前，我国接纳了国际上许多污染较为严重的工业环节，例如纺织业的印染、后整理环节，这在消耗我国资源的同时也破坏了我国的环境。

如上所述，中央政府很早就意识到了环境保护对于可持续发展的重要性，并希望进行重工业的整合和产业结构的升级转型，但地方政府往往难以承受经济转型的阵痛，相比经济转型的预期利益，他们更倾向于享受保持经济高速增长的眼前利益。他们需要将税收与经济增长作为自己的政

---

① 张维为：《都是“先污染后治理”，中西有何不同》，澎湃新闻，https：//m. thepaper. cn/baijiahao_11705902（2022 年 3 月 29 日访问）。

绩，而对于污染型重工业的治理往往会影响他们的晋升和眼前利益。因此，地方政府对于污染企业治理的积极性往往并不高。

（二）对环境污染的监管不严和治理不力是环境污染的另一重要原因

工业污染问题严重一方面固然与企业的逐利性分不开，但是，政府在污染问题的治理不力上也有着不可推卸的责任。换言之，污染问题严重并非只是经济发展扩张的自然结果，在一定程度上也是政府治理不力的结果。在人民网的一项调查中，对于"哪方面原因，导致重金属污染严重"的投票，票数最高的是"'地方保护主义'现象严重"（35.9%），其次是"对污染问题重视不够"和"国家监管未能跟上（均为23.7%）。透过这一投票结果，我们可以窥见政府在环境治理方面存在严重缺位的问题。这虽然是针对重金属污染问题的调查，但同样适用于对环境污染原因的说明。

首先，地方政府对治理环境污染的积极性不高。长期以来，对地方政府政绩的考核具有以地方经济发展为主的特点，地方政府官员为了考核与升迁，在一定程度上默许、纵容甚至引进污染企业。同时，由于环境治理是一个投入大见效慢的过程，某一任官员在任时的投入极难在他的任期内看到成效，这也在一定程度上导致了政府对于污染治理投入的热情不高。

其次，在环境监管中，存在严重的数据造假现象。一些地方政府的治理存在着仅仅是为了完成环境监管的数字指标而并不考虑长效治理机制形成的问题。例如，为了完成节能减排的任务，不少地区在年度考核的最后一个季度通过拉闸限电、减产甚至停产这一类不具有长效性的手段来获得一个"漂亮"的监测数据，并未真正将节能减排贯彻到平时的生产生活之中，这无疑违背了国家提出节能减排这一目标的初衷。在污染检测数据方面，很多城市出现了公开信息力度不够甚至刻意隐瞒真实信息的情况。

以上两个方面的原因分析肯定是不全面的，但具有代表性。政府相关部门作为环境污染治理的主体，如果没有治理的积极性，甚至通过数据造假的方式敷衍塞责，那么环境污染的局面就难以改观，甚至会恶化。

二、环境污染的治理

（一）2013—2017 年的环境污染治理

2013—2017 年，随着我国经济发展进入新常态，环境污染问题日益受到政府与民众的高度重视，也在治理之中得到了一定改善。但是，这一时段的经济发展方式依然呈现出高度资源依赖性，政府所探索的预防性治理手段也存在着种种不足。总的来说，这一时期的环境污染问题呈现出有所改善但依然严峻的特点。在这一阶段，空气质量问题成了我国民众与政府的关注焦点。政府的环境治理措施呈现出以大气污染治理为主，兼有土壤污染、水污染等方面治理的特点。因而，在本部分对环境污染治理状况的论述中，笔者将从大气污染治理与其他污染治理两方面进行。

1. 大气污染治理

2013 年，我国遭遇了史上最严重的空气污染，雾霾持续多日并侵袭了我国华北、华东、黄淮与华南北部等多地。严重的空气污染在对我国人民群众的身体健康产生了极大影响的同时，也引起了政府与民众的高度关注。

2013 年 9 月，国务院正式发布了《大气污染防治行动计划》（简称"大气十条"），提出了改善空气环境质量的任务措施，并且对到 2017 年全国空气质量改善提出了明确的指标要求。[①] 这一文件的发布表明了我国治理大气污染的决心。以此为标志，我国对大气污染的治理也走向了新的阶段。2014 年，环保部以明确各地空气质量改善的目标与具体任务为目的，与 31 省（市、自治区）签订《大气污染防治目标责任书》，推动了"大气十条"的进一步"落地"；同年 11 月在北京 APEC 峰会期间，政府通过临时管控等手段使得北京上空出现了久违的蓝天，被舆论称为"APEC 蓝"，这一举措也证明了雾霾的可治理性。2015 年，我国对《环境保护法》进行

---

① 参见包赟、周霄林、王栖溪：《〈大气十条〉实行后中国空气质量状况及成因简析》，《生命与灾害》2019 年第 12 期。

了修订，此次修订体现出了前所未有的治理污染和保护环境的力度，新修订的《环境保护法》也因此被称为"史上最严环保法"。2017 年，环保部等十个部门联合京津冀等六地政府开展了针对京津冀及周边地区的大气污染综合治理攻坚行动。

通过这些严格的治理手段，2017 年我国实现了环境空气质量方面的总体好转与重度污染天气的大幅减少。总的来说，这一阶段超额完成了"大气十条"中既定的任务。根据我国环保部门的数据，2017 年所有城市的平均雾霾天数为 27.5 天，较 2013 年下降了 41.36%。[①] 但是我们也必须看到，大气污染这一问题并未得到本质上的解决。2018 年初，京津冀等空气污染较为严重的地区再度爆发了持续 20 天以上的雾霾天气，[②] 大气污染治理所面临的形势依旧严峻。

2. 其他污染治理

在这一阶段，除大气污染治理之外，比较有代表性的是土壤污染状况和水污染状况的报告与治理，以及环评数据造假等问题。

2014 年 4 月 17 日，环保部与国土资源部发布了历时 8 年的土壤状况调查结果，即《全国土壤污染状况调查公报》，公报披露了长江三角洲、珠江三角洲、东北老工业基地等部分区域土壤污染问题较为突出和西南、中南地区土壤重金属超标范围较大的状况，[③] 这表明了我国土地污染治理的紧迫性。2016 年 5 月 31 日，《土壤污染防治行动计划》在历经数十次修改之后正式出台，公布了 2020 年、2030 年、2050 年的土壤生态状况要求，也提出了关于土地利用与污染防控的具体要求，为土壤污染的治理提供了规范性文件上的依据。

水污染治理方面，2015 年 4 月《水污染防治行动计划》的出台标志着我国对于污水治理、控制废水与污水的排放进入了"铁腕化"治理常态化

[①] 参见马安怡：《浅析中国雾霾污染现状和治理策略》，《低碳世界》2019 年第 2 期。

[②] 参见刘华军、杜广杰：《中国雾霾污染的空间关联研究》，《统计研究》2018 年第 4 期。

[③] 参见中华人民共和国生态环境部政府信息公开：《环境保护部和国土资源部发布全国土壤污染状况调查公报》，https://www.mee.gov.cn/gkml/sthjbgw/qt/201404/t20140417_270670_wh.htm（2022 年 7 月 1 日访问）。

的新阶段，表明了政府防治水污染的决心。2016 年 12 月，中共中央办公厅、国务院办公厅印发《关于全面推行河长制的意见》，明确到 2018 年底，"河长制"将在我国全面铺开，这为我国水环境的治理提供了新的协同治理思路。但是，跨多省的河流治理应当如何协调，重要江河、湖泊的流域水环境保护联合协调机制和"河长制"之间是什么关系，①这些在法律上并没有提供答案的问题，需要我们在实践中持续进行探索。

在环境评价方面，2015 年 8 月 12 日发生的天津爆炸案将环评问题推上了风口浪尖。2015 年 8 月 12 日 23 时 20 分左右，天津港国际物流中心区域内瑞海公司所属危险品仓库发生爆炸，在灭火过程中又发生 2 次爆炸，造成人员和公私财产的重大损失。该公司的环评报告多处作假，例如：在该公司环评报告的风险分析中，针对起火爆炸的可能性曾做过论证，称"不会对环境和周边人员产生显著影响"。"本项目储运的危险货物属于有毒有害、易燃易爆物质，风险评价因子为 TDI、天然气以及 TDI 火灾爆炸次生的氰化氢。经环境风险预测，本项目危险货物泄漏事故和火灾事故后，在采取相应的防范和应急措施后，不会对环境和周边人员产生显著影响。"对于该危险品仓库的防火设施，环评结论是"在发生火灾爆炸时，消防应急人员可及时抵达现场，迅速采用灭火措施，有效抑制有害物质的排放"。②这让民众看到了我国环保审批不严和监管缺位的残酷现实。本应是监管阀门的环保部门却成为权力寻租的重灾区，有的监管人员甚至为了谋取私利成为污染企业的"保护伞"。环评报告无疑是国家治理污染问题的信息来源与民众知晓自身生存环境的基础，信息不真实，治理与政府的公信力就无从谈起。为解决这一问题，环保部于 2016 年 7 月 15 日印发了《"十三五"环境影响评价改革实施方案》，要求形成科学合理的环境评价体制与机制，这有利于环评造假这一顽疾的解决。

---

① 参见温嘉琪：《浅谈"河长制"与跨省流域水污染治理问题》，《世界环境》2017 年第 6 期。

② 参见《天津爆炸再次把环评推上风口浪尖》，全球新能源网，https：//www.xny365.com/news/article－28251.html（2022 年 7 月 1 日访问）。

（二）2017 年至今的环境保护与治理

2017 年 10 月 18 日至 24 日，中国共产党第十九次代表大会在京召开，大会首度将"美丽"与富强、民主、文明、和谐一起作为社会主义现代化强国建设目标。这标志着生态文明建设在我国受到了前所未有的重视。在这一阶段，我国在环境污染治理与生态文明建设方面取得了长足的进步与较大的成就。

这一时期，在中央大政方针的引导之下，我国逐渐探索形成了一条民众、企业、政府共同参与的具有中国特色的污染治理与生态文明建设之路。在十三届全国人大一次会议审议通过的《中华人民共和国宪法修正案》中，我国将"生态文明"一词写入了社会主义现代化强国的建设目标之中。这一方面体现了党和国家对于环境和生态问题的高度重视，另一方面也表现出了人民对于守护绿水青山、创造美好生活的极度渴望。我国在这一阶段也通过政府的环保机构改革、企业的发展方式转型与民众的垃圾分类等手段，探索出了一条具有中国特色的多主体协同参与的污染治理和环境保护之路。2018 年，随着"生态文明"理念入宪，我国中央政府也开始了大刀阔斧的重组，分别成立了生态环境部和自然资源部，改变了"水里和陆地的不是一个部门管，一氧化碳和二氧化碳不是一个部门管"① 的环保碎片化的局面。新成立的两个机构统辖了原本分布于数十个部门的职能，有利于提升环境保护与生态文明建设的效率。② 这一举措也被认为是"生态文明路线图中最为具体化的步骤之一"。另外，2017 年，党的十九大创造性地提出了"高质量发展"的表述，也促进了这一时期我国传统产业发展的转型。有关信息显示，我国的工业发展正在向中高端迈进，逐步建立了现代的工业体系。进入"十四五"时期之后，我国工业高端绿色转型的步伐也明显加快。其中，新一代科技与产业变革和创新驱动发展为我国

---

① 《环保部长：听说世界有四大尴尬部门　包括环保部》，新浪新闻，https：//news. si-na. com. cn/c/2013 - 07 - 09/122827617987. shtml（2022 年 3 月 29 日访问）。

② 参见《国务委员王勇作国务院机构改革方案说明（全文）》，新浪网，https：//news. si-na. com. cn/c/nd/2018 - 03 - 13/doc - ifyscsmv0505118. shtml（2022 年 3 月 20 日访问）。

工业高端绿色转型提供了机遇与发展基础；而新冠肺炎疫情的出现则进一步倒逼我国工业加速转型升级和高质量发展。[①] 在这一时期，地方政府也出台了多项政策以促进绿色环保发展。在多方因素的共同推进之下，我国工业转型工作取得了巨大成就。产业结构的转型与升级无疑对污染治理有着极其重要的作用，只有产业结构从资源依赖和环境破坏的发展方式转向资源节约环境友好的方式，污染才能从根本上被控制住。当然，我国污染治理能在短短几年内实现由急剧恶化到明显好转的转变，除了政府的积极作为外，还离不开公众的热情参与和高度自觉。这其中政府与市民之间垃圾分类的环境契约就是一个重要的例证。2019 年，上海市通过了《生活垃圾管理条例》，将垃圾分类的责任交给了社会，与传统的强制性措施的不同之处在于其需要让每一个家庭自觉参与进来。这一垃圾分类的举措也被专家认为是政府与民众之间所签订的一份社会契约，确保从根源上解决垃圾泛滥和污染问题。这一方案调动了民间参与环境治理的积极性，使得民众对于环境污染的治理可以贡献出更多的力量。这一方案在全国范围内的推广也表明民众在环境治理中由被动服从向主动行动的转向，体现出了民众环保意识的增强。

正是在政府政策支持、企业发展方式转型与民众环保意识不断提升的共同努力之下，我国在大气污染、水污染、土壤污染等治理中都取得了卓越的成就，我国的污染状况在一个较短的时间内明显好转。2020 年，我国实现了生态环境质量的持续改善，环境安全形势趋于稳定；全国空气质量明显改善与重点区域持续向好的同时，做到了地表水环境质量的进一步改善与重点流域和湖库水质稳中向好。[②] 以上海市的环境污染治理状况为例，2020 年，上海市空气质量优良率为 87.2%，比 2015 年上升 11.6%；3158 段河道全面消除黑臭；259 条主要河流达标率为 95%，比 2015 年上升

---

① 尹伟华：《"十四五"时期我国产业结构变动特征及趋势展望》，《中国物价》2021 年第 9 期。

② 参见黄润秋：《国务院关于 2020 年度环境状况和环境保护目标完成情况、研究处理土壤污染防治法执法检查报告及审议意见情况、依法打好污染防治攻坚战工作情况的报告——2021 年 4 月 26 日在第十三届全国人民代表大会常务委员会第二十八次会议上》，中国人大网，http：//www. npc. gov. cn/npc/c30834/202104/3686107825e44b5d9d735ee05a580837. shtml（2022 年 3 月 20 日访问）。

71.4%；森林覆盖率达到 18.49%，人均公园绿地面积达到 8.5 平方米。①
应当说，这一阶段的环境污染治理，逐渐改善了曾经雾霾围城、河道又黑
又臭的局面。这一方面受益于环境保护在国家政策体系中地位的不断上升，
另一方面也得益于我国科学技术水平的长足发展和民众环保意识的不断提
升。这一阶段的污染治理与生态文明建设给我们的启示主要有以下几点：

第一，要不断推进产业结构的转型升级与科学技术的发展。传统的资
源消耗型工业发展虽然能够带来经济的短期增长，但会对环境造成极大的
破坏，最终伤害到经济的发展。站在"十四五规划"与经济转向高质量发
展的重要时期，我国必须持续推进产业向"创新驱动型"转变。这就需要
大力推进科学技术的发展，并且完善知识产权保护制度、推进创新激励机
制的完善以激励民众的创新热情。

第二，环境保护与污染治理从来都不是中央政府下达一定文件或地方
政府出台一些政策就能有成效的。在这一过程中，需要多方主体之间的协
作。因此，提升企业的社会责任感与市民的环保意识是比发布多个文件与
政策更重要的工作。只有企业与民众都以积极的态度投入生态文明建设
中，将生态文明建设从政府的强制性命令变为民众与企业自觉主动的行
动，生态文明建设才能真正高效而持久。

第三，环境污染治理与生态文明建设需要一个集中管辖的机关与高效
的管理体制。在过去那种环境治理职能属于数十个机构的情况下，极易出
现"出台一个国家公园体制试点方案，需要国家发改委等 13 个委、部、
局盖章"的低效局面。应当说，这一阶段污染治理与环境保护所取得的成
就与中央环保机构的改革是分不开的。

概言之，我国环境保护和治理的经验，归结为一点，就是"政府主
导、部门联动、企业尽责、公众参与"模式的成功。政府强力主导是这一
模式的核心，也是我国社会治理的特色和优势所在。

---

① 参见杨舒鸿吉：《上海 2020 年空气质量优良率达 87.2%，6 项指标首次均达国家二级标
准》，界面新闻，https://www.jiemian.com/article/6190553.html（2022 年 7 月 1 日访问）。

第二章

环境犯罪的刑事政策

环境犯罪的刑事政策是指导环境犯罪刑事立法和刑事司法的方针、政策和原则，它对于确定环境犯罪的规制范围和强度具有重要意义。本章先梳理和考察刑事政策概念的发展简史，然后具体研究我国环境犯罪的刑事政策。

第一节　刑事政策的概念界定

感性的刑事政策概念也许可以追溯至人类社会的远古时期，但理性的刑事政策概念产生于 18 世纪末 19 世纪初。具体来说，是费尔巴哈开创了刑事政策的理性时代，李斯特将刑事政策概念发扬光大，罗克辛创新和发展了刑事政策思想。三位近现代的刑法学大师，为刑事政策二百年的发展历程树立了三个丰碑。

一、费尔巴哈的刑事立法政策

在费尔巴哈所处的时代，构建刑法的尝试有两种类型，其一是将刑罚建立在某一原则之上（简单型），其二是绝对刑法理论与相对刑法理论相结合，或者将刑法建立在多种目的的联合基础之上（混合型）。[①] 与这两种

[①] ［德］安塞尔姆·里特尔·冯·费尔巴哈著，徐久生译：《德国刑法教科书》（第十四版），北京：中国方正出版社 2010 年版，第 23 页。

尝试不同，费尔巴哈将刑法建立在"心理强制理论"之上。他认为：所有的违法行为都有其心理上的起因，人的贪欲在一定程度上会因对行为的乐趣而得到强化，刑法是为了"让每个人知道，在其行为之后必然有一个恶在等待着自己，且这种恶要大于源自于未满足的行为动机的恶"而制定的，以此才能消除犯罪的动机。为了使这种心理强制有效，必须"在法律上将这种恶作为行为的必然后果加以规定（法定的威慑）"，且"一旦发生违法行为，就应当立即给予法律规定的恶（执行判决）"。[①] 为了解释刑罚的"心理强制"的正当性，费尔巴哈对其所倡导的"法定威慑"做了进一步的解释："法律中的刑罚威慑的目的是对潜在的违法者的所有人的威慑，警告其不要违法"，"科处刑罚的目的是证明法律规定的刑罚威慑的效果，在不适用刑罚的情况下，刑罚威慑将是无效的"。这种威慑是一种"预先威慑"，既不是针对具体违法者的威慑，也不是道德上的报应和改善。由此，费尔巴哈得出了他所认为的实定刑法的最高原则："国家的每一部法律中的刑罚都是一个为维护外在的权利而构成的，对违法给予感官上（内心）的恶的法律后果。"从这一最高原则出发，必然要求"无法无刑""无法无罪""有罪必罚"，即罪刑法定原则。[②] 费尔巴哈认为：制定一部符合"心理强制理论"的实定刑法，是"国家的立法智慧（刑事政策）"[③] 问题；刑事政策属于刑法的辅助知识[④]；起草一部公正且有效的刑法典，要求既符合刑法哲学的要求，也符合刑事政策的要求。前者是指根据理性的要求，在颁布和适用刑法时所必须遵循的总的原则的总括，后者是对一个国家的刑法的必要性和有效性具有约束力的、颁布最符合目的的刑法所

---

① ［德］安塞尔姆·里特尔·冯·费尔巴哈著，徐久生译：《德国刑法教科书》（第十四版），北京：中国方正出版社 2010 年版，第 28 页。

② 参见［德］安塞尔姆·里特尔·冯·费尔巴哈著，徐久生译：《德国刑法教科书》（第十四版），北京：中国方正出版社 2010 年版，第 29 – 31 页。

③ ［德］安塞尔姆·里特尔·冯·费尔巴哈著，徐久生译：《德国刑法教科书》（第十四版），北京：中国方正出版社 2010 年版，第 30 页。

④ 参见［德］安塞尔姆·里特尔·冯·费尔巴哈著，徐久生译：《德国刑法教科书》（第十四版），北京：中国方正出版社 2010 年版，第 18 页。

应当注意的特殊关系和条件的总括。①

总之，费尔巴哈反对个别威慑和道义报应，其所倡导的法律威慑，是通过制定符合"心理强制理论"的实定刑法来达成的；刑事政策是实定刑法的辅助知识，对于制定这样一部实定刑法具有指导意义。这个意义上的"刑事政策"，可谓刑事立法政策，费尔巴哈的刑事政策目的是通过实定刑法实现犯罪的一般预防。显然，尽管费尔巴哈提到和使用了"刑事政策"这一概念，但其毕生精力在于构建一部符合"心理强制理论"的实定刑法，而不在于研究和展开"刑事政策"。因此，"刑事政策"这一概念虽然是费尔巴哈在其出版于1801年的《德国刑法教科书》中最早使用的，但"现代刑事政策产生于19世纪的后1/4世纪"②。

二、李斯特的刑事政策概念："李斯特鸿沟"的形成

李斯特是德国犯罪社会学派和刑法近代学派（新派）的刑法学大师，他激活了刑事政策的生命力，将刑事政策的研究推向了发展的新阶段。

李斯特倡导整体刑法学，即"主张将与犯罪和刑罚相关的所有科学都纳入刑事科学的屋檐下，进行整体的研究，以告别以往的偏仄的单一学科视角"③。在李斯特的整体刑法学中，教义刑法学、犯罪学和刑事政策学各有分工。在全世界享有盛誉的《刑法教科书》的开篇，李斯特首先在"绪论"中交代了"刑法的概念和本教科书的任务"。他认为：犯罪和刑罚是刑法的两个基本概念，刑法学的任务是从纯技术的角度，依靠刑事立法，给犯罪和刑罚下一个定义，把刑法的具体规定，乃至刑法的每一个基本概念和基本原则发展成完整的体系，在该体系的分论部分阐述具体的犯罪和刑罚，在总论部分阐述犯罪和刑罚的概念；作为实用性很强的科学，为了

---

① ［德］安塞尔姆·里特尔·冯·费尔巴哈著，徐久生译：《德国刑法教科书》（第十四版），北京：中国方正出版社2010年版，第2页（出版者注2）。

② ［德］弗兰茨·冯·李斯特著，徐久生译：《德国刑法教科书》，北京：法律出版社2000年版，第13页。

③ ［德］克劳斯·罗克辛著，蔡贵生译：《刑事政策与刑法体系》（第二版），北京：中国人民大学出版社2011年版，"译者序"第1页。

适应刑事司法的需要，并从司法实践中汲取更多的营养，刑法学必须自成体系，因为只有将体系中的知识系统化，才能保证有一个站得住脚的统一的学说，否则，法律的适用就只能停留在半瓶醋的水平上，总是为偶然因素和专断所左右。① 这里的"体系"，实质上是指关于犯罪成立要件的体系，即犯罪论体系。可见，李斯特所讲的教义刑法学，主要是指犯罪论体系。而对于"刑罚"的认识和运用，李斯特认为是"以犯罪学和刑罚效果学为基础的刑事政策的任务"②。

在对刑法中的"犯罪"和"刑罚"做了一般的界定和展开后，李斯特转向了"犯罪的原因和类型"，他提出："如果不是从犯罪的真实的、外在的表现形式和内在原因上对犯罪进行科学的研究，那么，有目的地利用刑罚——与犯罪作斗争的武器——充其量只不过是一句空话。这种解释犯罪因果关系的'犯罪学说'称之为犯罪学（犯罪病源学）"，"研究表明：任何一个具体犯罪的产生均由两个方面的因素共同使然，一个是犯罪人的个人因素，一个是犯罪人的外界的、社会的，尤其是经济的因素"。③ "犯罪原因二元论"（个人原因和社会原因）的提出，为李斯特关于刑事政策任务的论述打下了基础。

李斯特认为，现代国家利用法制与犯罪作斗争的有效性，取决于两个条件，其一是正确认识犯罪的原因，其二是正确认识国家刑罚可能达到的效果。④ 他区分了社会政策和刑事政策的不同作用，基于上述对犯罪原因的认识，他认为社会政策的使命是消除或限制产生犯罪的社会条件；而刑事政策的使命是通过刑罚来消除犯罪产生的个人原因，此即其著名的"目的刑"思想。"目的刑"是李斯特刑事政策的核心和基本要求，"目的刑"

---

① ［德］弗兰茨·冯·李斯特著，徐久生译：《德国刑法教科书》，北京：法律出版社2000年版，第1-2页。

② ［德］弗兰茨·冯·李斯特著，徐久生译：《德国刑法教科书》，北京：法律出版社2000年版，第2页。

③ 参见［德］弗兰茨·冯·李斯特著，徐久生译：《德国刑法教科书》，北京：法律出版社2000年版，第8-9页。

④ 参见［德］弗兰茨·冯·李斯特著，徐久生译：《德国刑法教科书》，北京：法律出版社2000年版，第13页。

要求"能矫正的罪犯应当予以矫正，不能矫正的罪犯应使其不致再危害社会"，李斯特的刑事政策要求"社会防卫，尤其是作为目的刑的刑罚在刑种和刑度上均应适合犯罪人的特点，这样才能防卫其将来继续实施犯罪行为"。① 尽管李斯特将刑罚视为实现犯罪预防的主要工具，但他同时也敏锐地指出："在现代刑事政策学研究方面的一个重大成就是，最终达成了这样一个共识：在与犯罪作斗争中，刑罚既非唯一的，也非最安全的措施。对刑罚的效能必须批判性地进行评估。出于这一原因，除刑罚制度外，还需建立一套保安处分制度。"② 不同于费尔巴哈通过实定刑法来实现对犯罪的一般预防的刑事政策，李斯特的刑事政策强调的是通过"目的刑"实现对犯罪的特别预防。

由上述可见，李斯特为犯罪学、刑法学和刑事政策学划定了基本界域：犯罪学研究犯罪现象、犯罪规律和原因；刑法学研究犯罪和刑罚问题；刑事政策学研究如何通过刑罚和保安处分的具体运用来消除犯罪的个人原因，即犯罪预防。尽管李斯特说过"最好的社会政策就是最好的刑事政策"，但由上可见，刑事政策和社会政策具有不同的分工，刑事政策并不包括社会政策。李斯特认为："刑事政策给予我们评价现行法律的标准，它向我们阐明应当适用的法律，它也教导我们从它的目的出发来理解现行法律，并按照它的目的具体适用法律。"③ 这个意义上的刑事政策，不仅是刑事立法政策，也是刑事司法政策。

李斯特的刑事政策概念与教义刑法学有明确的分界，前者关注的是通过刑罚和保安处分的设置与运用，实现对犯罪的特别预防，而后者重视的是通过体系化知识（犯罪论体系）的建立，保障刑法适用安全和安定，避免偶然和专断；虽然刑事政策是评判刑法和指导刑法适用的标准，但"刑法是刑事政策不可逾越的屏障"。半个世纪后，这一界分被另一位德国当

---

① 参见［德］弗兰茨·冯·李斯特著，徐久生译：《德国刑法教科书》，北京：法律出版社2000年版，第13页。

② ［德］弗兰茨·冯·李斯特著，徐久生译：《德国刑法教科书》，北京：法律出版社2000年版，第20页。

③ ［德］弗兰茨·冯·李斯特著，徐久生译：《德国刑法教科书》，北京：法律出版社2000年版，第2页。

代刑法大师罗克辛称为"李斯特鸿沟",而这也成为罗克辛刑事政策思想的批判对象和逻辑起点。

三、罗克辛的刑事政策思想:弥合"李斯特鸿沟"

罗克辛的著名学术标签是目的理性的犯罪论体系及其中的客观归责理论,其思想渊源在于对李斯特刑事政策理论的批判。罗克辛认为:在李斯特的整体刑法学中,作为社会科学的刑法学与作为法律科学的刑法学体现出互相疏离的趋势,前者主要体现的是刑法的社会任务,即体现整体社会意义之目的的、与犯罪作斗争的方法,也即刑事政策;而后者主要体现的是刑法的司法意义,即法治国——自由的机能,亦即法律的平等适用和保障个体免受"利维坦"的干涉的机能,这属于教义刑法学的范畴。① 教义刑法学的体系性知识(犯罪论)保障了平等而正义的刑法适用,保障了法的安全性,但体系同时也带来危险,即法官机械地依赖于体系上的概念,从而忽视了具体个案的特殊性;而李斯特的"屏障说"使得关注特别预防和个别正义的刑事政策的要求难以进入到教义刑法学体系中,只能在体系之外发挥作用。这导致"从体系中得出的正确结论虽然是明确的和稳定的,但是无法保证合乎事实的结果"。罗克辛将这种李斯特所界定的教义刑法学(犯罪论体系)与刑事政策之间的关系称为"李斯特鸿沟"。② 如何一方面坚持体系的优越性,另一方面又使体系得出的结论符合刑事政策的要求,正是罗克辛力图破解的难题。

为了弥合"李斯特鸿沟",罗克辛采用的方式是使刑事政策进入犯罪论体系。他认为:一个有效益的体系需要满足三个要求,即概念性的秩序及明确性、与现实的联系和以刑事政策上的目标设定作为指导;根据这一思想,犯罪论体系的构建从一开始就应该从刑事政策的机能的视角对各个

---

① [德]克劳斯·罗克辛著,蔡贵生译:《刑事政策与刑法体系》(第二版),北京:中国人民大学出版社2011年版,第4页。

② 参见[德]克劳斯·罗克辛著,蔡贵生译:《刑事政策与刑法体系》(第二版),北京:中国人民大学出版社2011年版,第7页。

阶层（构成要件符合性、违法性、罪责）加以观察，并以刑事政策为指导对各个阶层加以展开和体系化；构成要件的刑事政策机能是法的明确性，[①]违法性的刑事政策机能是根据一定的原则调节相对抗的个体利益或社会整体利益与个体需求之间产生的冲突，罪责阶层的刑事政策机能是限制刑罚和实现特殊预防的目的。[②] 罗克辛称他的犯罪论体系为目的理性目的论与刑事政策的阶层体系，因为他以规范的保护目的决定应罚性，而以预防的必要性决定处罚的理性界限，所以合乎目的理性；因为以目的为取向，所以是目的论的体系，加上刑事政策的考量，所以是目的论兼刑事政策的体系。[③]

如果说刑事政策是指防制犯罪的措施之总和的话，罗克辛显然并不是在这个意义上使用刑事政策概念，他的刑事政策并不是一种具体的刑事政策措施，而是刑事政策思想，即预防犯罪的目的性思想；以该思想为指导对之前的犯罪论体系进行改造，赋予阶层体系的各个阶层明确的目的性，使原本属于刑事政策领域的刑罚目的性理论（预防犯罪）进入到罪责阶层，最终将应罚性与需罚性结合起来，形成目的理性的犯罪论体系。

四、刑事政策的当代意蕴

如前所述，发端于德国近代刑法之父费尔巴哈的"刑事政策"概念，至李斯特时焕发出光彩，并被发扬光大，形成了其基本的学科属性。在当代，尽管"刑事政策"在实务中的适用频率极高，也一直是理论研究的热门学科，但学界对刑事政策的概念界定，仍有很大的分歧。

日本学者森本益之等认为：刑事政策是由国家或社会团体以预防和镇压犯罪为目的所采取的各种措施。[④] 日本学者大谷实认为，刑事政策是国

---

① 为了实现明确化这一刑事政策机能，罗克辛将构成要件的不法类型分为行为犯和义务犯。
② 参见［德］克劳斯·罗克辛著，蔡贵生译：《刑事政策与刑法体系》（第二版），北京：中国人民大学出版社 2011 年版，第 20－21 页。
③ 参见许玉秀著：《当代刑法思潮》，北京：中国民主法制出版社 2005 年版，第 90 页。
④ 参见［日］森本益之、濑川晃、上田宽等著，戴波、江溯、丁婕译：《刑事政策学》，北京：中国人民公安大学出版社 2004 年版，第 1 页。

家机关（国家和地方公共团体）通过预防犯罪、缓和犯罪被害人及社会一般人对于犯罪的愤慨，从而实现维持社会秩序的目的的一切措施，包括立法、司法及行政方面的对策。①

法国学者米海伊尔·戴尔玛斯—马蒂认为刑事政策是社会整体据以组织对犯罪现象的反应的方法的总和，因而是不同社会控制形式的理论与实践，刑法是其中最重要的核心、最高压区和最亮点。②

我国台湾学者张甘妹教授谈到台湾历来关于刑事政策的界定时，谈到"刑事政策以如何有效防制犯罪为其主要目的，其研究范围至为广泛，以往学者所著刑事政策之书，其内容广狭不一致。有包括犯罪原因之研究者，有包括刑罚学及刑事立法、司法政策者，亦有仅限于有关犯罪人处遇上之诸对策者"；我国台湾学者许福生认为：刑事政策是政府结合民间力量，基于犯罪原因论上之认识，以防制犯罪为直接目的之一切活动。③

我国大陆学者梁根林在分析了刑事政策的主体、对象、手段、载体后，认为"刑事政策是国家和社会整体以合理而有效地组织对犯罪的反应为目标而提出的有组织地反犯罪斗争的战略、方针、策略、方法以及行动的艺术、谋略和智慧的系统整体"。④ 曲新久认为：刑事政策是国家基于预防犯罪、控制犯罪以保障自由、维持秩序、实现正义的目的而制定、实施的准则、策略、方针、计划以及具体措施的总称。⑤

以上诸学者对刑事政策的界定的共同之处在于将"犯罪防制对策"作为刑事政策的主要任务，不同之处或者分歧在于：①刑事政策的制定主体，是仅限于国家机关，还是同时包括社会团体；②犯罪现象（原因）、刑罚或者刑法问题是否是刑事政策的研究对象；③刑事政策的内容是仅限于手段的"刑事"领域，还是包括了"刑事"之外的领域，申言之，刑事政策是仅包括如刑事立法政策、刑事司法政策等手段的刑事政策，还是同

① 参见［日］大谷实著，黎宏译：《刑事政策学》，北京：法律出版社 2000 年版，第 3 页。
② 参见［法］米海伊尔·戴尔玛斯—马蒂著，卢建平译：《刑事政策的主要体系》，北京：法律出版社 2000 年版，第 1 页。
③ 参见许福生：《刑事政策学》，北京：中国民主法制出版社 2006 年版，第 8－9 页。
④ 参见梁根林：《刑事政策：立场与范畴》，北京：法律出版社 2005 年版，第 23 页。
⑤ 参见曲新久：《刑事政策的权力分析》，北京：中国政法大学出版社 2002 年版，第 68 页。

时也包括与消除犯罪原因有关的社会政策，如教育政策、居住政策、经济政策等。

　　笔者认为：第一，进入政治社会以来，处理犯罪问题就一直属于公权力的职责范围，因此，刑事政策作为国家防治犯罪的策略，只能由相关国家机关代表国家或者社会整体来制定和组织实施。社会团体固然可以基于公益的目的，制定和从事对预防犯罪有利的事务，但该事务不属于"政策"的范畴。第二，国家为了制定有效的刑事政策，必须对犯罪原因加以研究，但这种研究，不是通过实证方法对犯罪现象和规律进行发现、归纳和整理的研究，而是利用犯罪原因和规律的研究结论，在此基础上选择针对性的策略措施的研究。质言之，不是对犯罪事实的研究，而是基于犯罪事实的研究结论，对不同的防制对策进行价值判断和选择的研究。据此，可将犯罪学和刑事政策学区别开来。第三，刑法是防治犯罪的主要方法，但不是唯一的方法，因此，刑法虽然是刑事政策的评价对象，但并不是刑事政策的研究对象；刑法是规范科学，刑事政策是价值评价和决策的科学。据此，可将刑法学与刑事政策学区别开来。第四，为了避免刑事政策的范围过于宽泛，使刑事政策学丧失专业性和科学性，刑事政策应主要限于手段的刑事政策，即刑事立法政策和刑事司法政策，但对于与具体犯罪领域相关的具体的社会政策，即对于消除特定犯罪有重要意义的社会政策，刑事政策也应该有所关注。

　　基于以上分析，刑事政策是指国家制定的以防制犯罪为直接目的的方针、策略和措施。刑事政策的构成要素包括政策主体、政策对象、政策手段、政策载体以及政策目标等，申言之，刑事政策是指何种政策主体针对哪些政策对象通过哪些政策手段解决什么政策问题，政策以何种样态存在于何种形式之中，应当追求什么样的政策目标。① 从类别上看，刑事政策主要包括刑事立法政策和刑事司法政策，此外的一些对消除犯罪有重要意义的行政政策、社会政策等，虽然对消除犯罪的社会原因有意义，属于广义的刑事政策的范畴，但不是刑事政策学的主要研究对象。以这一界定为

----

① 参见杨春洗主编：《刑事政策论》，北京：北京大学出版社1994年版，第6－7页。

基础，刑事政策学属于刑事学科群中的一个学科，其研究范围几乎涉及刑事学科的各个方面，如犯罪学、刑法学、行刑学、犯罪心理学、犯罪社会学、犯罪统计学、刑事诉讼法学等，甚至还需要超越刑事学科的研究范围，但其对这些学科的涉及，最终目的还是为了制定防制犯罪的策略和措施。因此，国家制定的防制犯罪的方针、策略和措施，是刑事政策的核心研究范围。以下主要是在这个意义上使用刑事政策这一概念的。

第二节　我国环境犯罪刑事政策的历史与现状

在我国的环境保护法律实践中，通过中央有关国家机关颁布的规范性文件，可以发现存在相关环保政策，但从未发现关于环境保护的刑事政策的具体规定。本节所称的环境犯罪刑事政策，是从环境保护的法律实践中概括总结出来的。改革开放以来，随着我国经济发展和工业化的推进，环境污染和资源破坏也日趋严重，我国环境犯罪的刑事政策经历了由宽缓向严厉转变的过程。具体而言，我国环境犯罪的刑事政策的发展大致经历了三个阶段，体现为三种基本的刑事政策，即重视非刑事手段、重视刑事立法威慑和强化刑事保护的政策。另外，在我国重视惩罚犯罪的刑事司法传统和现实中，出现了重视环境修复功能的萌芽，笔者将其作为一项具体的刑事司法政策，在此一并论述。

一、主要依靠非刑事手段保护环境：1978—1997 年

首先，1978 年宪法规定要重视环境保护。1978 年第五届全国人大通过的《中华人民共和国宪法》第 26 条规定："国家保护和改善生活环境和生态环境，防治污染和其他公害。"（第 1 款）"国家组织和鼓励植树造林，保护林木。"（第 2 款）这是重视环境保护的法律依据。

其次，逐步建立了不包括刑法的环境保护的法律体系。在 1978 年宪法设置了保护环境的条款后，我国立法机关启动了构建环境保护的立法进

程。从 1979 年 9 月颁布新中国第一部生态环境保护单行法律——《中华人民共和国环境保护法（试行）》之后，立法机关陆续颁布了水污染防治法、大气污染防治法、海洋环境保护法、森林法、草原法、水法、野生动物保护法等生态环境保护方面的单行法律，初步形成了我国生态环境保护的法律框架。

在环境保护的立法推进过程中，我国逐步确立了一系列重要的环保政策和制度。主要有：①我国于 1978 年正式启动"三北"防护林体系建设工程；②1981 年开启全民义务植树活动，并逐步实施天然林保护、退耕还林还草等一系列生态保护重大工程，加强了国家生态安全屏障建设；③1983 年，国务院召开第二次全国环境保护会议，明确保护环境是我国的一项基本国策，提出了经济建设、城乡建设、环境建设要同步规划、同步实施、同步发展，实现经济效益、社会效益、环境效益相统一，即"三同步""三统一"的环境与发展战略方针；④1984 年，我国确立了民用核设施安全统一监督、独立行使监督职责的机制；⑤1986 年，国务院批准颁布了民用核设施安全监督管理条例；⑥1989 年，第三次全国环境保护会议提出环境保护预防为主、防治结合，谁污染谁治理，强化环境管理等"三大政策"，以及"三同时"（建设项目中防治污染和生态破坏的设施必须与主体工程同时设计、同时施工、同时投产使用）、环境影响评价、排污收费、城市环境综合整治定量考核、环境目标责任、排污申报登记和排污许可证、限期治理和污染集中控制等"八项管理制度"；⑦1993 年开始，全国人大环资委会同中宣部和国务院有关部门联合开展中华环保世纪行宣传活动，这不仅提高了全民生态环境意识，而且推动了许多重大生态环境问题的解决；⑧20 世纪 90 年代，我国将可持续发展确立为国家战略，提出环境与发展十大对策，率先制定了《中国 21 世纪议程——中国 21 世纪人口、环境与发展白皮书》。

与环保政策和法律体系的完善相适应，执法和管理体制也得到了逐步完善。1982 年国家设立城乡建设环境保护部，内设环境保护局；1984 年城乡建设环境保护部环境保护局改为国家环境保护局，并于 1988 年从城乡建设环境保护部分离出来，被确定为国务院直属机构；1993 年，全国人大设立环境保护委员会，次年更名为环境与资源保护委员会。①

　　最后，这一时期只有零星的环境罪名立法，基本不重视刑法在环境保护法律体系中的地位。这一时期的环境犯罪刑事政策可概括为"宽松刑事政策"，一方面，涉及环境犯罪的专门罪名很少，另一方面，法定刑不高，惩罚并不严厉。在这一刑事政策的指导下，环境犯罪的罪名表现出以下特征：第一，没有专门规制环境污染的罪名，对环境污染的规制只能依靠关联罪名。如：1979年《刑法》第105条、第106条关于以危险方法破坏河流、水源、森林等危害公共安全罪的规定，其中"以其他危险方法"，如放火、爆炸、投毒等方法危害公共安全的，涵盖了因破坏环境进而危害公共安全的内容；第114条重大责任事故罪包括工厂、矿山、林场等单位职工由于不服管理，违反规章制度，或者强令工人违章冒险作业，发生重大责任事故而严重破坏环境的犯罪；第115条违反危险物品管理规定肇事罪涉及违反爆炸性、易燃性、放射性、毒害性、腐蚀性物品的管理规定，在生产、储存、运输、使用过程中造成重大环境污染或破坏事故的犯罪。第二，专门规制资源破坏的罪名散落于经济犯罪的规定和单行刑法、附属刑法中。1979年《刑法》"分则"第三章"破坏经济秩序罪"中规定了3个破坏环境资源的犯罪，分别是第128条盗伐、滥伐林木罪，第129条非法捕捞水产品罪和第130条非法狩猎罪。单行刑法方面，1988年11月8日全国人大常委会通过的《关于惩治捕杀国家重点保护的珍贵、濒危野生动物犯罪的补充规定》规定了非法捕杀国家重点保护的珍贵、濒危野生动物的犯罪。在附属刑事立法方面，主要体现为各类法律和行政法规中的环境犯罪刑事责任条款，如1979年《环境保护法（试行）》第32条，1982年《海洋环境保护法》第44条，1984年《森林法》第34—36条，1984年《水污染防治法》第43条，1986年《渔业法》第28—29条，1987年《大气污染防治法》第38条，1989年《环境保护法》第43条、第45条，1995年《大气污染防治法》第47条，1995年《固体废物污染环境防治

---

　　①　其后，1998年，国家环境保护局升格为国家环境保护总局，国家核安全局并入国家环保总局，全国政协设立人口资源环境委员会。2008年，国家环境保护总局组建为环境保护部，成为国务院组成部门。

法》第 66 条、第 72 条、第 73 条，1996 年《水污染防治法》第 57 条。其中，1995 年的《大气污染防治法》《固体废物污染环境防治法》以及 1996 年的《水污染防治法》分别以类推的形式设立了大气污染罪，违反规定收集、储存、处置危险废物罪和水污染罪三个新罪名。

二、重视刑事立法威慑：1997—2013 年

这一时期环境犯罪刑事政策的特点是：重视环境犯罪的立法和立法修正。1997 年《刑法》专节规定"破坏环境资源保护罪"，之后又针对该节犯罪先后进行了四次刑法修正，这在刑法规定的"类罪"中是绝无仅有的。党的十八大以来，习近平总书记反复要求用"最严格的制度、最严密的法治"保护生态环境，并就"重典惩污"做过批示指示，中央巡视组在对生态环境部的巡视环节中也提出了相关要求。为落实中央要求，生态环境部认真研究，广泛征求地方生态环境部门和有关方面意见，在此基础上提出了增加刑事处罚情形和提高刑罚惩治档次的建议，并多次向全国人大有关立法工作机关汇报沟通，提供参考材料，得到了立法机关的理解和大力支持。在《刑法修正案（十一）》（草案）的形成和讨论过程中，立法机关根据中央大力推进生态文明建设和加强环境保护的决策部署精神，进一步修改完善了现行刑法关于污染环境犯罪的规定。不过，对于环境犯罪的罪名适用方面，却不是很重视，这表现在尽管有专节规定了环境犯罪且立法修正频繁，但环境犯罪的适用却很少。因此，笔者将这一时期的环境犯罪的刑事政策概括为"重视刑事立法威慑"。具体表现如下：

首先，1997 年《刑法》专节规定了环境犯罪。1997 年《刑法》制定时，我国正处于经济高速发展期，环境污染和资源破坏问题凸显。在非刑事的环境保护法律体系基本完善后，刑事立法政策开始转向重视刑法的保障法机能。于是，1997 年 3 月 14 日，第八届全国人大五次会议修订公布的《刑法》，在环境保护方面的亮点就是专节规定了环境犯罪。《刑法》分则第六章妨害社会管理秩序罪下专节设立"破坏环境资源保护罪"，共设计了 9 个条文，具体规定了 14 个罪名。具体可分为三类：其一是环境污染

的犯罪，包括重大环境污染事故罪（第 338 条）、非法处置进口的固体废物罪（第 339 条第 1 款）和擅自进口固体废物罪（第 339 条第 2 款）；其二是侵害生态的犯罪，包括非法捕捞水产品罪（第 340 条），非法猎捕、杀害珍贵、濒危野生动物罪和非法收购、运输、出售珍贵、濒危野生动物及其制品罪（第 341 条第 1 款）、非法狩猎罪（第 341 条第 2 款）；其三为破坏资源的犯罪，包括非法占用耕地罪（第 342 条），非法采矿罪（第 343 条第 1 款）、破坏性采矿罪（第 343 条第 2 款），非法采伐、毁坏珍贵树木罪（第 344 条），盗伐林木罪（第 345 条第 1 款），滥伐林木罪（第 345 条第 2 款），非法收购盗伐、滥伐的林木罪（第 345 条第 3 款）。1997 年《刑法》通过专节共规定了 14 个环境犯罪的具体罪名，这标志着我国对环境犯罪的刑事治理进入了体系化阶段。

其次，通过三次刑法修正，进一步完善规制环境犯罪的刑事法网。①《刑法修正案（二）》的修正。2001 年通过的《刑法修正案（二）》将《刑法》第 342 条的"非法占用耕地罪"修改为"非法占用农用地罪"，弥补了刑法对乱占、滥用林地、草地等耕地以外的农用地的行为无法规制的缺陷，更好地体现了刑法对农用地资源的保护。②《刑法修正案（四）》的修正。2002 年通过的《刑法修正案（四）》将《刑法》第 344 条"非法采伐、毁坏珍贵树木罪"修改增补为两个罪名，即"非法采伐、毁坏国家重点保护植物罪"和"非法收购、运输、加工、出售国家重点保护植物及其制品罪"；① 同时修改了《刑法》第 345 条第 3 款"非法收购明知是盗伐、滥伐的林木罪"的规定，删去了"以牟利为目的"的规定和"在林区"的限制，增补了"非法运输"的行为，从而将罪名更改为"非法收购、运输盗伐、滥伐的林木罪"。③《刑法修正案（八）》的修正。2011 年颁行的《刑法修正案（八）》对《刑法》第 338 条进行了修正。修改后的条文表述为："违反国家规定，排放、倾倒或者处置有放射性的废物、

---

① 2021 年 3 月 1 日施行的《最高人民法院、最高人民检察院关于执行〈中华人民共和国刑法〉确定罪名的补充规定（七）》取消了非法采伐、毁坏国家重点保护植物罪和非法收购、运输、加工、出售国家重点保护植物、国家重点保护植物制品罪罪名，将该条规定概括为一个罪名，即"危害国家重点保护植物罪"。

含传染病病原体的废物、有毒物质或者其他有害物质，严重污染环境的，处三年以下有期徒刑或者拘役，并处或者单处罚金；后果特别严重的，处三年以上七年以下有期徒刑，并处罚金。"此次修正的立法精神即是降低污染环境行为构成犯罪的门槛。

三、强化刑事保护：2013 年至今

一直到《刑法修正案（八）》颁布实施后的一两年间，环境犯罪罪名的适用率还是极低的，也就是说，我国环境犯罪的刑事政策仍然停留在立法威慑阶段。2013 年最高人民法院、最高人民检察院颁布了关于环境犯罪的刑事司法解释，此后，环境犯罪罪名的适用才得到极大的提高，2021 年《刑法修正案（十一）》又进一步对《刑法》第 338 条做了修正，提高了污染环境罪的法定刑。因此，笔者将 2013 年至今我国关于环境犯罪的刑事政策概括为"强化刑事保护"。

（一）时代背景

随着党和国家对生态环保工作的日益重视和社会公众环保意识的日益提高，现行刑法对污染环境犯罪的处罚力度越来越不能适应生态环保工作的实际需要。党的十八大以来，习近平总书记反复要求用"最严格的制度、最严密的法治"保护生态环境，并就"重典惩污"做过批示指示，中央巡视组在对生态环境部的巡视环节中也提出了相关要求。为落实中央要求，生态环境部认真研究，广泛征求地方生态环境部门和有关方面意见，在此基础上提出了增加刑事处罚情形和提高刑罚惩治档次的建议，并多次向全国人大有关立法工作机关汇报沟通，提供参考材料，得到了立法机关的理解和大力支持。

（二）具体表现

"强化刑事保护"这一刑事政策具体表现在两个方面：其一是颁布两个全面的环境犯罪司法解释和一个座谈会纪要，其二是继续对环境犯罪进

行刑法修正。

首先，通过 2013 年和 2016 年两个关于环境犯罪的司法解释使刑法关于环境犯罪的规定具有可操作性，提升环境犯罪的刑法实效。

为了指导各地生态环境部门和公检法机关办理环境污染犯罪案件，最高人民法院在 2006 年颁布了《关于审理环境污染刑事案件具体应用法律若干问题的解释》。不过，这一司法解释并没有提升环境犯罪在司法实践中的适用率。2011 年《刑法修正案（八）》对《刑法》第 338 条进行了修正，为了规范《刑法》第 338 条的适用，最高人民法院、最高人民检察院于 2013 年 6 月制定了《关于办理环境污染刑事案件适用法律若干问题的解释》（法释〔2013〕15 号）（以下简称：2013 年《解释》），对犯罪构成要件要素的"污染""环境"与"严重"作出解释，其中，第 1 条界定了严重污染环境的 14 项标准、第 3 条规定了加重情节的 11 种情形、第 4 条规定了酌定从重处罚的 4 种情节、第 6 条与第 7 条规定了加大单位环境犯罪与环境共同犯罪打击力度的原则。在新政策实施三年多的基础上，最高人民法院、最高人民检察院于 2016 年 12 月发布了新的《关于办理环境污染刑事案件适用法律若干问题的解释》（法释〔2016〕29 号）（以下简称2016 年《解释》）。针对该解释在实际适用中遇到的相关具体问题，最高人民法院和最高人民检察院会同公安部、司法部、生态环境部，在深入调研和讨论的基础上，于 2019 年 2 月联合印发了《关于办理环境污染刑事案件有关问题座谈会纪要》（以下简称：《座谈会纪要》），对相关具体问题提出了明确的指导意见。

污染环境犯罪案件数量的多少，在一定程度上可以反映我国环境污染状况。同时，案件数量变化的背后也反映着环境污染防治政策的改变。1998 年至 2002 年，我国发生了 387 起重特大环境污染事故，但仅 25 起被追究了环境犯罪的刑事责任，即刑法惩处率为 6.5%，而 2003 年到 2007 年发生的 90 多起重特大环境污染事故中，被追究刑事责任的仅 12 起，即刑法惩处率约为 13.3%。[①] 另有数据统计显示：2004 年全国被追究刑事责

---

① 参见郄建荣：《环境犯罪为何游离于刑事处罚之外》，《法制日报》2010 年 5 月 27。

任的只有四川沱江水污染事件 1 起，2006 年被追究刑事责任的案件有 3
起，2008 年被追究刑事责任的有 5 起，2009 年仅有 2 起案件被追究刑事责
任。① 显然，绝大部分污染事故是通过行政处罚途径结案的。2013 年《解
释》的颁布实施改变了这一状况。北京师范大学法学院所做的《2015 年中
国"污染环境罪"案件调查报告》显示，2013 年以后，各级法院受理的
环境污染犯罪案件呈"井喷"之势。② 据不完全统计，2013 年《解释》出
台后的半年多时间，环保部门向公安机关移送了近 300 起涉嫌环境污染犯
罪案件，超过过去 5 年的总和；公安机关立案侦办 247 起此类案件，相当
于过去 10 年的立案总量。③ 自此，《刑法》第 338 条污染环境罪的既判案
件数量开始进入以"百"为数量级的时代，且均在 500 件以上。由环保部
等国务院 13 个部门共同编制的《2015 年中国环境状况公报》显示，当年
全国移送行政拘留、涉嫌环境污染犯罪案件接近 3800 件。④ 污染环境罪的
案件数量在 2017 年达到了最大值，这表明经由 2013 年司法解释的确定，
经过 3 年左右的准备，生态环境管理机关、公安机关、检察机关、审判机
关等形成了办理污染环境犯罪案件的链条，污染环境案件的惩治成为一种
常态性司法活动。⑤ 这一变化，可直接归因于 2013 年《解释》。该司法解
释明确了《刑法修正案（八）》中"污染环境罪"的入罪条件，在实质上
降低了原来的"重大环境污染事故罪"的入罪门槛，使得《刑法》第 338
条成为真正有实效的法律。作为一部严厉的环境犯罪司法解释，其对进入
追诉程序的犯罪数量产生了重要影响，体现了我国在治理环境污染犯罪方
面正在采取严格的刑事政策。2016 年《解释》延续了这一司法解释的规制
思路，相关标准规定得更加具体，操作性更强，在此背景下，我国的生态

---

① 参见陈景清：《"亡羊"后，我们如何"补牢"？》，《中华工商时报》2010 年 9 月 10 日。
② 王起晨、刘茸：《2015 年法院受理污染环境犯罪案件现"井喷"》，人民网，http：//legal. people. com. cn/n1/2016/0909/c42510 - 28703357. html（2022 年 3 月 20 日访问）。
③ 参见武卫政：《两部门发布意见　环保公安合力打击污染犯罪》，《人民日报》2013 年 12 月 4 日。
④ 参见《2015 年中国环境状况公报》，http：//www. zhb. gov. cn/gkml/hbb/qt/201606/t20160602_353138. htm l（2022 年 3 月 20 日访问）。
⑤ 参见焦艳鹏：《我国污染环境犯罪刑法惩治全景透视》，《环境保护》2019 年第 6 期，第 41 - 50 页。

环境质量也持续得到改善。

如果说刑法修正完善了规制环境犯罪的罪名体系，那么司法解释的出台才真正激发了环境刑法的生命力。2013 年《解释》和 2016 年《解释》出台后，环境犯罪案件激增，环境刑法开始持续发挥出其保护生态环境的法律实效。

其次，通过《刑法修正案（十一）》继续对环境犯罪进行立法修正，严密刑事法网，加大惩处力度。这表现在四个方面：

1. 再次对《刑法》第 338 条进行修正

立法机关根据中央持续大力推进生态文明建设和加强环境保护的决策部署精神，再次启动了对《刑法》第 338 条的修正。《刑法修正案（十一）》对污染环境罪的修正表现在两个方面：其一是增加了四种提升法定刑的条件，分别包括两种情节加重犯和两种结果加重犯，并配置了更重的法定刑，即"七年以上有期徒刑，并处罚金"；二是增加了犯罪竞合的规定。修正后的"污染环境罪"可概括为五种情形：

（1）基本构成和法定刑。即"违反国家规定，排放、倾倒或者处置有放射性的废物、含传染病病原体的废物、有毒物质或者其他有害物质，严重污染环境的，处三年以下有期徒刑或者拘役，并处或者单处罚金"。

（2）情节加重犯。即"情节严重的，处三年以上七年以下有期徒刑，并处罚金"。

（3）四种提升法定刑的条件。包括两种情节加重犯和两种结果加重犯："有下列情形之一的，处七年以上有期徒刑，并处罚金：（一）在饮用水水源保护区、自然保护地核心保护区等依法确定的重点保护区域排放、倾倒、处置有放射性的废物、含传染病病原体的废物、有毒物质，情节特别严重的；（二）向国家确定的重要江河、湖泊水域排放、倾倒、处置有放射性的废物、含传染病病原体的废物、有毒物质，情节特别严重的；（三）致使大量永久基本农田基本功能丧失或者遭受永久性破坏的；（四）致使多人重伤、严重疾病，或者致人严重残疾、死亡的。"

（4）犯罪竞合规定。即"有前款行为，同时构成其他犯罪的，依照处罚较重的规定定罪处罚"。

（5）单位犯罪的处罚。根据第 346 条的规定：单位犯本罪的，对单位判处罚金，并对其直接负责的主管人员和其他直接责任人员，依照本条的规定处罚。

修正后的污染环境罪，法网更为严密，惩罚更为严厉。

2. 增设破坏自然保护地罪

该条的修正是对其时发生的若干在自然保护区等特殊保护范围内非法开垦土地、开采矿产、修建别墅等热点案件①的立法反应，这些案件经由媒体报道和发酵，社会影响恶劣，引发中央关注。为了杜绝此类破坏生态环境行为的再次发生，立法机关在第 342 条之后增设了第 342 条之一，即本罪名。增设的该罪名包含三种情况：

（1）犯罪构成和法定刑。即"违反自然保护地管理法规，在国家公园、国家级自然保护区进行开垦、开发活动或者修建建筑物，造成严重后果或者有其他恶劣情节的，处五年以下有期徒刑或者拘役，并处或者单处罚金"。

（2）犯罪竞合。即"有前款行为，同时构成其他犯罪的，依照处罚较重的规定定罪处罚"。

（3）单位犯罪的规定。即根据第 346 条的规定：单位犯本罪的，对单位判处罚金，并对其直接负责的主管人员和其他直接责任人员，依照本条的规定处罚。

3. 增设非法引进、释放、丢弃外来入侵物种罪

外来入侵物种对我国的生态安全构成严重威胁，2020 年 10 月 17 日我国颁布了《生物安全法》，该法第 60 条规定："任何单位和个人未经批准，不得擅自引进、释放或者丢弃外来物种。"并在第 81 条针对未经批准擅自引进、释放或者丢弃外来物种的行为，规定了最高 25 万元以下的罚款。为了为这一规定提供刑法保障，《刑法修正案（十一）》在第 344 条之后增设了第 344 条之一，即非法引进、释放、丢弃外来入侵物种罪。该罪的主要内容是："违反国家规定，非法引进、释放或者丢弃外来入侵物种，情节

---

① 如甘肃省破坏祁连山国家级自然保护区案、秦岭北麓西安段违建别墅案等。

严重的，处三年以下徒刑或者拘役，并处或者单处罚金。"另外，根据第346条的规定，单位犯非法引进、释放、丢弃外来入侵物种罪的，对单位判处罚金，对直接负责的主管人员和其他直接责任人员，依照该条的规定处罚。

4. 增设环评机构、监测机构弄虚作假的刑事责任

司法实践中发生的重大环境犯罪案件，常伴随着承担环境影响评价和环境监测职责的中介组织的造假和失职行为①，为了规制此类行为，《刑法修正案（十一）》在《刑法》第229条"提供虚假证明文件罪"和"出具证明文件重大失实罪"规定的承担"资产评估、验资、验证、会计、审计、法律服务"职责的中介组织之外，增加了承担"环境影响评价、环境监测"（另外还有"保荐、安全评价"）职责的中介组织。据此，作为中介组织的环评机构、监测机构，在接受委托提供环评文件、监测报告的中介服务时，如果弄虚作假，将面临严厉的刑事制裁。具体包括以下五种情形：

（1）构成故意提供虚假证明文件罪。即承担环境影响评价、环境监测职责的中介组织的人员故意提供虚假证明文件，情节严重的，处五年以下徒刑或者拘役，并处罚金。

（2）提升法定刑的情形。即承担环境影响评价、环境监测职责的中介组织的人员，"在涉及公共安全的重大工程、项目中提供虚假的环境影响评价等证明文件，致使公共财产、国家和人民利益遭受特别重大损失的"，处五年以上十年以下徒刑，并处罚金。

（3）出具证明文件重大失实罪。即承担环境影响评价、环境监测职责的中介组织的人员，严重不负责任，出具的证明文件有重大失实，造成严重后果的，处三年以下有期徒刑或者拘役，并处或者单处罚金。

（4）牵连犯规定。即"有前款行为，同时索取他人财物或者非法收受他人财物构成犯罪的，依照处罚较重的规定定罪处罚"。

---

① 引起社会广泛关注的恶性案件包括：天津港2015年"8·12"重大爆炸案、江苏省响水县2019年"3·21"特大爆炸案，等等。

（5）单位犯罪的规定。即根据《刑法》第 231 条的规定，承担环境影响评价、环境监测职责的中介组织，因提供虚假环评文件、监测报告，构成故意提供虚假证明文件罪或者出具证明文件重大失实罪的，对单位判处罚金，并对其直接负责的主管人员和其他直接责任人员，依照第 229 条的规定处罚。

四、开始重视环境修复责任

环境修复是指修复因环境犯罪行为而被破坏的环境，是恢复性司法理念的具体体现。恢复性司法的出现是为了克服传统报应性刑罚观的局限性，以满足保障人权、实现社会关系恢复等需求。"二战"后，恢复性司法理念在欧美盛行，在美国、加拿大、英国、澳大利亚等西方发达国家的立法和司法领域得到确立和广泛应用，并取得了较明显的成效。刑法惩治环境犯罪的目标除了惩罚犯罪分子，也追求最大限度地补救或者恢复环境、消除环境犯罪持续性危害的价值目标，后者与恢复性司法理念相契合。

我国传统刑事司法侧重于惩治生态环境犯罪，忽视对生态环境的修复。近年来，环境犯罪的刑事司法逐步开始重视行为人的环境修复责任。尽管《刑法》中没有关于环境修复的规定，但司法实践中，最高司法机关将犯罪嫌疑人或者被告人修复环境的行为，作为对嫌疑人不起诉或者对被告从宽量刑的重要依据。因此，重视环境修复可谓是一项具体的刑事司法政策。

这一刑事司法政策的具体体现包括：

（1）2016 年 9 月 29 日最高人民检察院《关于全面履行检察职能为推进健康中国建设提供有力司法保障的意见》规定："依法惩治偷排偷放有毒有害污染物、非法排放严重超标污染物、篡改伪造环境监测数据、无证为他人处置危险废物、故意提供虚假环境影响评价意见等环境污染犯罪……办案中应当贯彻恢复性司法理念，根据案件情况可以要求行为人修复环境、赔偿损失，降低环境污染的损害程度。行为人主动采取补救措施，消除污染，积极赔偿，防止损失扩大的，依法从宽处理。"

（2）2016年《解释》第5条规定：实施污染环境、非法处置进口的固体废物、擅自进口固体废物行为，刚达到应当追究刑事责任的标准，但行为人及时采取措施，防止损失扩大、消除污染，全部赔偿损失，积极修复生态环境，且系初犯，确有悔改表现的，可以认定为情节轻微，不起诉或者免于刑事处罚；确有必要判处刑罚的，应当从宽处罚。

（3）2020年12月17日最高人民法院、最高人民检察院、公安部、农业农村部《依法惩治长江流域非法捕捞等违法犯罪的意见》（公通字〔2020〕17号）第2条规定："非法猎捕、收购、运输、出售珍贵、濒危水生野生动物，尚未造成动物死亡，综合考虑行为手段、主观罪过、犯罪动机、获利数额、涉案水生生物的濒危程度、数量价值以及行为人的认罪悔罪态度、修复生态环境情况等情节，认为适用本意见规定的定罪量刑标准明显过重的，可以结合具体案件的实际情况依法作出妥当处理，确保罪责刑相适应。"

此外，在司法实践中，一些司法机关也进行了一些创新性实践，如针对一些环境犯罪，要求犯罪嫌疑人或者被告人采取"补植复绿""土地复垦""投放鱼苗""缴纳生态修复基金"等措施来修复环境。这些都是重视环境修复责任这一刑事司法政策的具体体现。

第三节　环境犯罪的保护法益

一、法益的刑事政策机能

法益既可以是刑事政策研究的问题，也可以是刑法教义学研究的问题。作为前者，需要根据具体的犯罪态势，确定需要刑法保护的法益，并据以设置犯罪构成要件，合理划定犯罪圈，换言之，刑事政策上确定的保护法益，是犯罪化和非犯罪化的基本依据；作为后者，需要着眼于法益的解释论机能，即以保护法益为指导来解释具体犯罪构成要件要素的含义，

"对某个刑法规范所要保护的法益内容理解不同，就必然对犯罪构成要件理解不同，进而导致处罚范围的宽窄不同"①。

二、环境犯罪的保护法益：立法论立场上的保护法益

在环境犯罪领域，向来存在着人类中心主义的环境法益观与生态中心主义的环境法益观之争。

人类中心主义的环境法益观认为设立环境犯罪的目的是保护人类利益，只有侵犯人类利益的环境污染和破坏行为，才需要通过刑法予以惩治。"环境因素本身并不具有独立的刑法保护价值，只有与人的生命、健康和财产相联系时才有保护的必要。"② 我国《刑法》第338条规定的重大环境污染事故罪，就是以这种环境法益作为保护对象的，主要标志是：构成重大环境污染事故罪，必须发生"致使公私财产遭受重大损失或者人身伤亡的严重后果"才会构成犯罪。

人类中心主义的环境法益观将人的利益受损作为识别环境犯罪的唯一标准，完全忽视环境的独立价值和应保护性。正如德国学者艾瑟尔（Albin Eser）所言："长期以来，环境保护是以一种以人类为中心的自私的短浅目光并且只以为人类服务或保障自然资源为目的的。"③ 在批判人类中心主义环境法益观的基础上，许多学者转而提出和支持生态中心主义环境法益观。生态中心主义法益观认为，处罚环境犯罪的目的，主要在于使人们对环境保全的伦理感有所觉醒并加以维持，因此环境刑法的保护法益是生态系统本身。④ 生态中心主义承认自然物本身的内在价值，认为自然物与人类有平等的权利，将伦理关怀的范围拓展到自然物，甚至主张建立以自

---

① 张明楷：《刑法分则的解释原理》（第二版）（上），北京：中国人民大学出版社 2011 年版，第 347 页。
② 赵秉志主编：《环境犯罪及其立法完善研究》，北京：北京师范大学出版社 2011 年版，第 38 页。
③ 王世洲：《德国经济犯罪与经济刑法研究》，北京：北京大学出版社 1999 年版，第 400 页。
④ 参见［日］今井猛嘉著，李立众译：《环境犯罪》，《河南省政法管理干部学院学报》2010 年第 1 期。

然为中心的价值体系与评判标准。然而，生态中心主义抹杀了人类利益诉求，否认环境保护的根本目的与最终导向是为人类服务。如果刑法保护环境不是为了人类利益，而是保护与人类利益无关的纯生态，那么人类保护环境的动力何在？

　　人类中心主义与生态中心主义均失之于绝对化，有违可持续发展观。生态中心主义法益观（环境本位价值观）突破了人类中心主义法益观（人本主义价值观）将环境法益仅限于对人的保护的窠臼，而将风景、水资源等直接作为刑法保护对象，这样，即使对环境的破坏没有达到侵害或者威胁人的生命、身体等法益，也能作为环境犯罪处理。较之人类中心主义法益观，以生态中心主义法益观为环境犯罪的保护法益被认为有利于打击环境犯罪、治理社会生态。但其问题在于，这会"使刑法对环境犯罪的处理大大前移，并由此扩大刑法的处罚范围，并使得人与生态之间的关系演变为生态成为人类的主宰"①。尤其需要重视的是，一国（地区）《刑法》在环境犯罪上采取的法益观，难以脱离特定时期的生产力发展水平。正如一些批评者指出的那样，生态中心主义法益观在我国当前条件下似乎仍是奢侈品，将环境法益的保护建立在生态中心主义法益观之上，是一种超越当前客观实际的论调；将法益"精神化"将导致伦理道德等内容的介入，这在模糊法益与规范边界的同时会扩大刑法的处罚范围，实际上，一旦松弛法益对立法的批判作用，就会陷入刑法无处不在的危险，这种滥用刑法的过程也是消解刑法的自损过程，其结果无疑难以与推进法治和保障人权的方向相吻合。②"环境法益不可能作为一个完全独立的法益在司法实践中得到切实保护，强调生态学的法益只有在与人类中心的法益相关联或不相抵触的限度内，才能成为环境刑法的保护法益。"③ 只要承认环境是刑法所保护的法益，那么就意味着包括当代人及后代人的利益，均应受到充分的保

---

① 刘艳红：《环境犯罪刑事治理早期化之反对》，《政治与法律》2015 年第 7 期。
② 参见刘艳红：《环境犯罪刑事治理早期化之反对》，《政治与法律》2015 年第 7 期。
③ 胡雁云：《环境犯罪及其刑事政策研究》，北京：法律出版社 2018 年版，第 121－122 页。

护，这种法益理论被称为"双重的法益关联论"。① 就此而言，人本主义的刑法本身仍然值得坚持，强调独立的"环境法益"或者是环境中心主义，为时尚早。

于是，在环境犯罪的保护法益上，出现了具有折中色彩的生态学的人类中心主义法益观。生态学的人类中心主义法益观认为：环境刑法的保护法益有两个方面，一是人的生命、身体机能与财产等相关的利益，二是与此相关的生态系统的保持。② 生态学的人类中心主义法益观的特色在于，一方面强调环境作为一种法益独立存在和予以保护的价值，另一方面，强调对环境的保护，其最终目的仍是保护人类利益，包括当代人的环境利益和后代的环境利益。这一立场也是德国刑法学占主流地位的观点。③ 我国目前的环境刑法也采取此立场。这从《刑法修正案（八）》对污染环境罪的修正即可看出。修正后的污染环境罪，将"造成重大环境污染事故，致使公私财产遭受重大损失或者人身伤亡的严重后果"修改成了"严重污染环境"，这表明，污染环境罪的构成，并不以财产损失和人身伤亡的后果为必然条件，只要环境遭受污染即可构成。司法解释将"严重污染环境"解释为 18 种具体情形，其中可以看出，有些情况是以人身和财产损失为标准的，但有些情况即便没有人身和财产损失，只要环境本身遭受了损害，仍可直接构成污染环境罪，此时的环境损害，实质上是间接损害了人类利益，包括当代和后代的利益。

---

① 参见古承宗：《刑法的象征化与规制理性》，台北：元照出版有限公司 2017 年版，第132 － 134 页。
② 参见张明楷：《污染环境罪的争议问题》，《法学评论》2018 年第 2 期。
③ 参见刘伟琦：《处置型污染环境罪的法教义学分析》，《法商研究》2019 年第 3 期。

第三章

环境犯罪的规范解读

笔者将在本章对我国《刑法》分则第六章第六节规定的"破坏环境资源保护罪"进行教义学研究。该节规定的环境犯罪共有十六个具体罪名，大致可分为两类：第一类是污染型环境犯罪，包括污染环境罪、非法处置进口的固体废物罪和擅自进口固体废物罪三个罪名；第二类是资源破坏型环境犯罪，包括非法捕捞水产品罪，危害珍贵、濒危野生动物罪，非法狩猎罪，非法猎捕、收购、运输、出售陆生野生动物罪，非法占用农用地罪，破坏自然保护地罪，非法采矿罪，破坏性采矿罪，危害国家重点保护植物罪，非法引进、释放、丢弃外来入侵物种罪，盗伐林木罪，滥伐林木罪和非法收购、运输盗伐、滥伐的林木罪十三个罪名。

第一节　污染型环境犯罪

一、污染环境罪

（一）保护法益

耶林说：目的是所有法律的创造者。刑法的目的是保护法益，"每个不法构成要件均有其要保护的法益"①。而法益具有解释论的机能，即对犯罪构成要件的解释和适用，应该以保护法益为指导。以保护法益为根据解

---

① 参见林山田：《刑法各罪论》（上），北京：北京大学出版社 2012 年版，第 10 页。

释和适用刑法规定，既是立法目的的要求，也是法益保护主义这一刑法基本原则的要求。

　　污染环境罪的保护法益为何，学界众说纷纭，大致有以下三类观点：①秩序说。传统刑法通说的观点认为污染环境罪的犯罪客体（保护法益）是环境管理秩序或者环境保护制度。[①] ②环境说。有学者认为污染环境罪是为了保护人类的环境利益，即环境权[②]，有学者认为是环境法益[③]，有学者认为是生态学上的环境及其他环境利益[④]，有学者认为是"环境安全"[⑤]，还有学者认为是生态法益[⑥]。③综合说。有学者主张污染环境罪的保护法益是生态学上的环境和人的生命、身体机能与财产等相关的利益。[⑦]诸种观点中，笔者认为环境说大致是合理的。

　　首先，传统刑法理论把犯罪客体作为犯罪构成的要件之一，虽然认为犯罪客体是反映犯罪本质的构成要件，但并不强调犯罪客体是解释其他构成要件的根据。因此，从理论根基上，秩序说从一开始就不重视法益的解释论机能。事实上，将违反环境管理制度或者环境保护制度作为污染环境罪的本质，在逻辑上也说不通，将违反前置法作为具体犯罪的本质，有过于扩大犯罪规制范围之虞。总之，将环境管理制度或者环境保护制度作为保护法益和犯罪的成立条件，理论上和实践上都没有多少助益。

　　其次，综合说是根据 2016 年《解释》对"严重污染环境"所作解释得出的结论，但 2016 年《解释》所规定的是"严重污染环境"的十八种情况或者表现，即使污染环境的行为没有侵犯生命、身体、健康等传统的

---

　　①　参见高铭暄、马克昌主编：《刑法学》（第七版），北京：北京大学出版社、高等教育出版社 2016 年版，第149 页。

　　②　王勇：《论司法解释中的"严重污染环境"——以 2016 年〈环境污染刑事解释〉为展开》，《法学杂志》2018 年第 9 期。

　　③　参见陈洪兵：《论污染环境罪中的"严重污染环境"》，《刑法论丛》2017 年第 2 期。

　　④　参见马卫军：《论污染环境罪的保护法益》，《时代法学》2017 年第 4 期。

　　⑤　参见黄旭巍：《污染环境罪法益保护早期化之展开——兼与刘艳红教授商榷》，《法学》2016 年第 7 期。

　　⑥　参见焦艳鹏：《刑法生态法益论》，北京：中国政法大学出版社 2012 年版，第 234 页；刘彩灵、李亚红：《环境刑法的理论与实践》，北京：中国环境科学出版社 2012 年版，第 43 页。

　　⑦　参见张明楷：《污染环境罪的争议问题》，《法学评论》2018 年第 2 期。

人类法益，只要达到"严重污染环境"的程度就可以成立污染环境罪。①
因此，人类法益只是污染环境罪可能侵犯的法益，而不是必然侵犯的法
益；从法条表述——"严重污染环境"——和污染环境罪的立法目的看，
污染环境罪的保护法益只能是"环境法益"。

最后，环境说基本是合理的，但需要作出一些澄清和厘定。①环境权
是一个似是而非的概念，学界"对何谓环境权这一基本概念尚未形成共
识"②，其"在内涵、外延、主体以及性质上尚存模糊与争议"③，"如果以
一个内涵不清、外延不明的法益指引污染环境罪的解释与认定，难免使本
罪的司法适用陷入混乱，从而丧失了法益解释论机能应有的功能"④。
②"生态"一词，不仅包括了环境，还包括了动植物资源，有自然生态之
义，将污染环境罪的保护法益界定为"生态法益"有失宽泛。③本罪的罪
名是污染"环境"罪；法条设置将严重污染"环境"作为犯罪成立条件，
"'环境'本身成了犯罪的对象，标志着环境法益成了中国环境刑法立法的
基石"⑤。因此，说本罪的保护法益是"环境"是合理的。但"环境"既
可以是生态中心主义意义上的环境，也可以是人类中心主义意义上的环
境，站在前文刑事政策上的环境犯罪保护法益的立场上，应该从生态学的
人类中心主义立场上来理解作为污染环境罪的保护法益之"环境"，这个
意义上的环境，是指与当代及后代的人类利益相关的环境利益，"保护环
境法益的最终目的还是为了保护人类及人类的利益"⑥。质言之，站在生态
学的人类中心主义立场，污染环境罪的保护法益是与当代及后代人类利益
相关的环境利益。

---

① 参见全国人大常委会法制工作委员会刑法室编：《中华人民共和国刑法修正案（八）：条
文说明、立法理由及相关规定》，北京：北京大学出版社 2011 年版，第 179 页。
② 吴卫星：《我国环境权理论研究三十年之回顾、反思与前瞻》，《法学评论》2014 年第
5 期。
③ 王岚：《论非法处置危险废物类污染环境罪中的处置行为》，《法商研究》2017 年第 3 期。
④ 刘伟琦：《污染环境罪中"处置"行为的司法误区与合目的性解读》，《当代法学》2019
年第 2 期。
⑤ 钱小平：《环境法益与环境犯罪司法解释之应然立场》，《社会科学》2014 年第 8 期。
⑥ 张志钢：《摆荡于激进与保守之间：论扩张中的污染环境罪的困境及其出路》，《政治与法
律》2016 年第 8 期。

（二）犯罪构造

在 2011 年《刑法修正案（八）》对《刑法》第 338 条修正之前，因为重大环境污染事故罪以"造成重大环境污染事故，致使公私财产遭受重大损失或者人身伤亡的严重后果"为结果要件，学界没有争议地认为重大环境污染事故罪是结果犯。以这一认识为基础，很多学者提出重大环境污染事故罪结果犯的构造不利于保护环境，应该以危险犯的犯罪构造来设置污染环境的犯罪。重大环境污染事故罪修正为污染环境罪后，刑法修正将"造成重大环境污染事故，致使公私财产遭受重大损失或者人身伤亡的严重后果"修改为"严重污染环境"，一般认为，这表明环境犯罪的保护法益由人类中心主义的法益观转变为生态学的人类中心主义法益观，更有利于保护环境。但仍有学者对污染环境罪的犯罪构造提出质疑，修正后的污染环境罪到底是危险犯、行为犯，还是结果犯？这在学界仍是众说纷纭的问题。有学者认为，修正后污染环境罪的基本犯罪形态仍然是结果犯，污染环境的行为只有造成严重污染环境结果的才能构成犯罪。[①] 有学者提出，污染环境罪是情节犯，即只有污染环境行为"严重"时才构成犯罪，"严重污染环境"是污染环境罪的定罪情节。[②] 还有学者主张污染环境罪是危险犯，因为其除了要求行为人实施了污染环境的行为，还要求这种行为必须具有严重污染环境的危险。[③] 更有学者认为污染环境罪属于行为犯、准抽象危险犯。[④]

1. 两种语境下犯罪构造的不同类型

笔者认为，要回答这个问题，首先需要厘清犯罪构造和描述犯罪构造的上述几个概念的含义。

首先，犯罪构造是指立法设置的具体犯罪的基本类型。通常所说的犯

---

① 参见冯军：《污染环境罪若干问题探讨》，《河北大学学报（哲学社会科学版）》2011 年第 4 期。

② 参见叶良芳：《"零容忍"下污染环境罪的司法适用》，《人民司法》2014 年第 18 期。

③ 参见林芳惠：《污染环境罪立法的反思与重构》，《福建农林大学学报（哲学社会科学版）》2014 年第 6 期。

④ 参见陈洪兵：《解释论视角下的污染环境罪》，《政治与法律》2015 年第 7 期。

罪构造，是针对刑法分则罪刑规范条文规定的犯罪而言的，而刑法分则罪刑规范条文是以既遂为模式来规定犯罪的，因此，此时所说的犯罪构造，是既遂模式的犯罪构造。

其次，需要厘清两种语境下行为犯、结果犯、危险犯的具体含义。所谓两种语境，即我国传统刑法理论的语境和大陆法系刑法理论的语境。在我国传统刑法理论的语境下，危险犯、行为犯和结果犯是既遂的三种模式。我国传统刑法理论将犯罪的既遂模式分为四种，即结果犯、行为犯、危险犯和举动犯。结果犯是指以发生物质性危害结果为既遂标志的犯罪，如故意杀人罪、故意伤害罪、抢劫罪、盗窃罪等；行为犯是指以法定的行为完成为既遂标志的犯罪，如强奸罪、非法拘禁罪、绑架罪、偷越国边境罪等；危险犯是指以产生法定的危险状态为既遂标志的犯罪，如放火罪，破坏交通工具罪，生产、销售不符合标准的医用器材罪等；举动犯是指一着手即告既遂的犯罪，如组织、领导、参加黑社会性质组织罪，煽动分裂国家罪，传授犯罪方法罪等。

在大陆法系刑法理论的语境下，危险犯是与侵害犯相对的概念，行为犯是与结果犯相对的概念。危险犯与侵害犯是以处罚根据为标准进行的分类，前者是指以造成法益侵害的危险状态为处罚根据的犯罪，后者是指以对法益造成实际侵害结果为处罚根据的犯罪。危险犯又可分为具体危险犯和抽象危险犯，具体危险犯中的危险是紧迫、现实的危险，如未遂犯都是具体危险犯，或者法官需要根据具体的案件事实判断危险是否存在的危险，如放火罪的基本犯、破坏交通工具罪的基本犯；抽象危险犯中的危险是较为缓和的危险，如预备犯，或者立法规定的危险，如非法持有、私藏枪支、弹药罪，生产、销售、提供假药罪等。危险犯和侵害犯的划分，是针对犯罪的具体情况而言的，如故意杀人罪的既遂犯是侵害犯，预备犯是抽象危险犯，放火罪的基本犯是具体危险犯（第 114 条），但放火罪的结果加重犯（第 115 条第 1 款）是侵害犯。行为犯是指结果与行为同时发生，如强奸罪、偷越国边境罪、绑架罪等；结果犯是指结果与行为未必同时发生犯罪，如故意杀人罪、故意伤害罪、盗窃罪等。作为构成要件的结果，既可能是危险结果，也可能是侵害结果，在这个意义上，所有的行为犯罪都是结果犯。行为犯与结果犯的分类意义在于，行为犯不需要证明因果关系，结果犯需要证明因果关系。

因为具有不同的分类标准，我国传统刑法中所讲的结果犯、危险犯、行为犯，与大陆法系中的结果犯、危险犯、行为犯，含义未必一致。二者既可能是指同一种情况，例如，故意杀人罪是我国传统刑法理论中的结果犯，但同时也是大陆法系刑法理论中的结果犯，放火罪是我国传统刑法理论中的危险犯，同时也是大陆法系刑法理论中的具体危险犯，强奸罪是我国传统刑法理论中的行为犯，同时也是大陆法系刑法理论中的行为犯；也可能是指不同的情况，例如，盗窃枪支罪是我国传统刑法理论中的结果犯，但其基本犯在大陆法系刑法理论中是抽象危险犯，生产、销售、提供假药罪是我国传统刑法理论中的行为犯，但是大陆法系刑法理论中的抽象危险犯。在明确犯罪不同构造的相关含义后，再研究污染环境罪的犯罪构造，就不会出现概念使用的混乱。

2. 污染环境罪具有多元犯罪构造

有学者认为，"严重污染环境"既是对"放射性、传染性、毒害性"程度的要求，也是对"排放、倾倒、处置"行为本身的限定，因此，污染环境罪属于行为犯，也属于准抽象危险犯。[1] 笔者认为，污染环境罪的犯罪构造，取决于对"严重污染环境"的理解。从罪状表达上看，违反国家规定，排放、倾倒、处置有放射性的废物、含传染病病原体的废物、有毒物质或者其他有害物质的行为，就已经污染了环境，但只有"严重污染环境"的行为才构成污染环境罪，如此理解，则污染环境罪是情节犯；"严重污染环境"也可理解为前列行为的结果，即排放、倾倒、处置行为造成了"严重污染环境"的结果，如此理解的话，则污染环境罪是结果犯。但以上解释，只能算是学理解释，因为司法解释已经对"严重污染环境"的含义作出了解释。因此，污染环境罪的犯罪构造，只能根据司法解释对"严重污染环境"的具体规定来确定。

2016年《解释》第1条将"严重污染环境"解释为18种情形，除了

---

① 参见陈洪兵：《解释论视野下的污染环境罪》，《政治与法律》2015年第7期。

最后一种是"兜底性"规定外,其余17种情形,可分为以下三类:

第一类是对行为的要求,具体指第(一)项至第(五)项的规定,即排放、倾倒或者处置的地点、危险废物数量、特定污染物及其超标程度和方式,这都是对行为的特定要素的要求。

第二类是对行为人人身危险性的要求,具体指第(六)项至第(八)项的规定,即行为人二年内曾因违反国家规定排放、倾倒、处置有放射性的废物、含传染病病原体的废物、有毒物质受过两次以上行政处罚,又实施前列行为的,重点排污单位篡改、伪造自动监测数据或者干扰自动监测设施排放特定污染物的,以及违法减少防治污染设施运行支出一百万元以上的。一般来说,这三种行为表明行为人实施违法行为的再犯可能性较高,是表征人身危险性的要素而非行为的要素。

第三类是对行为的危害结果的要求,具体指第(九)项至第(十七)项的规定。这九项都属于排放、倾倒、处置污染物的行为造成一定的危害结果。

根据上述分析,污染环境罪的犯罪构造表现为三种情况。第一,当"严重污染环境"属于第一类情况时,污染环境罪是行为犯;这种行为对环境法益构成威胁,因此也属危险犯,因为这种危险是需要司法机关根据司法解释确定的具体标准进行具体判断的危险,因此属于具体危险犯。第二,当"严重污染环境"属于第二类情况时,污染环境罪是危险犯,因为需要根据司法解释的规定具体认定,因此,也属具体危险犯。第三,当"严重污染环境"属于第三类情况时,污染环境罪属于结果犯。

由此看来,前述学界关于污染环境罪犯罪构造的诸种观点,都具有一定的正确性,这可能是对污染环境罪的犯罪构造"盲人摸象"(目光只及一处、未及其余)的结果。应该认为,污染环境罪具有多元犯罪构造。

(三) 客观构成要件

1. "违反国家规定"的含义

"违反国家规定"是《刑法》第338条罪状规定的内容。根据《刑法》第96条的规定,"违反国家规定",是指违反全国人民代表大会及其常务委员会制定的法律和决定，国务院制定的行政法规、规定的行政措施、发布的决定和命令。如果采取传统刑法理论的"四要件"犯罪论体系，则基于基本罪状是关于犯罪构成要件的规定的理论共识，第338条罪状中的"违反国家规定"是污染环境罪的构成要件要素，其与"排放、倾倒或者处置有放射性的废物、含传染病病原体的废物、有毒物质或者其他有害物质，严重污染环境"一起构成污染环境罪的客观构成要件。因为环境法律法规中存在"排放许可证制度"等规定，所以，并不是所有的排放、倾倒或者处置有放射性的废物、含传染病病原体的废物、有毒物质或者其他有害物质的行为都是违法行为，只有违反"排放许可证制度"等规定的上述行为，才是环境违法行为。因此，在"四要件"犯罪论体系下，"违反国家规定"这一构成要件要素，其实是对"排放、倾倒、处置"这一行为要件的补充，其实质含义和内容是指违反国家环境法律法规中有关排放许可、污染物处置等的规定。

但是，在阶层犯罪论体系下，"违反国家规定"具有不同的体系位置和意义。因为"排放、倾倒、处置"有害物质的行为，通常具有环境违法性，因此刑法中规定的"排放、倾倒或者处置"有害物质的行为，就是原则上具有违法性的行为。质言之，污染环境罪的构成要件行为就是"排放、倾倒或者处置有放射性的废物、含传染病病原体的废物、有毒物质或者其他有害物质，严重污染环境"，而"违反国家规定"只具有提示存在阻却违法事由（排放许可证制度等）的意义和性质，并不是构成要件要素。

2. 污染行为

根据《刑法》第338条的规定，污染环境行为包括三种行为类型，一是"排放"污染物，二是"倾倒"污染物，三是"处置"污染物。"排放是指将有害物质直接排入环境的行为，倾倒是指将有害物质通过运载工具等转移至他处排入环境的行为"①，这两种行为本质上就是污染环境的行为，达到"严重污染环境"的程度，即可入罪。存在争议的是"处置"行

---

① 侯艳芳：《污染环境罪疑难问题研究》，《法商研究》2017年第3期。

为，实践中，许多"处置"有害物质的行为主要是为了提取有价值的材料或者燃料，以获取经济利益，是对有害物质进行二次利用的行为。这种对有害物质加以利用的行为，原本并非法律所禁止的行为，如《固体废物污染环境防治法》第 88 条第 7 项规定了合法利用，即"利用，是指从固体废物中提取物质作为原材料或者燃料的活动"。但许多行为人因为缺乏相关的处置污染物资质，使得"处置"行为又具有"非法性"（即"违法国家规定"）。对于这种二次利用的非法处置行为，可否作为本罪的实行行为？

有学者对此持否定的观点。[①] 主要理由是：第一，非法处置行为与排放、倾倒相同数量有害物质对环境质量污染的程度并不相同，当非法处置是二次利用行为时，非法处置污染物的数量实质上少于排放、倾倒污染物的数量，2016 年《解释》将三种行为同等对待是不合理的。第二，实践中的非法处置行为并非均导致有害物质被置于外部生态环境，因而并非一概污染环境质量。然而，司法实践受司法解释的影响，对非法处置行为进行认定时，往往从形式上判定，只要行为人客观上非法处置行为发生在特定地点或达到一定数量，就认定属于"严重污染环境"而作出污染环境罪的判决，缺失污染环境质量以及"严重"污染环境质量的实质判定。第三，任何犯罪都是一种严重危害社会的行为，非法处置行为作为污染环境罪的实行行为，其严重的社会危害性体现在《刑法》第 338 条规定的"严重污染环境"。据此，污染环境罪的"非法处置"一定是"严重污染环境"的行为。反之，如果某种行为没有污染环境质量，或者虽有污染但没有使环境质量显著下降或严重恶化，就不能认定为"严重污染环境"的行为，进而不能认定为污染环境罪。

笔者对这种观点不能苟同。首先，实践中，可能确实存在非法处置与排放、倾倒处置相同数量危险物而危害性不同的情况，按照司法解释规定的定罪标准分别评价不构成犯罪或者构成犯罪即可，并不会造成实质上的

[①] 参见刘伟琦：《污染环境罪中"处置"行为的司法误区与合目的性解读》，《当代法学》2019 年第 2 期。

不平等或者评价错误。其次，污染环境罪存在行为犯构造，对于行为犯构造的污染环境罪，只要符合司法解释规定的行为的特定要素，即可评价为犯罪，这种意义上的污染环境罪，也是（具体）危险犯，并不要求一定造成污染环境的实害结果。另外，处置行为只要具有非法性，就对环境构成威胁，因此，不存在"形式"评价的问题。再次，非法处置作为污染环境罪的实行行为，还须"严重污染环境"才会构成犯罪，其与排放、倾倒的危害性存在不同的情况，不能成为否定其作为实行行为的理由。最后，2019 年《座谈会纪要》第 8 条规定：司法实践中认定非法排放、倾倒、处置行为时，应当根据《固体废物污染环境防治法》和 2016 年《解释》的有关规定精神，从其行为方式是否违反国家规定或者行业操作规范、污染物是否与外部环境接触、是否造成环境污染的危险或者危害等方面进行综合分析判断。可见，二次利用行为是否构成犯罪，需要综合判断，上述论者担心的"形式评价"的情况，并非不可避免。

　　3. "严重污染环境"的含义

　　如前所述，根据 2016 年《解释》第 1 条的规定，"严重污染环境"具有 18 种表现形式，其中前 17 种表现形式，有的是从行为的特定要素去规定的，有的是从行为人的危险性去规定的，有的是从行为的危害结果去规定的。此不赘述。

　　有学者对司法解释关于"严重污染环境"的解释持批评的态度，认为"严重污染环境"的司法解释将异质性的内容强行杂糅其中：既保守地残留着原来重大环境污染事故罪的内容，也激进地设定了足以"严重污染环境"的特定行为。[①] 笔者不赞同此种观点。"严重污染环境"在司法实践中有多重表现形态，有的表现为对环境本身的改变已达到相当严重的程度，如前述第一类情况；有的表现为足以严重改变环境的危险状态，如前述第二类情况；有的表现为已经造成了某种实害结果，如前述第三类情况。2016 年《解释》规定的"严重污染环境"的具体情形，考虑和适应了司

---

　　① 参见张志钢：《摆荡于激进与保守之间：论扩张中的污染环境罪的困境及其出路》，《政治与法律》2016 年第 8 期。

法实践的复杂情况，作出了多样的规定，既符合司法实践情况，也更有利于保护环境。

（四）罪过形式①

污染环境罪是环境犯罪中最重要的罪名，承担着规制环境污染、保护环境的重要使命，在污染环境罪的司法适用快速增加的背景下，关于污染环境罪的罪过形式却一直存在尖锐对立的歧见。甚至可以说，在我国的刑法学研究中，从未有一个罪名的罪过形式，像污染环境罪这样引起如此巨大的争议。理论上的莫衷一是也导致司法实务无所适从。在关于污染环境罪的判决中，有的判决将污染环境罪的罪过认定为故意，有的认定为过失，有的则回避对罪过的认定。毋庸讳言，对污染环境罪罪过形式的犹疑难决和混乱适用，已对罪刑法定原则构成挑战。为了该罪在司法实践中的准确适用，急需厘定其在罪过形式上的教义学结论。

1. 污染环境罪罪过形式的观点嬗变及其评析

污染环境罪的罪过形式，经历了从过失说到故意说，再到混合说的嬗变，迄今仍处于争论之中。

（1）过失说及其评析。

过失说是传统通说的观点。② 过失说似乎无视了《刑法》第 338 条罪状的变化，不过，过失说对此作了辩解：污染环境罪的危害性并不亚于故意危害公共安全罪，但法定最高刑却只有 7 年，如果将该罪的罪过认定为故意，将导致罪刑失衡，因此，应将该罪的罪过认定为过失。③ 坚持过失说并不会造成处罚上的漏洞，对于司法实践中存在的"故意犯"形态，应以投放危险物质罪定罪处罚。④

---

① 此部分作为项目研究的中期成果，以《论污染环境罪的罪过形式》为题发表于《法治社会》2021 年第 6 期。

② 参见高铭暄、马克昌主编：《刑法学》（第五版），北京：北京大学出版社、高等教育出版社 2011 年版，第 580 页。

③ 参见高铭暄、马克昌主编：《刑法学》（第八版），北京：北京大学出版社、高等教育出版社 2017 年版，第 585 页。

④ 参见黎宏：《刑法学》，北京：法律出版社 2012 年版，第 865 页。

过失说的论据有一定的说服力。《刑法》第 338 条的罪状虽然发生了变化，但法定刑没变①，仍然保持了过失犯的法定刑设置；如果行为人对"严重污染环境"的后果持故意心态，确有违反罪刑相适应原则之嫌。而以投放危险物质罪来填补污染环境"故意犯"的缺位，又可以应对"惩罚过失犯却不惩罚故意犯"的质疑。

然而，过失说仍有未能解答的疑问。我国《刑法》第 15 条规定："过失犯罪，法律有规定的才负刑事责任。"但第 338 条的条文表述中，看不到"法律有规定"的表达，认为污染环境罪是过失犯的法律依据何在？另外，污染环境罪是实践中的多发性犯罪，不难想象，不论是故意犯形态还是过失犯形态，在司法实践中都是大量存在的，在强调严惩环境污染犯罪的刑事政策背景下，为什么立法只规定污染环境罪的过失犯，却不规定故意犯？尽管对于实践中的"故意犯"形态，可依投放危险物质罪定罪处罚，但这种处理方式只能算作一种司法适用上填补漏洞的权宜之计；此外，投放危险物质罪是危害公共安全的犯罪，对于故意污染环境却未危害到公共安全的行为，仍存在处罚上的漏洞。

（2）故意说及其评析。

张明楷教授是最早提出故意说观点的学者。② 关于故意说的理由，主要有四点：其一，过失说缺乏法条上的文理根据；其二，过失说主张把故意严重污染环境的行为定为危害公共安全罪，这并不合适；其三，过失说导致否定实践中大量存在的污染环境的共同犯罪；其四，故意说不会形成处罚漏洞：对于过失严重污染环境行为危害公共安全的，可以认定为过失危害公共安全的犯罪。③ 故意说的观点也受到了学界很多学者的支持。④

---

① 2021 年《刑法修正案（十一）》对第 338 条再次进行修正后，污染环境罪的法定最高刑（主刑）已被提升至七年以上有期徒刑，不过增加的量刑幅度只是针对四种特殊情形适用。因此，过失说的观点仍可成立。

② 参见张明楷：《刑法学》（第四版），北京：法律出版社 2011 年版，第 995 页。

③ 参见张明楷：《刑法学》（第五版），北京：法律出版社 2016 年版，第 1131 页。

④ 参见赵天红：《浅析污染环境罪的成立条件与罪过形态》，《中国检察官》2019 年第 12 期；田宏杰：《立法演进与环境污染罪的罪过：以行政犯本质为核心》，《法学家》2020 年第 1 期，等等。

　　故意说最主要的依据是文理依据，即《刑法》第 338 条的规定中没有表明污染环境罪是过失犯罪的"文理"表达，因而应是故意犯罪。至于其他论证，则并非无懈可击：既然将本罪确定为过失犯罪时，把故意行为认定为危害公共安全罪并不合适，为什么将本罪确定为故意犯罪时，把过失行为认定为过失危害公共安全的犯罪就是合适的？将本罪认定为过失犯罪时，尽管不能将实践中大量存在的共同犯罪认定为共犯形态，但根据《刑法》第 25 条第 2 款的规定，仍然可以"按照他们所犯的罪分别处罚"。

　　尤其是，故意说的论证理由中，并未对过失说的"污染环境罪的法定最高刑只有 7 年，如果将该罪认定为故意犯，将导致罪刑失衡"的质疑作出回应。2021 年 3 月 1 日生效的《刑法修正案（十一）》提高了污染环境罪的法定刑，即增加了一个"七年以上有期徒刑，并处罚金"的量刑幅度，这次刑法修正在一定程度上缓解了这种质疑，但这一量刑幅度是针对四种特定的污染环境行为而设的，对于污染环境罪的基本构成而言，"过失说"的这一质疑仍然是成立的。持"故意说"的张明楷教授认为：故意的内容只要求对污染环境罪的基本结果（即"严重污染环境"）持认识与希望或者放任态度，而不需要对人身或者财产损失持认识与希望或者放任态度。① 但"严重污染环境"不是抽象的概念，司法解释已对其进行了具体化的界定，其中包括了人身或者财产损失的结果。因此，在造成人身或者财产损失的污染环境案件中，对"严重污染环境"的认识与希望或者放任态度，就是对人身或者财产损失的认识与希望或者放任态度，在这种情况下，故意说仍难以回应罪刑失衡的质疑。详言之，根据 2016 年《解释》第 1 条第十七项的规定，"严重污染环境"的具体情形中包括了"致使一人以上重伤"的后果，显然，在故意的情况下，污染环境罪既污染环境又致人重伤情况下的法定刑（三年以下有期徒刑或者拘役，并处或者单处罚金）与故意伤害致人重伤的法定刑（三年以上十年以下有期徒刑）之间的关系，是严重失衡的。

　　故意说也不能回答如下疑问：《刑法》第 338 条的修正是为了降低定

---

① 参见张明楷：《污染环境罪的争议问题》，《法学评论》2018 年第 2 期。

罪门槛①，而将污染环境罪确定为故意犯，则明显是升高了入罪门槛。这与立法修正的精神不符。

（3）混合说及其评析。

"混合说"是近年来在过失说和故意说的基础上被提出的一种观点，其基本主张是：污染环境罪的罪过形式既可以是故意，也可以是过失。论据有：第一，故意说抬高了污染环境行为入罪的门槛，有违降低入罪门槛的刑法修正精神；第二，过失说导致过失严重污染环境时即构成污染环境罪，而故意严重污染环境时还必须危害公共安全才按照故意危害公共安全的犯罪处理，故意污染环境比过失污染环境的入罪门槛更高；第三，实践中污染环境的案件并非单纯的过失，不能排除故意；第四，《刑法》第338条的法条并未表明是故意或者过失。② 有学者将这种情况称为"复合罪过说"或者"双重罪过说"③；有论者则认为对于具体案件的行为人而言，仍须证明其主观方面是出于故意还是过失，而不可能两者兼具，因此提出"选择罪过说"④。

有学者意图超越故意和过失，提出"模糊罪过说"，所谓模糊罪过，就是不必纠结于故意和过失，只要证明行为人对于"严重污染环境"的结果具有预见可能性即可。理由是：第一，只有采取模糊罪过，才能降低入罪门槛，实现刑法修正的初衷；第二，只要求具有预见可能性即具备责任要件，借鉴了严格责任的合理内核，具有实质合理性；第三，客观超过要素这一概念并未被学界普遍接受，模糊罪过说比将严重污染环境认定为客观超过要素更容易让人接受；第四，模糊罪过与司法实践中对污染环境罪

---

① 参见张军主编：《〈刑法修正案（八）〉条文及配套司法解释理解与适用》，北京：人民法院出版社2011年版，第318页；高铭暄、陈璐：《〈中华人民共和国刑法修正案（八）〉解读与思考》，北京：中国人民大学出版社2011年版，第124页；王作富主编：《刑法分则实务研究》（第五版）（下），北京：中国方正出版社2013年版，第1389页。

② 参见张铎：《污染环境罪罪过形式探究》，《湖北警官学院学报》2014年第1期；喻海松：《污染环境罪若干争议问题之厘清》，《法律适用》2017年第23期。

③ 参见付立庆：《中国〈刑法〉中的环境犯罪：梳理、评价与展望》，《法学杂志》2018年第4期。

④ 参见李玲：《污染环境罪"选择罪过"形式之提倡》，《北京政法职业学院学报》2018年第1期。

按照故意犯、过失犯或者对罪过形式模糊处理的现实相符；第五，承认模糊罪过，不影响对多人参与环境污染犯罪行为的认定和处罚，对于故意的污染环境共同犯罪按照共同犯罪并案处理，过失的共同污染环境分别定罪并案处理；第六，将模糊罪过限定于法定最高刑不超过七年有期徒刑的法定犯，不违反责任主义和罪刑相适应原则。①

上述混合说的基本理由中，前三个理由可谓直击过失说和故意说的不足，但第四个理由难以成立，该观点忽视了我国刑法"以处罚故意犯为原则、以处罚过失犯为例外"的基本规则；如果据此观点，则强奸罪、绑架罪、抢劫罪、盗窃罪等都可以是过失犯罪，这是不可思议的。

复合罪过或者双重罪过的观点是不妥当的。在我国学界，复合罪过这一概念是用来表述故意和过失之外的第三种罪过形式，储槐植教授最早提出和使用这一概念，意指存在包括间接故意与过失的复合罪过形式。② 正如选择罪过说所主张的那样，对于一个案件的具体行为人而言，其犯罪心态只能是故意或者过失，这并不是故意和过失之外的第三种犯罪心态。

模糊罪过说从降低入罪门槛的角度，提出司法实践中办案机关只需证明行为人对严重污染环境这一结果的发生具有预见可能性即可。这一解释和适用确实有利于对污染环境犯罪的惩治。但是，罪名的司法适用不仅仅是证明犯罪成立就万事大吉了，涉及共同犯罪、累犯、缓刑、假释等制度的适用时，还是需要确定行为人在有预见可能性的基础之上，是基于过失心态还是故意心态实施了犯罪，否则就无法适用这些制度。质言之，污染环境罪的全面、准确的司法适用，仍不能规避故意犯和过失犯的认定。在司法实践中，有的污染环境罪的罪过被认定为故意，有的被认定为过失，有的回避了对罪过的认定，这恰好说明理论没有为司法实践提供明确的指引，才导致了司法适用的混乱，不能以这种混乱现象反证模糊罪过说的观点。此外，模糊罪过说也难以找到总则关于罪过规定的法律依据。我国《刑法》总则规定了故意和过失两种罪过形式，将模糊罪过作为故意、过

---

① 参见陈洪兵：《解释论视野下的污染环境罪》，《政治与法律》2015 年第 7 期。

② 参见储槐植、杨书文：《复合罪过形式探析——刑法理论对现行刑法内含的新法律现象之解读》，《法学研究》1999 年第 1 期。

失之外的第三种罪过形式，缺乏法律依据。总之，模糊罪过说并不是故意和过失之外的新的罪过形式，而只是一个"看起来很美"，但终究仍是故意或者过失犯罪心态涵摄和认定的问题。

2. 确定污染环境罪罪过形式的教义学规则

大陆法系刑法理论奉行责任主义的基本原则，英美法系刑法理论认为"具有犯意是英美刑法理论的基本规则，而不是例外"①，我国刑法理论也将主客观相统一作为刑法的基本原则。可见，确定罪过形式是刑法理论和实务的基本问题。笔者认为，确定污染环境罪的罪过形式，应遵守以下三项基本规则。

（1）刑法基本原则。

罪刑法定观念在学界已深入人心，任何一个刑法研习者都会甘做罪刑法定的信徒，不会以自己的解释和主张违背这一基本原则。

对污染环境罪罪过形式确定具有直接指导意义的是罪刑相适应原则，该原则要求构成要件所征表的法益侵害性要与该罪配置的法定刑相适应。《刑法》第338条的罪状描述了污染环境罪的客观表现，其中结果要件是"严重污染环境"，其基本构成对应的法定刑是"三年以下有期徒刑或者拘役，并处或者单处罚金"，站在罪刑相适应的立场，将污染环境罪的罪过确定为故意并且要求对所有的客观表现（包括"严重污染环境"的后果）持故意心态，导致较高社会危害性的犯罪构成对应了较低的法定刑。这显然违反了罪刑相适应的要求。

（2）刑法处罚"以故意犯为原则，过失犯为例外"的规则。

《刑法》第14条和第15条确立了刑法以处罚故意犯为原则、处罚过失犯为例外的规则。大部分犯罪的罪状中都没有表明是故意犯还是过失犯，但据此规则，那些没有明确表明罪过形式的犯罪，应是故意犯。问题是，过失犯"法律有规定"的表现形式是什么？

对于"法律有规定"的含义，学界形成了三种观点。"明文规定说"认为，"法律有规定"是指法律有明文规定，即法律使用了过失、疏忽、

---

① See United States v. U. S. Gypsum Co. , 438 U. S. 422, 1978 (436).

失火等明确表明罪过形式是过失的表达；"实质规定说"认为，"法律有规定"是指法律有实质规定，对于具有处罚必要性而又不宜确定为故意犯的犯罪，就应当认定是过失犯；"文理规定说"认为，"法律有规定"是有条文文理上的依据，即根据语词表达的通常含义和内在逻辑，能够合理确定为过失犯。① "实质规定说"架空了《刑法》第 15 条第 2 款的要求，使对过失犯的处罚失之过宽；如果按照"明文规定说"，又使对过失犯的处罚失之过窄。按照"文理规定说"，可以合理确定过失犯的处罚范围，过失、疏忽、失火等明确表明罪过形式的犯罪是过失犯罪，事故类犯罪如交通肇事罪、重大责任事故罪等是过失犯罪，玩忽职守的犯罪是过失犯罪，使用了"严重不负责任"等表述的犯罪是过失犯罪。甚至尽管没有使用上述表述，但根据具体条文的前后表述、法定刑等文理关系，也应确定为过失犯罪。例如，《刑法》第 363 条第 2 款前段规定的"为他人提供书号出版淫秽书刊罪"，尽管该罪名的罪状中完全没有过失的任何表达，但根据该罪较低的法定刑、该款后段故意犯的规定及其法定刑可知，该罪只能是过失犯。

有学者认为，我国《刑法》中存在许多罪过形式不明的犯罪，如《刑法》分则第二章中的铁路运营安全事故罪，第三章中的生产、销售假药罪，第九章中的滥用职权罪；还有的条文虽然区分了故意和过失，但规定了相同的法定刑，这种规定除了在形式上体现区分故意与过失的意义外，在量刑上没有任何实际意义。因此，提出"刑法以处罚故意犯为原则，以处罚过失犯为例外"的原则存在例外，而污染环境罪也属这种"例外"的表现之一。② 这种观点是不能成立的。首先，论者所例举的罪过不明的犯罪，要么是依文理规定可确定为过失犯，要么是理论和实务均没有争议的故意犯，所谓的罪过不明，不过是对法条错误解释的结果；其次，尽管刑法将有些故意犯和过失犯规定在一个条文中，并配置以相同的法定刑，有

---

① 参见张明楷：《罪过形式的确定——刑法第 15 条第 2 款"法律有规定"的含义》，《法学研究》2006 年第 3 期。

② 参见苏永生：《污染环境罪的罪过形式探究——兼论罪过形式的判断基准及区分故意与过失的例外》，《法商研究》2016 年第 2 期。

不合理之处，但这种不合理仍可通过刑法解释予以弥补，其罪过形式是明确的；最后，如果严格遵守《刑法》第 15 条第 2 款的要求，污染环境罪当然是故意犯，认为污染环境罪的罪过形式不明，是"故意犯为原则、过失犯为例外"这一规则的例外的观点是不能成立的。

《刑法》第 408 条之一规定的食品、药品监管渎职罪将故意形态的滥用职权和过失形态的玩忽职守规定在一个罪名中，同样不能作为支持"故意犯为原则、过失犯为例外"的例外说的理由。司法解释在确定罪名时，将第 397 条规定的滥用职权和玩忽职守行为确定为故意犯的滥用职权罪和过失犯的玩忽职守罪两个罪名，但采用相同立法模式的第 408 条之一却规定不区分故意和过失的食品、药品监管渎职罪，这不仅使得采用相同立法模式的不同条款表现出不同的罪名确定思路，自相矛盾，也使得食品、药品监管渎职罪在涉及累犯、共同犯罪等制度的适用时面临困境，如此明显错误的司法解释，当然不能用来作为"故意犯为原则、过失犯为例外"的例外说的例证。

（3）修正《刑法》第 338 条的立法精神。

修正《刑法》第 338 条的精神，首先在于确立生态学的人类中心主义法益观，其次在于降低环境污染行为的入罪门槛。降低入罪门槛的具体表现包括降低对结果要件的要求和降低因果关系证明的难度。在刑法规制环境污染的历史上，基于环境污染犯罪的潜伏性、长期性、间接性等特点，因果关系的证明历来是一个难题，因此，在大陆法系的因果关系理论上发展出了疫学因果关系理论，专门用来证明环境污染犯罪中的因果关系。在我国，因为司法鉴定的不成熟、不完善，环境污染犯罪中的因果关系证明尤为困难。司法解释将"严重污染环境"解释为十八种具体情形，其中包括很多危害结果与行为同时发生的情形，办案机关只需证明行为人实施了相关行为即可，并不需要特别证明因果关系，因此解决了因果关系的证明难题。依照这一立法精神，在确定污染环境罪的罪过形式时，不能提高对污染环境行为的入罪门槛。依本书观点，修正后的污染环境罪虽然变成了故意犯，但"严重污染环境罪"并非其认识和意志内容，换言之，表面上由过失犯变成了故意犯，但实质上并未提高对罪过的要求。下文对此将有详论。

3. "故意说" 的新诠释

在目前学界关于污染环境罪罪过形式争论的基础上，根据上述确定罪责形式的基本规则，笔者认为应将污染环境罪的罪过形式确定为故意。具体理由如下。

（1）前述诸观点的 "硬伤"。

根据上述确定污染环境罪罪过形式的基本规则，前述关于污染环境罪罪过形式的诸观点，都存在难以弥合的 "硬伤"。过失说的硬伤是不能在《刑法》第 338 条的罪状中找到 "法律有规定" 的文理依据；故意说的硬伤是就污染环境罪的基本构成而言，对 "严重污染环境" 的后果（包括污染环境和作为其表现的 "致一人以上重伤" 等后果）持故意心态时，对应的法定刑只有 "三年以下有期徒刑或者拘役，并处或者单处罚金"，这违反了罪刑相适应的基本原则，而且将污染环境罪的罪过形式确定为故意，也违背了刑法修正 "降低入罪门槛" 的立法精神；故意说和过失说的硬伤，混合说兼具，其中，模糊罪过说另辟蹊径，意图摆脱故意说和过失说的争论，但终究难以摆脱故意和过失的窠臼。

（2）比较法视野的考察。

将具体犯罪的某个客观要素认定为犯罪的成立条件，却不是故意的认识内容，是大陆法系和英美法系都存在的一种立法现象。在大陆法系的阶层犯罪论体系中，对有些犯罪而言，在不法、有责之后还存在客观处罚条件的独立阶层。客观处罚条件虽然是这些犯罪的成立条件，却与不法和有责无关，不是故意的认识内容。例如德国刑法第三章 "针对外国的犯罪"（包括第 102 条的对外国机关及其代表的攻击、第 103 条的对外国机关及其代表的侮辱、第 104 条的对外国国旗和国徽的毁损），根据第 104 条 a 的规定，该类犯罪 "刑罚追究的前提" 是德国与该外国保持有外交关系。显然，"外交关系" 与该类犯罪的不法和有责无关，不是故意的认识内容，学说上将这里的 "外交关系" 解释为该类犯罪成立的客观处罚条件。客观处罚条件的设置减轻了追诉机关证明故意的压力，因而在 "二战" 后对抗经济犯罪的刑事政策背景下，受到德国立法者的青睐，得到了普遍的承认。在英美法系，为了降低追诉机关对某些犯罪的罪过证明难度，出现了不要求控方证明犯意的严格责任制度。环境犯罪是严格责任存在的主要领域。虽然制定法规定了环境犯罪的罪责要件，但判例法却免除了控方对部分行为要素的证明责任。例如，根据制定法关于环境犯罪实害犯的规定，控方有责任证明行为人认识到了致人死亡或者对人造成严重身体伤害的"紧迫危险"，但法院却基于保护环境的现实需要，适用公共福利犯罪原则①，免除了控方对犯罪心态的证明责任。但是，严格责任并不是不需要犯罪心态，因为控方仍须证明：行为人对自己的行为有认识；对废物的一般危险性质有认识；在一些许可证犯罪中，如果法条在许可证前有"明知"（knowing）的表述，则行为人也须对许可证地位有认识。总之，环境犯罪中的严格责任，并不是指环境犯罪的成立完全不要求罪责条件，而是不要求行为人对所有的行为要素都有认识。② 严格责任出于保护公共安全和福利的功利要求，降低了控方对犯罪心态的证明要求，尽管受到了一些学者的激烈批评，但仍成为一个颇具特色和影响广泛的制度。不过，如同大陆法系的客观处罚条件并没有否定责任主义一样，英美法系的严格责任也没有否定责任主义。

（3）"严重污染环境"的机能和性质。

要满足前述三个确定污染环境罪罪过形式的规则，必须对"严重污染环境"的机能和性质有准确认识。从污染环境罪的罪状表述看，"严重污染环境"似乎是结果要件，但事实上，如此理解是不全面的。应该认为，违反国家规定，排放、倾倒或者处置污染物的行为，便必然已经污染了环境，侵犯了环境法益。此时，污染环境的后果与排放、倾倒、处置有害物质的行为是同时发生的，这个意义上的污染环境罪可谓行为犯（即结果与行为同时发生，不需要证明因果关系）。然而，此时的污染环境行为，还不具备发动刑罚的充分理由。只有当排放、倾倒、处置有害物质"严重"

---

① 公共福利犯罪原则是一个用来保护公共健康、安全或者福利的规则。根据公共福利犯罪原则，当涉及的物质存在极高的内在危险时，政府不须证明被告对犯罪行为的部分要素具有犯罪心态。

② 参见贾学胜：《论美国环境犯罪的罪责要件》，《安徽大学学报（哲学社会科学版）》2014年第3期。

污染环境时，才能发动刑罚权。污染环境罪罪状的这一表述逻辑，表明"严重污染环境"具有如下两个机能：

其一，体现了预防必要性的目的主义刑法思想和预防犯罪的刑事政策机能。从 2016 年《解释》对"严重污染环境"的解释看，许多情形都体现了预防必要性的刑法思想。如两年内曾因污染环境受过两次以上行政处罚的情况，就与行为人污染环境行为的不法和有责无关，但两年内反复实施污染环境行为，其预防必要性是很高的，为了预防犯罪，就有必要对行为人两年内因污染环境受过两次以上行政处罚后又污染环境的行为定罪处罚。① 可见，"严重污染环境"作为污染环境行为构成犯罪的条件，有预防必要性、处罚必要性等刑事政策考量，并非均是关于不法和有责因素的规定。

其二，体现了协调环境行政法和环境刑法关系的保障法秩序统一的机能。刑法作为一种必要的"恶"，不能用来应对一切违法行为，只有在其他法律的规制失效时，刑法才能介入干预。对于违反国家规定，排放、倾倒、处置有害物质的污染环境行为，首先当然应由环境行政法等非刑事法律进行规制，只有"严重"污染环境的行为，才需要刑罚予以制裁。"严重"这一罪量因素，具有界分环境行政违法和环境刑事犯罪的机能，借此协调了环境行政法与环境刑法之间的关系，保障了法秩序的统一。

如前所述，在大陆法系和英美法系，基于特定的政策理由，在一些犯罪中存在不是故意认识内容的客观要素或者犯罪成立条件，大陆法系称之为客观处罚条件，英美法系把这种现象称为严格责任。这种现象在我国《刑法》中也是存在的，例如，丢失枪支不报罪中的"造成严重后果"②，与丢失枪支不报行为的不法和有责无关，只是决定丢失枪支不报行为是否构成犯罪的条件，这一条件已超出了丢失枪支不报行为的控制和支配范

---

① 参见 2016 年最高人民法院、最高人民检察院《关于办理环境污染刑事案件适用法律若干问题的解释》第 1 条第（六）项。

② 根据 2008 年最高人民检察院、公安部《关于公安机关管辖的刑事案件立案追诉标准的规定（一）》第 6 条的规定，"造成严重后果"是指丢失枪支被他人使用造成人员轻伤以上伤亡事故、丢失枪支被他人利用进行违法犯罪活动等情形。

围，行为人对之持有何种犯罪心态都不能提升行为人的有责性，因此，"造成严重后果"是客观处罚条件。"严重污染环境"所具有的上述机能，与客观处罚条件所具有的立法机能——刑事政策机能和保障法秩序统一的机能——相契合，① 因此，将"严重污染环境"视为客观处罚条件，是妥当的。

对犯罪成立的某些要素，不需要犯罪心态，这是一种客观的立法现象，不论在大陆法系还是英美法系都是存在的。基于我国刑法具有大陆法系的技术和理论特点，笔者将这些要素称为客观处罚条件。② 客观处罚条件尽管与我国传统四要件犯罪论体系龃龉不合，但阶层犯罪论体系在我国逐渐深入人心，影响力日益增强，借"客观处罚条件"这一概念来解释客观存在的立法现象，已经具备了较为成熟的理论背景和话语环境。

（4）故意说的具体展开。

笔者主张污染环境罪的罪过形式是故意。与前述故意说不同的是，故意的认识和意志内容针对的是"违反国家规定，排放、倾倒、处置污染物的行为和污染环境的结果"；"严重污染环境"是污染环境罪的成立条件，但不是故意的认识和意志内容，行为人也不必对"严重污染环境"（包括致人重伤、公私财产损失、改变环境现状等）有认识可能性，只要具备了"严重污染环境"的条件，即对行为人定罪处罚，否则，就只能作为行政违法行为进行处理；如果有证据表明行为人对"严重污染环境"的某些情形持"故意或者过失"的心理态度且危害了公共安全时，则应按照污染环境罪与危害公共安全罪的想象竞合犯从一重处断。

首先，这一观点符合前述确定罪过的基本规则。对于污染环境罪的基本构成而言，"严重污染环境"并不是故意的认识和意志内容，只是客观处罚条件，因此，构成要件行为及其罪过与对应的法定刑符合罪刑相适应的要求，客观处罚条件的存在也不违背责任主义的要求；既然《刑法》第

---

① 参见吴情树：《客观处罚条件研究：构成要件抑或处罚条件》，北京：社会科学文献出版社 2015 年版，第 115 页。

② 张明楷教授基于我国传统的四要件犯罪论体系，将这些要素称为客观超过要素。参见张明楷：《刑法分则的解释原理》（第二版）（上），北京：中国人民大学出版社 2011 年版，第 473 页。

338 条的罪状中没有关于过失犯的文理表述，那么污染环境罪就应该是故意犯；在刑法修正前，"造成重大环境污染事故"是行为人主观认识的内容，行为人因为疏忽大意没有认识到时，成立疏忽大意的过失，行为人认识到而轻信能够避免时，成立过于自信的过失。刑法修正后，尽管罪过形式由过失变成了故意，但这并不意味着对罪过的要求提高了，因为对于"严重污染环境"的结果，既不需要行为人有过失心态，也不需要行为人有故意心态，这并没有提高认定犯罪的难度，反而是降低了对罪过的要求，符合降低入罪门槛的修法精神。

其次，这一观点也可以得到司法实践的印证。实证研究表明，大部分污染环境罪的判决均回避论述主观要件，只有 2% 左右的判决书中明确将该罪的主观要件认定为故意或者过失。[①] 这表明，绝大部分判决都未对行为人对"严重污染环境"这一要素的心理态度进行证明，而是将其作为一个决定被告的污染行为是否构成犯罪的条件来对待，这符合本书将"严重污染环境"作为客观处罚条件的观点。从司法实践中污染环境犯罪的实际形态看，当然是既有故意犯罪形态，也有过失犯罪形态，而按照本书的观点，"严重污染环境"不是故意、过失的认识内容，因此，将污染环境罪确定为故意犯后，实质上包含了行为人对"严重污染环境"这一结果持故意和过失心态的情形。质言之，不论对"严重污染环境"持故意还是过失心态，均构成作为故意犯的污染环境罪。这避免了故意说和过失说导致的故意和过失污染环境时定不同罪名的尴尬。

再次，这一观点也符合司法解释对污染环境罪罪过形式的界定。尽管学界关于污染环境罪的罪过形式存在争议，但事实上司法解释已经将污染环境罪确定为故意犯罪。2016 年《解释》第 7 条规定了污染环境罪的共同犯罪，而根据《刑法》第 25 条规定，只有故意犯罪才可能成立共同犯罪。2019 年《座谈会纪要》第 2 条关于犯罪未遂的规定和第 3 条关于主观过错的认定，都表明司法解释也认为污染环境罪是故意犯。不过，司法解释并

[①] 参见晋海、王颖芳：《污染环境罪实证研究——以中国裁判文书网 198 份污染环境罪裁判文书为样本》，《吉首大学学报（社会科学版）》2015 年第 4 期。

未表明污染环境罪犯罪故意的认识内容是什么，而按照本书的观点，"严重污染环境"不是故意的认识内容。

最后，以这一观点为基础，应根据司法解释对"严重污染环境"的解释，对具体案件中的具体情形作出相应的处理。2016年《解释》第1条对"严重污染环境"具体情形的解释，大致可分为两类，一类是与不法、有责无关的情形，这种情形不是故意的认识内容，即便行为人对此有认识，也不会升高不法、有责的程度，例如第五、六、七、八项规定情形；另一类是与不法、有责有关的情形，例如除第五、六、七、八项情形之外的其他情形，这些情形也不是故意的认识内容，但有证据证明行为人对此持故意、过失心态，且该行为危害公共安全时，则行为人的行为也触犯了投放危险物质罪或者过失投放危险物质罪，对此，应按照想象竞合犯的处断原则，从一重处断。

4. 结语

法律"文本是一个开放的宇宙"[①]，但不是混乱的宇宙；文本中蕴含着许多可能性，教义学研究的任务就是依据一定的精神和逻辑将可能性变为确定性，以为司法实践提供明确的指引。司法解释已将污染环境罪确定为故意犯，但并没有说明故意的内容为何，导致司法实践面对"过失的"污染环境犯罪时无所适从，这是司法实践中污染环境罪罪过形式适用混乱的主要原因。本部分的研究明确了污染环境罪是故意犯，并进一步说明"严重污染环境"是客观处罚条件而不是故意的认识内容，行为人也不须对之有认识可能性，如此，司法机关可大大方方地将"故意"和"过失"（针对"严重污染环境"的心态）污染环境的行为按照故意犯的污染环境罪处理，进而终结污染环境罪罪过形式适用混乱的局面。

---

① 参见［意］安贝托·艾柯等著，王宇根译：《诠释与过度诠释》，北京：生活·读书·新知三联书店2005年版，第41页。

（五）犯罪形态

1. 未遂形态

2019 年《座谈会纪要》中"关于犯罪未遂的认定"部分规定：对于行为人已经着手实施非法排放、倾倒、处置有毒有害污染物的行为，由于有关部门查处或者其他意志以外的原因未得逞的情形，可以污染环境罪（未遂）追究刑事责任，从而肯定了污染环境罪存在未遂。但《座谈会纪要》并没有给司法实践提供明确的认定标准，司法机关在认定犯罪未遂方面还是非常谨慎的。

要肯定污染环境罪的未遂形态，理论上必须对污染环境罪未遂的成立范围和类型作出合理的论证和说明。

首先，2016 年《解释》对"严重污染环境"所解释的 18 种情形，是犯罪的成立条件。2016 年《解释》第 1 条所规定的"严重污染环境"的 18 种情形，被 2017 年最高人民检察院、公安部《关于公安机关管辖的刑事案件立案追诉标准的规定（一）的补充规定》第十条完全接受，说明《解释》中的 18 种情形是犯罪的成立条件，只有具备这些情形时，才能成立犯罪。因此，对于"严重污染环境"而构成污染环境罪这种类型来说，只有犯罪是否成立的问题，不存在成立未遂犯的情况。

其次，根据轻罪没有未遂的观点，"严重污染环境"类型的污染环境罪，只有犯罪是否成立的问题，而没有未遂的问题。在大陆法系，关于未遂犯的成立范围，存在三种立法例，其一是所有的故意犯罪都有未遂犯；其二是只有重罪才有未遂犯；其三是刑法分则规定处罚未遂犯的情况下才成立未遂犯。[①] 我国《刑法》第 23 条关于未遂犯规定的文字表述，表面上看，是采取了第一种立法例，但从解释论和司法实践看，未遂犯的处罚具有例外性，质言之，在我国，只有故意犯的重罪才有未遂。而理论上一般把法定刑在三年以下有期徒刑的犯罪称为轻罪，法定刑在三年以上的犯

---

① 参见张明楷：《外国刑法纲要》（第二版），北京：清华大学出版社 2007 年版，第 261 - 262 页。

罪称为重罪。因此，对于污染环境罪而言，"严重污染环境"的情况只有成立犯罪的问题，没有未遂犯；只有"情节严重"（法定刑为"三年以上七年以下有期徒刑，并处罚金"）和法定的四种情形（法定刑为"七年以上有期徒刑，并处罚金"）才存在未遂犯的情形。

最后，污染环境罪的情节加重犯和结果加重犯，都可以成立未遂犯，在成立未遂犯的情况下，应适用情节加重犯和结果加重犯的法定刑，同时适用刑法总则关于未遂犯的量刑原则，确定宣告刑。我国传统刑法学认为结果加重犯和情节加重犯只有出现加重结果或者加重情节时，才适用加重法定刑，如果没有出现加重结果或者加重情节，就不适用加重法定刑，质言之，结果加重犯和情节加重犯只有是否成立的问题，不存在未遂犯。有学者认为，结果加重犯存在未遂，对于结果加重犯未遂，应适用加重法定刑和刑法总则关于未遂犯的规定；而情节加重犯的"情节"是量刑规则，而量刑规则不存在未遂，只有当案件事实完全符合某个量刑规定时，才能按照该规定量刑，以盗窃罪为例，如果盗窃数额巨大而未遂，只能认定为普通盗窃罪未遂，而不能认定为盗窃数额特别巨大的未遂。① 笔者不赞同这种观点，而是认为，不论是结果加重犯还是情节加重犯，都可能存在未遂犯，否则有违罪刑相适应的原则。根据 2016 年《解释》第 3 条的规定，对于污染环境罪而言，适用第二档法定刑的条件"情节严重"，实质上既包括了情节加重犯，也包括了结果加重犯，适用第三档法定刑的四种情形，也是如此。笔者认为，这些情况下成立未遂犯时，应该适用相应档次的法定刑，同时适用刑法总则关于未遂犯的量刑原则。

2. 共犯形态

2016 年《解释》第 7 条规定："明知他人无危险废物经营许可证，向其提供或者委托其收集、贮存、利用、处置危险废物，严重污染环境的，以共同犯罪论处。"根据这一规定，他人无危险废物经营许可证而进行有偿的危险废物处理活动，严重污染环境的，构成污染环境罪，而提供或者委托收集、贮存、利用、处置危险废物的行为人，应以共犯论处；同时，

---

① 参见张明楷：《刑法学》（第五版）（上），北京：法律出版社 2016 年版，第 119 页。

如果行为人受骗误以为行为人有危险废物经营许可证而实施了提供危险废物等前述行为，则因缺乏共同的犯罪故意，而不构成共同犯罪，由他人单独构成污染环境罪。

在单位犯罪中，或者在企业排污按照自然人共同犯罪处理的场合，对于在业务活动中参与排污的一般员工，是否应该按照污染环境罪的共犯论处，存在争论。这主要涉及理论上尚无定论的中立帮助行为的处罚范围的界定。所谓中立帮助行为，是指外表无害，但客观上对正犯行为起帮助作用的行为。国外刑法理论上一般称为"外部中立的行为""日常生活行为""职业典型行为""正常业务行为""中立行为""中立帮助行为"等。[①] 关于中立帮助行为的处罚范围，主观说认为如果行为人知道正犯要实施犯罪而提供帮助，或者意图通过自己的援助行为积极推动犯罪结果的发生，应认定帮助犯成立，而间接故意实施的帮助行为不成立帮助犯；客观说认为职业范围内的行为，或者与职业相当的行为，应排除在帮助犯之外，反之，超出业务范围的行为，在主观上有故意时成立帮助犯；折中说认为须将客观要素和主观要素联系起来进行判断：如果行为人通过相应的援助行为有意识地直接促进犯罪，或者援助行为本身虽然是合法的，但行为人明知该行为的唯一目的是犯罪时，就认定为帮助犯。[②] 各种学说内部存在不同的主张，但毋庸置疑，某些所谓的折中说与主观说实质上是相同的，即中立帮助行为客观上为正犯行为提供了帮助、主观上具有直接故意的犯罪心态时，即成立帮助犯。

对于中立帮助行为的可罚性，我国刑法和司法实践大体采取了折中说的观点。如：《刑法》第 156 条规定：与走私罪犯通谋，为其提供贷款、资金、账号、发票、证明，或者为其提供运输、保管、邮寄或者其他方便的，以走私罪的共犯论处；2001 年最高人民法院、最高人民检察院《关于办理生产、销售伪劣商品刑事案件具体应用法律若干问题的解释》第 9 条规定：知道或者应当知道他人实施生产、销售伪劣商品犯罪，而为其提供

---

① 参见陈洪兵：《中立的帮助行为论》，《中外法学》2008 年第 6 期。
② 参见陈洪兵：《中立行为的帮助》，北京：法律出版社 2010 年版，第 71 页。

贷款、资金、账号、发票、证明、许可证件，或者提供生产、经营场所或者运输、仓储、保管、邮寄等便利条件，或者提供制假生产技术的，以生产、销售伪劣商品犯罪的共犯论处；2019 年最高人民法院、最高人民检察院、公安部、司法部《关于办理"套路贷"刑事案件若干问题的意见》第 5 条规定：明知他人实施"套路贷"犯罪，提供资金、场所、交通工具等帮助的，协助办理公证的等，以相关犯罪的共犯论处。总之，只要客观上为正犯行为提供了帮助，主观上有犯罪故意，则成立帮助犯。依据这一标准，中立帮助行为的可罚性范围是很宽泛的。

笔者认为，中立帮助行为的可罚性需要根据以下几个标准来确定：第一，如中立帮助行为的概念所揭示的，中立帮助行为必须外观上是"无害的"，换言之，行为是一种正当业务范围内的行为，或者是日常生活行为。如果行为本身就是一种不法行为，行为人故意实施该行为时，就难以认为是中立帮助行为。第二，主观上行为人必须明知正犯必然实施犯罪，如果行为人在实施正当业务行为或者日常生活行为时，虽然认识到正犯可能实施犯罪，但并不确定时，其行为的正当业务性质和日常生活性质，就可以阻却其行为的犯罪性。这一主张与上述折中说或者主观说不同的地方在于：强调行为人犯罪故意的认识因素，而非意志因素，即只有行为人认识到正犯必然实施犯罪的情况下，为正犯行为提供了帮助，才可成立帮助犯；如果行为人只是在认识到正犯可能实施犯罪的情况下，为正犯行为提供了帮助，就不能认定为帮助犯。例如，出租车司机在运营时，乘客明白表示送到某地杀人，司机的运送行为就构成帮助犯；但如果乘客只是外表凶神恶煞，但并未明确表示将要实施犯罪时，司机虽然怀疑乘客可能要实施犯罪但仍运送乘客的行为，在乘客实施犯罪的情况下，就不能成立帮助犯。

显然，在污染环境罪中，不能将污染企业的职工全部作为共犯加以处罚，而是应该从上述客观和主观两个方面加以认定。有学者认为，对于受指使运输、倾倒危险废物的司机和受雇加工产品并排放污水的雇工不应作为共犯处罚。① 但是，运输、倾倒危险废物和排放污水本身并不具有"外观上的无害性"，即该行为本来就是不法行为，在行为人具有罪过心态时，当然应按照共犯处罚。如果司机和雇工的运输、倾倒、排放行为是正常的业务行为，但司机和雇工不知排污许可证已过期，或者不明知肯定超标排放，则司机和雇工的相关行为就属于不可罚的中立帮助行为，不应按照共犯处罚。实务中尤其要注意的是，要避免客观归罪，不仅不应该把不具有故意的污染环境行为认定为犯罪，也不应该把不"明知"其行为"肯定"有社会危害性的行为，认定为具有可罚性的帮助行为，从而按照共犯处罚。

3. 竞合形态

2016 年《解释》第 6 条和第 8 条规定了污染环境罪的想象竞合犯情形。其中第 6 条规定了污染环境罪与非法经营罪的竞合，第 8 条规定了污染环境罪与非法处置进口的固体废物罪、投放危险物质罪的竞合。2019 年的《座谈会纪要》又对此两种犯罪竞合在认定时应注意的问题作了规定。

与非法经营罪的竞合主要是指，行为人无危险废物经营许可证从事收集、贮存、利用、处置危险废物的经营活动，严重污染环境的，按照污染环境罪定罪处罚；同时构成非法经营罪的，依照处罚较重的规定定罪处罚，这是指想象竞合犯的情况。《座谈会纪要》要求在认定中从两个方面加以把握：一是对行为人非法经营危险废物行为的社会危害性作实质性的判断。如果一些单位或者个人虽未依法取得危险废物经营许可证，但其收集、贮存、利用、处置危险废物的经营活动，没有超标排放污染物、非法倾倒污染物或者其他违法造成环境污染情形的，则不宜以非法经营罪论处。二是对行为人非法经营危险废物的行为根据其在犯罪链条中的地位、作用综合判断其社会危害性。如果行为人或者与其联系紧密的上游或者下游环节具有排放、倾倒、处置危险废物造成环境污染情形的，且交易价格明显异常的，对行为人可以根据案件具体情况在污染环境罪和非法经营罪中，择一重罪处罚。按照《座谈会纪要》的要求，第一，无危险废物经营

---

① 参见陈洪兵：《解释论视野下的污染环境罪》，《政治与法律》2015 年第 7 期。

许可证而从事危险废物经营活动，只有在污染环境的情况下，才构成非法经营罪；严重污染环境时，才构成污染环境罪并与非法经营罪形成想象竞合犯。第二，在非法经营危险废物的链条中，不管是否直接从事排放、倾倒、处置危险废物污染环境的行为，只要是该链条上的一个环节，都可能构成污染环境罪，并与非法经营罪形成想象竞合犯。

与非法处置进口的固体废物罪、投放危险物质罪的竞合是指：违反国家规定，排放、倾倒、处置含有毒害性、放射性、传染病病原体等物质的污染物，同时构成污染环境罪、非法处置进口的固体废物罪、投放危险物质罪等犯罪的，依照处罚较重的规定定罪处罚。《座谈会纪要》强调了要加强对污染环境罪与投放危险物质罪的竞合的适用，认为应从主观恶性，污染行为恶劣程度，污染物的毒害性、危险性，污染持续时间，污染结果是否可逆，是否对公共安全造成现实、具体、明确的危险或者危害等各方面因素综合判断，对于污染环境行为造成重大人员伤亡、重大公私财产损失等严重后果，以污染环境罪论处不足以罚当其罪的，可以按投放危险物质罪定罪量刑；并指出构成投放危险物质罪主要是指向饮用水水源保护区，饮用水供水单位取水口和出水口，南水北调水库、干渠、涵洞等配套工程，重要渔业水体以及自然保护区核心区等特殊保护区域，排放、倾倒、处置毒害性强的污染物，危害公共安全并造成严重后果的情况。笔者认为，严重污染环境的行为是否构成投放危险物质罪，关键在于是否危害公共安全。投放危险物质罪一般表现为投放危险物质的行为直接危害公共安全，污染环境罪是通过直接向环境中排放、倾倒、处置污染物的行为污染环境的，其对公共安全的危害是通过环境这个介质而发生的，如果已经造成了重大人员伤亡、重大公私财产损失等严重后果的，则可认定构成投放危险物质罪，如果没有造成危害公共安全的实害结果，认定构成投放危险物质罪要慎重。《座谈会纪要》列举的情形，实质是表明这些情形下的排放、倾倒、处置污染物的行为，具有侵犯公共安全的高度可能性。投放危险物质罪与污染环境罪的犯罪结构毕竟存在差别，即前者是通过环境这一介质而构成的，对于距离危害公共安全还很遥远的情形，实务中尤其要避免为了适用重刑而按照投放危险物质罪论处。

二、非法处置进口的固体废物罪

本罪侵犯的法益是环境法益。本罪的基本罪状分为两部分，其一是"违反国家规定"，其二是"将境外的固体废物进境倾倒、堆放、处置"。2008 年 6 月 25 日最高人民检察院、公安部发布的《关于公安机关管辖的刑事案件立案追诉标准的规定（一）》第 61 条规定："违反国家规定，将境外的固体废物进境倾倒、堆放、处置的，应予立案追诉。"因此，本罪的犯罪构造是行为犯，也是抽象危险犯。"违反国家规定"既可视为对违法性的强调，也可视为罪状第二部分的同位语，还可视为只具有语感的意义，即没有实质内容；在司法实践中，既不需要查明行为是否违反了某种行政法规，也不需要查明构成要件的行为是否得到了某种行政许可。换言之，"违反国家规定"不具有实体意义，即使删除，也不影响该罪的认定与适用。① 理由是《固体废物污染环境防治法》第 24 条规定："禁止中华人民共和国境外的固体废物进境倾倒、堆放、处置。"非法处置进口的固体废物罪基本罪状的第二部分表述的内容本身就具有违法性，而且与前置法中的表述完全相同。因此，"违反国家规定"的表述从实质上看，是可有可无的要素，并无实质意义；本罪的构成要件行为主要是"将境外的固体废物进境倾倒、堆放、处置"的行为。

本罪存在想象竞合犯的情况。实施本罪构成要件的行为，严重污染环境时，可能同时触犯了污染环境罪、投放危险物质罪，应作为想象竞合犯处理。司法解释对此作了规定。2016 年《解释》第 8 条规定："违反国家规定，排放、倾倒、处置含有毒害性、放射性、传染病病原体等物质的污染物，同时构成污染环境罪、非法处置进口的固体废物罪、投放危险物质罪等犯罪的，依照处罚较重的规定定罪处罚。"但如果排放、倾倒、处置的不是同一批污染物，例如排放的污染物严重污染了环境，同时还将境外

---

① 参见张明楷：《刑法分则的解释原理》（第二版）（下），北京：中国人民大学出版社 2011 年版，第 542 页。

的固体废物进境倾倒、堆放、处置，则应数罪并罚。

需要注意的是本罪的结果加重犯形态。本罪的结果加重犯表述为"造成重大环境污染事故，致使公私财产遭受重大损失或者严重危害人体健康的，处五年以上十年以下有期徒刑，并处罚金；后果特别严重的，处十年以上有期徒刑"。这一表述类似于第 338 条修正前的重大环境污染事故罪的结果要件。根据通说《刑法》中"事故"的表述表明的罪过心理是过失的观点，行为人对本罪加重结果的罪过心理只能是过失。由此产生的疑问是：如果行为人对"重大环境污染"的结果持故意心态时（至少间接故意是可能现实存在的），应如何处理？笔者的观点是：此时应按照非法处置进口固体废物罪和污染环境罪的想象竞合犯，从一重罪处罚。

三、擅自进口固体废物罪

本罪是过失犯。因为本罪的结果要件表明本罪是"事故类"犯罪。不过，传统通说观点却认为本罪是故意犯。① 这涉及对《刑法》第 15 条第 2 款"过失犯罪，法律有规定的才负刑事责任"以及《刑法》中"事故类"犯罪的罪过形式的理解。这个问题笔者在前文"污染环境罪"的"罪过形式"部分已有详论，此不赘述。不过，本罪确实是法定刑配置较重的过失犯，我国《刑法》中的过失犯法定最高刑一般是七年有期徒刑，但本罪的法定最高刑是十年有期徒刑，高于一般过失犯的法定刑配置。这也可解释为《刑法》对环境保护的重视。

从行为要件看，本罪必须是"擅自进口固体废物用作原料"；如果以原料利用为名，进口不能用作原料的固体废物、液态废物和气态废物的，则构成走私废物罪；如果进口不能用作原料的固体废物进境后倾倒、堆放、处置的，则构成走私废物罪和非法处置进口的固体废物罪的想象竞合犯，严重污染环境的，还构成污染环境罪，应从一重罪处罚。

---

① 参见高铭暄、马克昌主编：《刑法学》（第五版），北京：北京大学出版社、高等教育出版社 2011 年版，第 581 页。

第二节　资源破坏型环境犯罪

一、非法捕捞水产品罪

本罪的行为要件表现为：违反保护水产资源法规，在禁渔区、禁渔期或者使用禁用的工具、方法捕捞水产品，情节严重的行为。首先，在禁渔区、禁渔期或者使用禁用的工具、方法捕捞水产品，本身就具有违法性，因此，"违反水产资源法规"只是对构成要件行为违法性的强调，或者只是其后述行为的同位语，或者仅具有语感的意义，并不具有实质内容；司法实践中，也不须具体查明行为所违反的前置法及其内容。其次，在禁渔区、禁渔期或者使用禁用的工具、方法捕捞水产品，是选择性构成要件，只须具备其中一种行为即可构成本罪，同时具备时，也只能按一罪论处；但如果使用禁用的方法捕捞水产品，如使用炸鱼、毒鱼、电鱼等方法，危害公共安全的，应按照本罪与《刑法》第114条或者第115条规定之罪的想象竞合犯，从一重罪处断。最后，本罪是情节犯，只有"情节严重"才会构成犯罪。至于"情节严重"的标准，根据2016年8月1日最高人民法院《关于审理发生在我国管辖海域相关案件若干问题的规定（二）》第4条的规定，"情节严重"是指下列七种情形之一："（一）非法捕捞水产品一万公斤以上或者价值十万元以上的；（二）非法捕捞有重要经济价值的水生动物苗种、怀卵亲体二千公斤以上或者价值二万元以上的；（三）在水产种质资源保护区内捕捞水产品二千公斤以上或者价值二万元以上的；（四）在禁渔区内使用禁用的工具或者方法捕捞的；（五）在禁渔期内使用禁用的工具或者方法捕捞的；（六）在公海使用禁用渔具从事捕捞作业，造成严重影响的；（七）其他情节严重的情形。"值得注意的是，2020年12月17日最高人民法院、最高人民检察院、公安部、农业农村部发布的《依法惩治长江流域非法捕捞等违法犯罪的意见》规定了不同的"情节严重"标准，具体而言，具备下列五种情形即可认定为"情节严重"：

①非法捕捞水产品 500 公斤以上或者价值 1 万元以上的；②非法捕捞具有重要经济价值的水生动物苗种、怀卵亲体或者在水产种质资源保护区内捕捞水产品 50 公斤以上或者价值 1000 元以上的；③在禁渔区域使用电鱼、毒鱼、炸鱼等严重破坏渔业资源的禁用方法捕捞的；④在禁渔区域使用农业农村部规定的禁用工具捕捞的；⑤其他情节严重的情形。对比两种"情节严重"的标准可见，在长江流域实行的非法捕捞行为，构成犯罪的标准更低。为何要适用更低的犯罪认定标准，该解释的开篇对此作了说明，即"为依法惩治长江流域非法捕捞等危害水生生物资源的各类违法犯罪，保障长江流域禁捕工作顺利实施，加强长江流域水生生物资源保护，推进水域生态保护修复，促进生态文明建设"。这可视为刑事政策对犯罪成立的影响，即基于特定的预防犯罪的需要，将某些一般情况下还不构成犯罪的行为，认定为犯罪；预防犯罪的需要对出入罪的影响，类似于罗克辛将需罚性引入犯罪论的责任（答责性）阶层；所不同者，罗克辛是在答责性阶层考虑预防的必要性，而我国的这种处理方式，是通过对构成要件要素的解释来实现的。

本罪的主观要件是故意。故意的内容包括对违反保护水产资源法规，在禁渔区、禁渔期或者使用禁用的工具、方法捕捞水产品，且情节严重的认识，因为对行为的性质、时间、地点、方法等的认识，已经包含了对违法性的认识，因此，也就已经包含了对"违反保护水产资源法规"的认识。对"情节严重"的认识，只要认识到不是性质轻微的非法捕捞水产品行为即可，而不要求认识到司法解释所要求的具体数量或者价值。

二、危害珍贵、濒危野生动物罪

危害珍贵、濒危野生动物罪，是指非法猎捕、杀害国家重点保护的珍贵、濒危野生动物，或者非法收购、运输、出售国家重点保护的珍贵、濒危野生动物及其制品的行为。

（一）犯罪构成

1. 客观构成要件

本罪的客观构成要件是非法猎捕、杀害国家重点保护的珍贵、濒危野生动物，或者非法收购、运输、出售国家重点保护的珍贵、濒危野生动物及其制品的行为。①猎捕是指狩猎、捕获，杀害是指猎杀，不包括伤害行为。②根据 2000 年最高人民法院《关于审理破坏野生动物资源刑事案件具体应用法律若干问题的解释》第 1 条的规定，珍贵、濒危野生动物包括列入国家重点保护野生动物名录的国家一、二级保护野生动物，列入《濒危野生动植物种国际贸易公约》附录一、附录二的野生动物以及驯养繁殖的上述物种。据此，驯养繁殖的规定物种也属野生动物。珍贵、濒危野生动物及其制品是指珍贵、濒危野生动物的整体（含卵、蛋）及其衍生物。③根据上述司法解释第 2 条的规定，收购包括以营利、自用等为目的的购买行为；运输包括采用携带、邮寄、利用他人、使用交通工具等方法进行运送的行为；出售包括出卖和以营利为目的的加工利用行为。这一解释中，将以营利为目的的加工利用行为解释为出售，是扩张解释还是类推解释，值得商榷，笔者认为这一解释已经超出了"出售"一词的客观含义射程，有违反罪刑法定之嫌。④上述行为都必须具有非法性，如果不具有非法性，也不符合构成要件。例如，在面临野生动物侵袭的情况下杀死野生动物的行为，应属于紧急避险行为，阻却不法构成要件。

2. 主观构成要件

本罪的主观构成要件是故意。故意的内容是明知是国家重点保护的珍贵、濒危野生动物而猎捕、杀害，或者明知是珍贵、濒危野生动物及其制品而收购、运输、出售。根据 2014 年 4 月 24 日全国人大常委会《关于〈中华人民共和国刑法〉第三百四十一条、第三百一十二条的解释》的规定，知道或者应当知道是国家重点保护的珍贵、濒危野生动物及其制品，为食用或者其他目的而非法购买的，属于非法收购国家重点保护的珍贵、濒危野生动物及其制品的行为。需要注意的是，这里的"应当知道"不能与《刑法》第 15 条过失犯罪中的"应当知道"等量齐观。《刑法》第 15

条中的"应当知道"是关于无认识过失的规定，即行为人实际上并不知道，但司法解释中规定的"应当知道"，应当解释为"推定知道"，否则就会导致将过失解释为故意的不合理甚至不合法结论。还须注意的是，作为故意认识内容的珍贵、濒危野生动物，是规范的构成要件要素，行为人对规范构成要件要素的认识，并不要求认识到该要素的规范含义，易言之，并不要求行为人认识到该野生动物是列入国家重点保护野生动物名录的国家一、二级保护野生动物，列入《濒危野生动植物种国际贸易公约》附录一、附录二的野生动物以及驯养繁殖的上述物种，但需要行为人认识到该野生动物并非寻常的、可随意捕杀、收购、运输、出售的野生动物，如果不能证明行为人的认识达到这一程度，就不能认定行为人具有犯罪故意。为什么如此主张？这主要涉及《刑法》中大量存在的规范要素及其对故意认定的影响的问题。

（二）规范的构成要件要素及故意的认定

本罪中"国家重点保护的珍贵、濒危野生动物"是规范的构成要件要素。规范的构成要件要素的存在，会影响本罪犯罪故意的认定。

记述的构成要件要素和规范的构成要件要素是刑法中普遍存在的两种构成要件要素。只需要进行事实判断、知觉的、认识的活动即可确定其含义，进而确定该要素与案件事实的对应关系的要素是记述的构成要件要素，需要法官规范的评价活动和价值判断、价值补充方能确定其含义及其与案件事实对应关系的要素是规范的构成要件要素。[①] 从学说史上看，在古典犯罪论体系（贝林—李斯特体系）时期，受自然科学实证主义的影响，构成要件被认为是纯粹记述的要素。这一体系提出不久就受到迈耶等学者的质疑，因为他们从罪刑规范中发现了主观的要素和需要法官进行价值判断的要素。随后，受新康德主义影响而建立起来的价值哲学和法学方法二元论，认为物（自然界）本身没有意义，是一团混乱，从物当中无法

---

① 参见［德］汉斯·海因里希·耶赛克、托马斯·魏根特著，徐久生译：《德国刑法教科书（总论）》，北京：中国法制出版社 2001 年版，第 229－330 页。

产生概念、无法产生规则，一切的概念、体系、规则当然都是人类思想的产物，概念、规则只能从人的理性当中产生，所以规范的形成过程和物的本身是不相干的，规范体系和物的存在结构是两个无法互通的体系，规范只能从规范当中形成，不能从客观现实的存在构造当中形成。① 建立在这一哲学基础上的新古典犯罪论体系认为犯罪论体系是关于犯罪构成事实的认知体系，是一种价值评价体系，而非纯粹客观的记述性描述，规范的构成要件要素就是这一价值评价的具体体现。至此，规范的构成要件要素在犯罪论体系中普遍存在的这一观念在大陆法系刑法理论中得以确立。德国学者麦茨格尔将规范的构成要件要素分为三类：一是法律的评价要素，即需要参照刑法以外的其他法律领域中的法的评价的构成要件要素，如未成年人、律师等；二是一般社会的、文化的评价要素，即要求参照法律以外的伦理的、社会的、经济的等一般文化性质的评价的构成要件要素，如猥亵、侮辱、淫秽等；三是量的评价要素，即为了确定界限，法官必须进行量的评价的构成要件要素，如公然、微薄的价值等。② 对照这一分类标准，我国刑法中存在大量的规范要素，如枪支、假药、猥亵、侮辱、情节严重、数额较大、足以，等等。

有时，记述要素与规范要素之间并不存在明确的界线。德国学者罗克辛指出：在描述性的与规范性的特征的通常定义中，很难出现纯粹的描述性或者规范性的情形，在可疑的情形下，应当根据各种刑法规定的保护目的以及规范的标准进行解释。③ 同一词汇，视其系出于规范性陈述的脉络中，抑或出现在事实性陈述之内，可能会有不同的涵义。④ 易言之，罪刑规范中的同一语词，作为记述要素或者规范要素来理解和适用，会产生不同的法效果。例如，我国《刑法》第 388 条之一利用影响力受贿罪的构成要件中，"关系密切"是一个构成要件要素，如果将该要素作为记述的要

---

① 参见许玉秀：《当代刑法思潮》，北京：中国民主法制出版社 2005 年版，第 128－129 页。

② 参见张明楷：《刑法学》（第五版），北京：法律出版社 2016 年版，第 121－122 页。

③ 参见［德］克劳斯·罗克辛著，王世洲译：《德国刑法学总论（第 1 卷）》，北京：法律出版社 2005 年版，第 201 页。

④ 参见［德］卡尔·拉伦茨著，陈爱娥译：《法学方法论》，北京：商务印书馆 2003 年版，第 81 页。

素，则在"其他与该国家工作人员关系密切的人"这一用语中，"行为人与国家工作人员互相认识"必然是"关系密切"的事实特征。如此理解构成要件，则在案件"被告人 A 与 B 关系密切，B 与国家工作人员 C 关系密切，但 A 与 C 互不相识，A 收受请托人甲的财物后，通过 B 向 C 打招呼的方式，利用 C 的职务行为，为请托人甲谋取了不正当利益"中，因为 A 与 C 互不相识，不具备"关系密切"的事实特征，因此 A 不构成利用影响力受贿罪。但是，如果将"关系密切"视为一种规范的构成要件要素，其规范含义或者标准是"足以对国家工作人员职务行为施加影响力"，则在利用影响力受贿罪案件中，行为人 A 和国家工作人员 C 是否认识，并不是"关系密切"的必要条件，上案中 A 虽然并不认识 C，但因其通过 B 足以影响 C 的职务行为，应将其评价为与国家工作人员 C"关系密切"的人，其行为构成利用影响力受贿罪。显然，只有将利用影响力受贿罪中的"关系密切"视为规范的构成要件要素，才更有利于保护"国家工作人员职务行为的公正性"这一法益，换言之，只有如此解释，才更符合该罪名的立法目的，不会造成处罚上的漏洞。

规范的构成要件要素是一个重要的分析工具，其意义和司法适用并未引起我国学界和司法实务的足够重视，这是一些理论研究陷入困境和具体案件处理背离国民期待的重要原因。具体来说，就是在犯罪故意的认定中，对规范要素的认识不同于记述要素的认识，前者只需认识到案件事实，就能认识到该事实的社会意义，因而可以认定犯罪故意的成立，但后者不仅需要认识到案件事实，还需要认识到规范要素背后的价值信息，才能确定犯罪故意的成立。否则，就容易导致客观归罪。

对于规范要素的认识需要认识到的内容，张明楷教授认为：对于法律的评价要素，只要行为人认识到作为评价基础的事实，一般就能够认定行为人认识到了规范的要素；对于经验法则的要素，只要行为人认识到了作为判断基础或者判断资料的事实，原则上就应当认定行为人认识到了符合规范的构成要件要素的事实；对于社会的评价要素，则须根据德国学者麦茨格尔在宾丁之后发展和完善的"行为人所属外行人领域的平行评价"理论来认定，即只要行为人以自己的认识水平理解了具体化在规范要素中的立法者的评价即可。① 笔者认为，既然规范要素是包含价值判断的要素，对规范要素的认识，就需要认识到规范要素背后立法者的价值观信息，质言之，需要认识到具体化在规范要素中的立法者的评价或者价值观，才能认定故意成立。例如，在非法持有枪支罪中，枪支是法律的评价要素，枪支的法律定义是"以火药或者压缩气体等为动力，利用管状器具发射金属弹丸或者其他物质，足以致人伤亡或者使人丧失知觉的各种枪支"②，对于非法持有枪支罪的犯罪故意的认定来说，不需要行为人认识到枪支的这一法律定义，但需要行为人认识到其持有的是足以致人伤亡或者丧失知觉的枪支，或者说需要认识到其持有的是对公共安全构成威胁的枪支，如果没有认识到这一点，就不能认为有非法持有枪支的犯罪故意。再如，在传播淫秽物品罪中，淫秽是社会的、文化的评价要素，对于传播淫秽物品罪的犯罪故意的认定来说，需要行为人认识到其传播的是关于色情或者色情描述的不健康物品，如果一个艺术家因为穷困潦倒而出售自己收藏的女性裸体艺术照，就不能认为行为人具有贩卖淫秽物品的犯罪故意，根据"行为人所属外行人领域的平行评价"理论，艺术家认为自己出售的是艺术品而不是淫秽物品，因而不能认为其有贩卖淫秽物品的犯罪故意。

在危害珍贵、濒危野生动物罪中，珍贵、濒危野生动物是客观构成要件要素，也是规范要素中社会的、文化的评价要素（也可谓量的评价要素）。该罪犯罪故意的成立，需要行为人认识到该要素事实。笔者认为，规范要素认识的本质是，需要行为人认识到具体化在规范要素中的立法者的评价，抑或是，具体化在规范要素中的立法者的价值观。站在普通人的立场，对于珍贵、濒危野生动物而言，就是需要行为人认识到其猎捕、杀害、收购、运输、出售的不是平常的野生动物，而是受到法律保护的野生动物，非经许可不能随意猎捕、杀害或者收购、运输、出售。如果行为人没有认识到这一点，就不能认为成立犯罪故意。

在阶层犯罪论体系的语境下，也有可能存在以下观点，即没有认识到

---

① 参见张明楷：《刑法学》（第五版）（上），北京：法律出版社 2016 年版，第 259 – 260 页。
② 参见《中华人民共和国枪支管理法》第 46 条。

野生动物被国家相关法律法规列为珍贵、濒危野生动物，不是构成要件的认识错误，而是违法性认识错误（禁止的错误），因此，这种错误认识，不阻却故意的成立，只阻却责任。笔者不认同这种观点，因为珍贵、濒危野生动物是规范要素，如果行为人没有认识到规范要素的实质内容（立法者通过这一语词传递或者表达的价值信息），犯罪故意就不能成立，而不能认为是违法性认识错误。

（三）罪数的认定

根据《刑法》第155条的规定，行为人直接向走私人非法收购国家禁止进口的珍贵动物及其制品的，在内海、领海、界河、界湖运输、收购、贩卖国家禁止进出口的珍贵动物及其制品的，非法将珍贵动物及其制品运输出境的，构成走私珍贵动物、珍贵动物制品罪，不构成危害珍贵、濒危野生动物罪；对于非法猎捕、杀害珍贵、濒危野生动物，或者收购珍贵、濒危野生动物及其制品后，又走私出境的，或者先走私珍贵动物及其制品入境，后实施杀害行为或者出售行为的，应以走私珍贵动物、珍贵动物制品罪与危害珍贵、濒危野生动物罪数罪并罚。

使用爆炸、投毒、设置电网等危险方法破坏珍贵、濒危野生动物资源，构成危害珍贵、濒危野生动物罪，非法狩猎罪和爆炸罪，投放危险物质罪或者以危险方法危害公共安全罪的，按照想象竞合犯从一重罪处断。

（四）热点案例评析

据媒体报道，2020年9月，徐州铁路警方查获一起贩卖费氏鹦鹉案，犯罪嫌疑人王某系河南商丘鹦鹉养殖户，以每对25元的价格将30只费氏鹦鹉销售给了当地鸟店经营者田某，田某又将上述鹦鹉连同自己从他处收购的14只，共计44只费氏鹦鹉，以每对35元的价格转售给新沂市鹦鹉养殖户刘某。随后警方又在王某家中起获147只同类型鹦鹉。经鉴定，涉案鹦鹉均属于《濒危野生动植物种国际贸易公约》附录二所列费氏鹦鹉，被核准为国家二级重点保护野生动物而禁止交易。10月3日和11月6日，江苏省新沂市警方将3名犯罪嫌疑人移送徐州铁路运输检察院（集中管辖徐州市环境资源类检察案件，以下简称：徐州铁检院）审查并批准逮捕。

办案检察官发现，根据最高人民法院 2000 年发布的《关于审理破坏野生动物资源刑事案件具体应用法律若干问题的解释》规定，非法交易珍贵、濒危野生动物，在定罪量刑上未区分人工繁育野生动物与野外种群，王某、田某和刘某均构成危害珍贵、濒危野生动物罪。按照规定，非法交易 10 只费氏鹦鹉，法定刑为十年以上有期徒刑。但王某实际卖出 30 只费氏鹦鹉价值不足 400 元，获利更是微乎其微，如果最终被判重刑，显然对于离异后带着一个患病女儿生活的王某来说，是一场灾难，也与社会大众朴素的正义观不符。徐州铁检院在办案中还了解到，王某所在商丘市对费氏鹦鹉的人工繁育历史已有 20 余年，且技术成熟、已成规模，从孵化、养殖、防疫到检疫、运输、销售，已形成了完整产业链，是当地不少群众脱贫致富的途径。

2021 年 2 月至 3 月，江苏省检察院、徐州市人民检察院、徐州铁检院开展了广泛深入的专题调研。在此基础上，徐州铁检院通过专门举行公开听证会，初步形成了定罪轻缓处理和不认为是犯罪两种意见，并逐级向徐州市检察院、江苏省检察院请示。2021 年 4 月 2 日，国家林业草原局发函，决定在河南省先行对费氏鹦鹉开展专用标识管理试点，对确属人工繁育的、来源合法的费氏鹦鹉，加载专用标识后，凭标识销售、运输。2021年 6 月 24 日，徐州市检察院召开专家论证会，就此案社会危害性进行论证。专家们认为，费氏鹦鹉人工种群已经具有规模、技术成熟，对人类和野外种源未发现有危害性，终端买家购买也仅是为了养宠观赏，不宜作为刑事犯罪打击。

最终，江苏省三级检察院 2021 年在办理王某等 3 人非法交易费氏鹦鹉案过程中，能动司法，对原本可能要判处十年以上有期徒刑的 3 名犯罪嫌疑人作出绝对不起诉决定，受到最高人民检察院充分肯定，认为江苏检察机关在办理此案中，综合考量法理情，让司法既有力度又有温度，实现"三个效果"有机统一，并以此案为依托，推动"两高"修改动物资源类司法解释，体现良法善治，回应人民群众期待，厚植党的执政根基。①

笔者认为，江苏省三级检察院对该案件的处理，是一种个案式处理方式，办理过程中投入了巨大的人力、物力资源，案件的处理结果符合立法精神和正义的要求。但这种实现个案正义的方式，未必符合程序正义的要求，在司法机关案多人少的大背景下，这种方式也不符合经济和效率的要求，对类似案件的处理借鉴意义不大，是难以为继的。

笔者倡导一种法治框架内的处理机制。这一机制包括两个方案或者选择：第一个方案是构成要件内的处理机制。这一机制包括两个部分，其一是实体法范畴内承认规范要素的认识和记述要素的认识对犯罪故意的成立具有不同的意义，因为珍贵、濒危野生动物是规范要素，所以危害珍贵、濒危野生动物罪的成立，需要行为人认识到其收购、运输、出售的是具有相当价值和法律禁止个人收购、运输、出售的野生动物；其二是在程序法的范畴内，需要办案机关收集证据证明行为人的犯罪故意，比如在行为人所在社区调查一般公众对该野生动物的认识水平，一般公众是否了解法律禁止个人收购、运输、出售，在本案中，在当地已经形成了成熟的养殖市场和产业链的情况下，认定犯罪故意的成立更应该慎重。如果不能认定行为人具有犯罪故意，当然应该作出法定不起诉决定。实体法上关于规范要素认识的教义学要求，配合程序法上对犯罪故意认定的证据法支持，就可以形成此类案件稳定的法治化办理机制。

第二个方案是违法性错误的处理机制。根据阶层犯罪论的通说观点，不可避免的违法性错误是阻却责任的要素，如果行为人对不法事实产生了不可避免的违法性认识错误，则行为人没有责任，其行为不构成犯罪。在本案中，"王某所在商丘市对费氏鹦鹉的人工繁育历史已有 20 余年，且技术成熟、已成规模，从孵化、养殖、防疫到检疫、运输、销售，已形成了完整产业链，是当地不少群众脱贫致富的途径"。这说明：在长达 20 余年的时间里，类似王某等 3 人出售费氏鹦鹉的行为在当地经常发生，即便王

---

① 参见丁国峰、卢志坚：《江苏能动检察妥处"鹦鹉案" 为司法解释完善提供案例样本》，《法治日报》2022 年 4 月 29 日。

某等人认识到该行为可能具有社会危害性（有犯罪故意），但因该行为经常发生而未被追究，使得王某等人对其行为的违法性产生了不可避免的禁止错误。因此，王某等人的行为不构成危害珍贵、濒危野生动物罪。

三、非法狩猎罪

非法狩猎罪，是指违反狩猎法规，在禁猎区、禁猎期或者使用禁用的工具、方法进行狩猎，破坏野生动物资源，情节严重的行为。

（一）构成要件

本罪的罪状表明，本罪的保护法益是野生动物资源。对构成要件的理解和掌握，应从以下三个方面展开：首先，"违反狩猎法规"并不具有实质意义，只是为了语感或者为了强调构成要件行为的违法性而做的一种表达，因为作为构成要件行为的"在禁猎区、禁猎期或者使用禁用的工具、方法进行狩猎，破坏野生动物资源"本身就是违反狩猎法规的行为，本身即具有违法性；司法实践中，并不需要另外查明行为人违反了狩猎法规的什么规定。传统刑法学将"违反狩猎法规"解释为本罪的前提条件，是对罪状和构成要件的表面解读。[①] 其次，禁猎区是国家对适宜野生动物生息繁衍或者资源贫乏、破坏严重的地区，划定禁止狩猎的区域；禁猎期是指国家野生动物行政管理部门根据野生动物的繁殖或者皮毛、肉食、药材的成熟季节，分别规定的禁止狩猎的期间；禁用的工具是指足以破坏野生动物资源，危害人兽安全的工具；禁用的方法是指禁止使用的损害野生动物资源正常繁殖、生长以及破坏森林、草原等的方法。《中华人民共和国野生动物保护法》第 24 条规定：禁止使用毒药、爆炸物、电击或者电子诱捕装置以及猎套、猎夹、地枪、排铳等工具进行猎捕，禁止使用夜间照明行猎、歼灭性围猎、捣毁巢穴、火攻、烟熏、网捕等方法进行猎捕，但因

---

① 参见高铭暄、马克昌主编：《刑法学》（第五版），北京：北京大学出版社、高等教育出版社 2011 年版，第 583 页。

科学研究确需网捕、电子诱捕的除外；其他的禁止使用的猎捕工具和方法，由县级以上地方人民政府规定并公布。最后，本罪是情节犯，即"情节严重"才构成犯罪。根据 2000 年最高人民法院《关于审理破坏野生动物资源刑事案件具体应用法律若干问题的解释》第 6 条的规定："情节严重"是指：①非法狩猎野生动物 20 只以上的。②违反狩猎法规，在禁猎区或者禁猎期使用禁用的工具、方法狩猎的。③具有其他严重情节的。④本罪主观方面是故意。行为人对禁猎区、禁猎期和禁用的工具、方法的认识错误阻却故意的成立。

行为人在禁猎区、禁猎期或者使用禁用的工具、方法对珍贵、濒危野生动物进行狩猎的，因为非法狩猎罪是轻罪，危害珍贵、濒危野生动物罪是重罪，应当按照危害珍贵、濒危野生动物罪处罚。

（二）热点案例评析

2022 年上半年，微信朋友圈曾热传两个案例，其中不乏对判决的批评。法院判决如果与公民期待不符，不仅会影响法律的权威，司法威信也无从树立。

2020 年 12 月 7 日下午，被告人郭某为了猎捕麻雀食用，在奇源林场居民李某居住房屋旁的塑料大棚处敷设两片粘网用来捕捉鸟类，并成功捕捉麻雀一只。被告人将捕捉的麻雀在李某家锅灶里烧熟后食用。经东方红林业局有限公司资源管理部对现场提取的鸟类羽毛、脚趾进行检验，确定猎物为麻雀，属"三有"保护动物。2020 年 12 月 8 日，被告人投案自首。在公诉机关审查起诉期间，被告人赔偿、返还黑龙江省东方红林业局有限公司野生动物损失人民币 3000 元。人民法院认为，被告人郭某为了食用麻雀，违反国家规定在禁猎区用两片粘网捕捉麻雀，侵害了国家保护的野生动物资源，根据最高人民法院《关于审理破坏野生动物资源刑事案件具体应用法律若干问题的解释》第 6 条第（二）项的规定，其行为已触犯《中华人民共和国刑法》第 341 条第 2 款之规定，构成非法狩猎罪。①

---

① （2021）黑 7526 刑初 37 号黑龙江省东方红人民法院《刑事判决书》。

案例的基本事实是，被告人在禁猎区使用两片粘网狩猎一只麻雀，该行为是否构成非法狩猎罪？笔者认为，该判决书在说理方面，具有以下三个重要缺陷：

第一，没有说明被告人的行为是否符合客观要件中"情节严重"的要求。根据 2000 年最高人民法院《关于审理破坏野生动物资源刑事案件具体应用法律若干问题的解释》第 6 条的规定：违反狩猎法规，在禁猎区、禁猎期或者使用禁用的工具、方法狩猎，具有下列情形之一的，属于非法狩猎"情节严重"：（一）非法狩猎野生动物二十只以上的；（二）违反狩猎法规，在禁猎区或者禁猎期使用禁用的工具、方法狩猎的；（三）具有其他严重情节的。本案中，被告人只狩猎一只麻雀，显然不符合"情节严重"的第一种情形，"情节严重"的第二种情形要求两个"禁"，即在禁猎区或者禁猎期，并且使用禁用的工具、方法。本案的判决书中，只是说明了被告人是在禁猎区狩猎，但并未说明用两片粘网狩猎是否属于"禁用的工具、方法"，仅仅在禁猎区狩猎，并不符合司法解释第 6 条第（二）项的规定。

第二，判决书中没有说明麻雀是否为刑法保护的野生动物。在一般人的观念中，麻雀是一种非常普通的鸟类，在我国农村地区，捕猎麻雀是常有的事，捕猎一只麻雀而构成犯罪，在大多数人的观念里，都是难以理解和匪夷所思的。这正是网络舆论对此判决持强烈质疑态度的原因所在。判决书虽然说明了被告人捕猎的麻雀是"三有"野生动物，但并未解释什么是"三有"野生动物。1988 年 11 月 8 日发布、1989 年 3 月 1 日实施的《中华人民共和国野生动物保护法》第 9 条第 3 款规定："国家保护的有益的或者有重要经济、科学研究价值的陆生野生动物名录及其调整，由国务院野生动物保护行政主管部门制定并公布。"2000 年 8 月 1 日由国家林业局①发布实施的《国家保护的有益的或者有重要经济、科学研究价值的陆生野生动物名录》将麻雀②收录。"三有"野生动物即是指有益的或者有重要经济、科学研究价值的陆生野生动物。《野生动物保护法》后来历经2004年修正、2009年修正、2016年修正、2018年修正，其中2016年修正的《野生动物保护法》将原第9条的内容置于第10条，原第9条规定的"三有"野生动物的提法也发生了改变，第10条第3款规定："有重要生态、科学、社会价值的陆生野生动物名录，由国务院野生动物保护主管部门组织科学评估后制定、调整并公布。"鉴于此立法变化，《国家保护的有益的或者有重要经济、科学研究价值的陆生野生动物名录》也修正为《国家保护的有重要生态、科学、社会价值的陆生野生动物名录》。因此，判决书中所指的"三有"野生动物应指有重要生态、科学、社会价值的陆生野生动物。事实上，在人们眼中很普通的麻雀，已于2013年被列入《世界自然保护联盟濒危物种红色名录》，③也是我国的二类保护动物和"三有"保护动物。然而判决书并未对麻雀的"特殊身份"作出说明，这是引发"舆情"的重要原因。

　　第三，没有说明被告人是否有犯罪故意。判决书只对被告人实施非法狩猎行为做了陈述，并未说明被告人是否有犯罪故意，尤其是禁猎区，禁

---

　　① 2018年3月，根据第十三届全国人民代表大会第一次会议批准的国务院机构改革方案，将国家林业局的森林、湿地等资源调查和确权登记管理职责整合，组建中华人民共和国自然资源部；将国家林业局的森林防火相关职责整合，组建中华人民共和国应急管理部；将中华人民共和国国家林业局的职责整合，组建国家林业和草原局，由中华人民共和国自然资源部管理；不再保留国家林业局。

　　② 在该名录中，麻雀被称为树麻雀。

　　③ 《世界自然保护联盟濒危物种红色名录》（IUCN Red List of Threatened Species 或称 IUCN 红色名录）于1963年开始编制，是全球动植物物种保护现状最全面的名录，也被认为是生物多样性状况最具权威的指标。此名录由世界自然保护联盟编制及维护。IUCN 红色名录是根据严格准则评估数以千计物种及亚种的绝种风险所编制而成的。准则根据物种及地区厘定，旨在向公众及决策者反映保育工作的迫切性，并协助国际社会避免物种灭绝。名录规定，物种保护级别分为9类，根据数目下降速度、物种总数、地理分布、群族分散程度等准则分类，最高级别是绝灭（EX），其次是野外灭绝（EW），极危（CR）、濒危（EN）和易危（VU）3个级别统称"受威胁"，其他顺次是近危（NT）、无危（LC）、数据缺乏（DD）、未评估（NE）。参见"百度百科：世界自然保护联盟濒危物种红色名录"，https：//baike. baidu. com/item/世界自然保护联盟濒危物种红色名录/9126417？fr = Aladdin。（2022年5月16日访问）

猎期，禁用的工具、方法都是规范要素中法律的评价要素，被告人是否认识到行政法规所规定的特定的地方、时间、方法等规定，直接决定了被告人是否具有犯罪故意。但遗憾的是，判决书对犯罪故意的认定只字未提，给人"客观归罪"的强烈印象。

总之，即便非法狩猎罪是法定最高刑只有三年有期徒刑的轻罪，司法机关对被告人的定罪也应该慎重，被告人实施的案件事实是什么，是否充足了非法狩猎罪的构成要件，应该严格认定。

2020年1月上旬，被告人于某某购买了一张大约15米长、1.5米宽的鸟网后，擅自将鸟网架设在自家院内并猎捕了一只麻雀。后被告人将该麻雀放在自家的鸟笼内饲养，该麻雀大约两天后死亡。2020年1月19日，新宾满族自治县森林公安局平顶山警务区民警在巡查中发现被告人于某某家的院内有架设的鸟网，并在其家中的鸟笼中查获麻雀（死体）一只。被告人于某某当即被口头传唤至平顶山警务区，经依法对其讯问，被告人于某某如实供述了非法狩猎的犯罪事实，涉案麻雀（死体）一只、作案工具鸟网一张被公安机关依法收缴。经新宾满族自治县林业技术鉴定委员会鉴定，该麻雀属于辽宁省"三有"陆生野生保护动物。人民法院认为，公诉机关指控被告人于某某犯非法狩猎罪的事实清楚、证据确实充分，判决被告人于某某构成非法狩猎罪，在认定行为人符合坦白情节、具有悔罪表现和宣告缓刑条件的情况下，判决被告人于某某犯狩猎罪，判处拘役二个月，缓刑四个月。①

该案件与上一个案件属于同一类案件，都是对属于"三有"陆生野生动物的麻雀实施了非法狩猎行为，不过这个案件的判决书，比上一个判决书的说理更为粗糙，根本没有说明被告人的行为事实是如何符合非法狩猎罪的犯罪构成的。首先，从客观要件看，判决书只是说明被告人对属于"三有"陆生野生动物的麻雀实施了非法狩猎行为，但既没有说明被告人的行为是否属于在禁猎区、禁猎期或者使用禁用的方法、工具进行狩猎，也没有说明什么是"三有"野生动物，另外，也没有在法律适用上说明被

① （2020）辽0422刑初55号辽宁省新宾满族自治县人民法院《刑事判决书》。

告人的行为属于"情节严重"的哪种情形。其次，从主观要件上，没有说明行为人是否具有犯罪故意，被告人对非法狩猎罪的客观要素事实是否有认识，遑论对规范要素（禁猎区，禁猎期，禁用的方法、工具，"三有"陆生野生保护动物）的认识和故意认定的说明。

四、非法猎捕、收购、运输、出售陆生野生动物罪

本罪是指违反野生动物保护管理法规，以食用为目的非法猎捕、收购、运输、出售珍贵、濒危野生动物以外的在野外环境自然生长繁殖的陆生野生动物，情节严重的行为。

根据《野生动物保护法》第2条的规定，该法规定的野生动物，是指珍贵、濒危的陆生水生野生动物和有重要生态、科学、社会价值的陆生野生动物；珍贵、濒危的水生野生动物以外的其他水生野生动物的保护，适用《中华人民共和国渔业法》等有关法律的规定。据此，《刑法》第340条的非法捕捞水产品罪，与第341条的危害珍贵、濒危野生动物罪，非法狩猎罪，非法猎捕、收购、运输、出售陆生野生动物罪之间的关系是：危害珍贵、濒危野生动物罪保护的野生动物包括珍贵、濒危的陆生、水生野生动物；非法捕捞水产品罪保护的野生动物是水生野生动物，其中也包括珍贵、濒危的水生野生动物；非法狩猎罪保护的野生动物是指陆生野生动物，其中包括了珍贵、濒危的陆生野生动物和有重要生态、科学、社会价值的陆生野生动物（即"三有"陆生野生动物）；非法猎捕、收购、运输、出售陆生野生动物罪保护的是珍贵、濒危野生动物之外的陆生野生动物，即"三有"陆生野生动物。

本罪的客观要件是违反野生动物保护管理法规，非法猎捕、收购、运输、出售第一款规定以外的在野外环境自然生长繁殖的陆生野生动物，情节严重的行为。①根据《野生动物保护法》第30条等的规定，以食用为目的非法猎捕、收购、运输、出售国家重点保护的野生动物的行为本身即具有非法性，因此"违反野生动物保护管理法规"不是实质的构成要件要素，只具有语感的意义，或者只是对构成要件行为的违法性的强调。②鉴于《野生动物保护管理法》保护的野生动物包括珍贵、濒危陆生、水生野

生动物和有重要生态、科学和社会价值的陆生野生动物，因此，本罪法条中"第一款规定以外的在野外环境自然生产繁殖的陆生野生动物"就是指有重要生态、科学和社会价值的陆生野生动物，即"三有"陆生野生动物。③本罪中的"收购、运输、出售"的含义与危害珍贵、濒危野生动物罪中的"收购、运输、出售"含义相同，即收购是指以营利、自用等为目的的购买行为，这里的收购，既包括了以自用（食用）为目的的收购，也包括了以制作成食品之后出售为目的的收购；运输是指采用携带、邮寄、利用他人、使用交通工具等方法进行的运送的行为，出售包括出卖和以营利为目的的加工利用行为。除"出售、购买、运输"行为之外，危害珍贵、濒危野生动物罪还规定了"猎捕、杀害"行为，本罪还规定了"猎捕"行为，这并不意味着"以食用为目的的杀害"行为不构成本罪，而是应该认为，本罪的"猎捕"既包括了狩猎、捕获，也包括了"杀害"行为。④因为尚未有司法解释对本罪构成要件的"情节严重"作出具体规定，而本罪的法定刑与危害珍贵、濒危野生动物罪的法定刑相同，所以本罪的"情节严重"可以参照危害珍贵、濒危野生动物罪的"情节严重"进行认定。

本罪的主观要件是故意，并且是以食用为目的。本罪中存在规范的构成要件要素，即"第一款规定以外的在野外环境自然生长繁殖的陆生野生动物"，也即"三有"陆生野生动物，这就要求本罪故意的认定，需要查明行为人是否认识到其猎捕、收购、运输、出售的是国家保护的陆生野生动物，而非一般的陆生野生动物，如果行为人没有认识到这一点，就不能认为有犯罪故意。

五、非法占用农用地罪

非法占用农用地罪，是指违反土地管理法规，非法占用耕地、林地等农用地，改变被占用土地的用途，数量较大，造成耕地、林地等农用地大量毁坏的行为。

本罪的客观构成要件要从以下四个方面进行把握：①违反土地管理法

规，是指违反土地管理法、森林法、草原法等法律以及有关行政法规中关于土地管理的规定。① 本罪法条中"违反土地管理法规"具有实质意义，即司法机关应该查明行为人具体违反了土地管理法规的什么规定。因此，"违反土地管理法规"是规范的构成要件要素中的法律的评价要素。②本罪法条中的"非法"不具有实体意义，只是对构成要件行为非法性的强调。③本罪的行为表现为"占用耕地、林地等农用地，改变被占用土地的用途"。其中，"农用地"是指直接用于农业生产的土地，包括耕地、林地、草地、农田水利用地、养殖水面等;② 构成要件行为要求占据并以改变被占用土地用途的方式加以利用，如果仅是占据并且按照土地原有的使用用途加以利用，即便具有非法性，也不能构成本罪。④本罪是数额犯，有两个"数额"的要求，即不仅要求非法占用的"数量较大"，而且要求造成耕地、林地等农用地"大量毁坏"。③

在司法实践中，有的村集体经村委和村党委集体决策后，将村内废弃的池塘（一般农用地）填平后规划成宅基地向村民出售，筹集公共资金用于村内公共设施建设，是否构成本罪？很多基层法院对这种行为按照《刑法》第 228 条的非法转让、倒卖土地使用权罪定罪处罚。④ 笔者认为，这种行为既不构成非法转让、倒卖土地使用权罪，也不构成非法占用农用地罪。理由如下：首先，不论是非法转让、倒卖土地使用权罪还是非法占用农用地罪，其中的"违反土地管理法规"都是具有实体意义的构成要件要素，但实务中，判决书都没有表明被告人违反了《土地管理法》的什么规

---

① 参见 2001 年 8 月 31 日全国人大常委会《关于〈中华人民共和国刑法〉第二百二十八条、第三百四十二条、第四百一十条的解释》。

② 参见《中华人民共和国土地管理法》第 4 条第 3 款。

③ 其中，关于耕地的"数量较大"和"大量毁坏"标准，参见 2000 年 6 月 19 日最高人民法院《关于审理破坏土地资源刑事案件具体应用法律若干问题的解释》第 3 条；关于林地的"数量较大"和"大量毁坏"标准，参见 2005 年 12 月 26 日最高人民法院《关于审理破坏林地资源刑事案件具体应用法律若干问题的解释》第 1 条；关于草原的"数量较大"和"大量毁坏"标准，参见 2012 年 11 月 2 日最高人民法院《关于审理破坏草原资源刑事案件应用法律若干问题的解释》第 2 条。

④ 参见（2018）粤 5203 刑初 295 号《刑事判决书》和（2018）粤 52 刑终 405 号《刑事判决书》。

定。其次，案例中的行为不属于"转让、倒卖"土地使用权的行为。《土地管理法》第43条规定：任何单位和个人进行建设，需要使用土地的，必须依法申请使用国有土地，但村民建设住宅经依法批准使用本集体经济组织农民集体所有的土地的除外。案例行为的违法之处在于村民使用本集体经济组织土地建设住宅未经"依法批准"，如果村民依法申请宅基地使用权，就不涉及违法问题。尤其是村民本身就是村集体土地使用权的主体，村集体将集体的一般农用地给村民建住宅的行为不属于"转让、倒卖"土地使用权的行为。最后，即便认为案例中的行为改变了土地的性质（即将一般农用地改作建设用地），这一行为也不构成犯罪。2010年11月2日最高人民法院《关于个人违法建房出售行为如何适用法律问题的答复》（法〔2010〕395号）指出：有关人员与农民联合在农村宅基地、责任田上违法建房出售的行为，涉及面广、政策性强，不宜以犯罪追究有关人员的刑事责任。2011年2月16日最高人民法院《印发〈关于个人违法建房出售行为如何适用法律问题的答复〉的通知》（法〔2011〕37号）指出：一段时期以来，在全国一些地方，有关人员与农民联合在农村宅基地、责任田上违法建房出售现象较为普遍。2010年5月6日，贵州省高级人民法院就如何依法处理此类案件请示我院。我院认真研究了贵州省高级人民法院反映的情况，征求并综合了全国人大常委会法工委、国务院法制办、最高人民检察院、公安部、国土资源部、农业部、住房和城乡建设部等相关部门意见，于2010年11月2日作出《关于个人违法建房出售行为如何适用法律问题的答复》（法〔2010〕395号，以下简称《答复》）。鉴于贵州省高级人民法院请示的问题法律、政策性强，且具有一定代表性，现将《答复》印发给你们，望根据《答复》精神，结合审判工作实际，依法妥善处理好相关案件。可见，按照最高人民法院《答复》的精神，案例中的行为不能按照非法占用农用地罪处理。在农村宅基地、责任田上建房出售给集体经济组织成员以外的人的行为属于非法转让土地使用权的行为，但根据最高人民法院的意见，此类行为不宜以犯罪论处。对于案例中将村集体的废弃池塘规划成宅基地给村民建房的行为，更不应该以非法转让土地使用权罪追究刑事责任。

六、破坏自然保护地罪

破坏自然保护地罪，是指违反自然保护地管理法规，在国家公园、国家级自然保护区进行开垦、开发活动或者修建建筑物，造成严重后果或者有其他恶劣情节的行为。

本罪的客观要件是违反国家自然保护地管理法规，在国家公园、国家级自然保护区进行开垦、开发活动或者修建建筑物，造成严重后果或者有其他恶劣情节的行为。应从以下三个方面把握本罪的客观要件要素：首先，"违反自然保护地管理法规"是实体性要件。"自然保护地管理法规"是指由国务院制定的有关自然保护地的行政法规和由地方人大及其常委会制定的有关自然保护地的地方性法规，由国务院相关部委制定的有关自然保护地的部委规章和由地方人民政府制定的有关自然保护地的地方政府规章，都不属于"自然保护地管理法规"的范畴。目前，中央一级的立法中，有国务院制定的《中华人民共和国自然保护区条例》[①]，地方一级的立法中，有福建省人大常委会制定的《武夷山国家公园条例（试行）》等。以《自然保护区条例》中的相关规定为例，该条例的第 26 条、第 28 条、第 29 条和第 32 条中均规定了本罪构成要件行为的阻却违法事由。换言之，符合法律、行政法规规定的开垦行为，符合该条例第 28 条、第 29 条和第 32 条规定的"开发活动或者修建建筑物"，也不是违法行为。其次，行为要件表现为在国家公园、国家级自然保护区进行开垦、开发活动或者修建建筑物，造成严重后果或者有其他恶劣情节。开垦是指将自然存在或者呈现的土地（荒地）开辟成可以种植的土地；开发活动是指对荒地、森林、水力等进行以利用为目的的改造、劳动；修建建筑物是指建造供人类生产、生活或者其他活动的房屋或者场所。最后，须造成严重后果或者有其他恶劣情节。严重后果或者恶劣情节的认定可以从开垦面积、非法经营违

---

① 该条例由国务院于 1994 年 10 月 9 日发布、1994 年 12 月 1 日起实施，2011 年 1 月 8 日进行了第一次修改，2017 年 10 月 7 日进行了第二次修改。

法所得数额、建筑物面积、对自然保护地造成污染及其严重程度等方面进行把握。

本罪的主观要件是故意。本罪的客观要件要素中违反自然保护地管理法规、国家公园、国家级自然保护区都属于规范要素中法律的评价要素，因此，对本罪故意的认定需要行为人认识到其行为的行政违法性、认识到其行为所在的地域是受法律保护的地域等事实，才能认定行为的犯罪故意。

本罪法条的第 2 款规定：有前款行为，同时构成其他犯罪的，依照处罚较重的规定定罪处罚。说明实施本罪客观要件的行为，同时可能触犯其他罪名，从构成要件行为的表现形式看，可能触犯的罪名包括非法占用农用地罪、非法采矿罪、非法经营罪、污染环境罪等，此时应按照想象竞合犯从一重罪处罚。

七、非法采矿罪

非法采矿罪是指违反矿产资源法的规定，未取得采矿许可证擅自采矿，擅自进入国家规划矿区、对国民经济具有重要价值的矿区和他人矿区范围采矿，或者擅自开采国家规定实行保护性开采的特定矿种，情节严重的行为。

本罪的客观要件是违反矿产资源法的规定，未取得采矿许可证擅自采矿，擅自进入国家规划矿区、对国民经济具有重要价值的矿区和他人矿区范围采矿，或者擅自开采国家规定实行保护性开采的特定矿种，情节严重的行为。首先，"违反矿产资源法的规定"是指违反《中华人民共和国矿产资源法》《中华人民共和国水法》等法律、行政法规有关矿产资源开发、利用、保护和管理的规定。不过"违反矿产资源法的规定"并不是具有实体意义的构成要件要素，因为本罪构成要件行为本身已是矿产资源法所禁止的行为，换言之，即便在罪状中没有该表述，也不会影响本罪构成要件的认定。其次，未取得采矿许可证。"未取得采矿许可证"是指无许可证，许可证被注销、吊销、撤销，超越许可证规定的矿区范围或者开采范围，超出许可证规定的矿种（共生、伴生矿种除外）等情形。再次，本罪有三种行为方式，分别是：①擅自采矿；②擅自进入国家规划矿区、对国民经济具有重要价值的矿区和他人矿区范围采矿；③擅自开采国家规定实行保护性开采的特定矿种。这三种行为具备其一即可。最后，本罪要求"情节严重"才构成犯罪。根据 2016 年 11 月 28 日最高人民法院、最高人民检察院《关于办理非法采矿、破坏性采矿刑事案件适用法律若干问题的解释》第 3 条的规定，"情节严重"是指：①开采的矿产品价值或者造成矿产资源破坏的价值在 10 万元至 30 万元以上的；②在国家规划矿区、对国民经济具有重要价值的矿区采矿，开采国家规定实行保护性开采的特定矿种，或者在禁采区、禁采期内采矿，开采的矿产品价值或者造成矿产资源破坏的价值在 5 万元至 15 万元以上的；③2 年内曾因非法采矿受过 2 次以上行政处罚，又实施非法采矿行为的；④造成生态环境严重损害的；⑤其他情节严重的情形。根据第 4 条的规定，在河道管理范围内采砂，依据相关规定应当办理河道采砂许可证，未取得河道采砂许可证，或者应办理河道采砂许可证和采矿许可证，既未取得河道采砂许可证，又未取得采矿许可证的，"情节严重"是指严重影响河势稳定，危害防洪安全；根据第 5 条规定，未取得海砂开采海域使用权证，且未取得采矿许可证，采挖海砂，"情节严重"是指造成海岸线严重破坏。

本罪的主观要件是故意。犯罪故意的认识因素中包含着多个规范要素，既有法律的评价要素如采矿许可证、国家规划矿区、对国民经济具有重要价值的矿区、国家规定实行保护性开采的特定矿种，这些规范要素均需要根据相关行政法规的规定予以确定；也有量的评价要素，如情节严重。实践中，需要认定行为人对这些规范要素和作为判断基础的事实是否有认识，如果没有认识，就不能认定具有犯罪故意。例如，根据上述司法解释，在有的河道采砂，既需要采砂许可证，也需要采矿许可证，此时，作为构成要件要素的"采矿许可证"就包括了采砂许可证和采矿许可证，如果行为人误认为只需办理采砂许可证而只办理了采砂许可证然后实施了采砂行为，就不能认为行为人具有非法采矿的犯罪故意。尽管实践中往往是"客观归罪"的，但作为教义学研究，必须秉持正确的立场和标准。

本罪在司法实践中有两种犯罪认定现象也值得注意。其一是上述司法解释第 7 条规定：明知是犯罪所得的矿产品及其产生的收益，而予以窝藏、转移、收购、代为销售或者以其他方法掩饰、隐瞒的，依照掩饰、隐瞒犯罪所得、犯罪所得收益罪定罪处罚；事前通谋的，以共同犯罪处罚。据此，为非法采矿所得矿产品提供存放服务、运输服务、销售服务以及为非法采矿所获收益提供存储服务的个人或者机构，均可能构成掩饰、隐瞒犯罪所得、犯罪所得收益罪，罪与非罪的标准将主要取决于行为人主观上是否"明知"。其二是上述司法解释第 11 条规定：对受雇佣为非法采矿、破坏性采矿犯罪提供劳务的人员，除参与利润分成或者领取高额固定工资的以外，一般不以犯罪论处，但曾因非法采矿、破坏性采矿受过处罚的除外。这里只是提供了一个倾向性的定罪标准，其中包含积极的定罪标准和消极的定罪标准，积极的定罪标准是主要以参与非法采矿、破坏性采矿获取的收入高低作为是否定罪的标准，消极的定罪标准是不曾因非法采矿、破坏性采矿受过处罚。这一规定背后的刑法法理为何？笔者初步的认识是：对于参与非法采矿、破坏性采矿的人员，在具有犯罪故意的前提下，高收入者具有比低收入者更高的期待可能性，申言之，低收入者通常从事辛苦采矿劳动而选择其他就业路径的机会少，而高收入者完全可能从事其他适法行为而不参与非法采矿、破坏性采矿；但是，如果曾因非法采矿、破坏性采矿受过处罚又参与非法采矿、破坏性采矿的，则具有较高的期待可能性，应以犯罪论处。

八、破坏性采矿罪

破坏性采矿罪是指违反矿产资源法的规定，采取破坏性的开采方法开采矿产资源，造成矿产资源严重破坏的行为。

（一）犯罪构成

本罪的客观要件是违反矿产资源法的规定，采取破坏性的开采方法开采矿产资源，造成矿产资源严重破坏的行为。其中，"违反矿产资源法的规定"的含义和性质,与非法采矿罪中的规定相同;"采取破坏性的开采方法开采矿产资源"是指行为人违反地质矿产主管部门批准的矿产资源开发利用方案开采矿产资源的行为;"造成矿产资源严重破坏"是指造成矿产资源破坏的价值在 50 万元至 100 万元以上,或者造成国家规划矿区、对国民经济具有重要价值的矿区和国家规定实行保护性开采的特定矿种资源破坏的价值在 25 万元至 50 万元以上的情形。

本罪的行为主体是一般主体还是特殊主体?如果从法条表述看,本罪似乎是一般主体的犯罪,因为法条中并未规定行为主体的特殊身份;但从上述对"采取破坏性的开采方法开采矿产资源"的解释来看,本罪是特殊主体的犯罪,即只能是已取得采矿许可证的个人或者单位。应该采取哪种解释方案?笔者支持特殊主体的解释方案。理由是:首先,从法定刑设置看,破坏性采矿罪的法定最高刑低于非法采矿罪,但法定最低刑高于非法采矿罪,是危害性大致相当的犯罪;其次,非法采矿罪"情节严重"即可构成,这里的"情节严重"包括了危害结果严重即矿产资源遭受严重破坏的情形,而破坏性采矿罪只有"造成矿产资源严重破坏"时才可构成,这一点从司法解释确定的标准上可以得到印证:在造成矿产资源破坏的情况下,"情节严重"的标准是造成矿产资源破坏的价值在 10 万元至 30 万元以上的,或者在国家规划矿区、对国民经济具有重要价值的矿区采矿、开采国家规定实行保护性开采的特定矿种,或者在禁采区、禁采期内采矿,造成矿产资源破坏的价值在 5 万元至 15 万元以上的;而"造成矿产资源严重破坏"的标准分别是 50 万元至 100 万元以上,或者 25 万元至 50 万元以上。非法采矿罪在危害结果上对违法性较低的要求,是以行为上"未取得采矿许可证"为条件的;相应地,破坏采矿罪在危害结果上对违法性较高的要求,是以行为人取得采矿许可证为条件的。最后,如果不将破坏采矿罪解释为特殊主体的犯罪,那么意味着破坏采矿罪与非法采矿罪之间可能存在想象竞合的关系,这会造成司法适用不必要的复杂和混乱。综上,笔者认为,应将破坏采矿罪的主体解释为特殊主体。

本罪的主观要件是故意。同非法采矿罪一样,本罪的构成要件同样存在规范要素,这是认定本罪犯罪故意时需要注意的。

（二）罪数问题

破坏性采矿行为在构成破坏性采矿罪的同时，还可能触发重大责任事故罪，强令、组织他人违章冒险作业罪，危险作业罪，重大劳动安全事故罪，此时应按照想象竞合犯从一重罪论处，还是数罪并罚？笔者认为应该数罪并罚。因为在这些情况下，行为事实实质上充足了数个犯罪构成要件，例如，重大责任事故罪和重大劳动安全事故罪都是过失犯罪，均是指没有履行注意义务，发生重大伤亡事故或者造成其他严重后果的行为，这些事实与破坏性采矿的事实是不同的事实，因此，在破坏性采矿过程中如果发生了上述事实，当然只能数罪并罚；再如，在破坏性采矿过程中，如果存在强令、组织他人违章冒险作业的事实，或者有危险作业的事实，便均是破坏性采矿的犯罪构成不能评价的事实，此时行为人的涉罪事实已充足了数个犯罪构成要件，当然应当数罪并罚。

行为人在破坏性采矿时，如果排放、倾倒、处置有害物质严重污染环境的，还构成污染环境罪，也应该数罪并罚。

九、危害国家重点保护植物罪

危害国家重点保护植物罪，是指违反国家规定，非法采伐、毁坏珍贵树木或者国家重点保护的其他植物，或者非法收购、运输、加工、出售珍贵树木或者国家重点保护的其他植物及其制品的行为。

本罪的客观要件是违反国家规定，非法采伐、毁坏珍贵树木或者国家重点保护的其他植物，或者非法收购、运输、加工、出售珍贵树木或者国家重点保护的其他植物及其制品的行为。①"违反国家规定"具有实体意义。根据《刑法》第96条的规定，"违反国家规定"是指违反全国人民代表大会及其常委会制定的法律和决定，国务院制定的行政法规、规定的行政措施、发布的决定和命令。具体到本罪名，是指违反了全国人民代表大会常委会制定的《中华人民共和国森林法》和国务院制定的《中华人民共和国野生植物保护条例》中的相关规定。① ②罪状中"非法"的意义在于提示构成要件行为存在违法阻却事由，换言之，并非一切采伐、毁坏珍贵树木或者国家重点保护的其他植物和收购、运输、加工、出售珍贵树木或者国家重点保护的其他植物及其制品的行为均具有违法性，只有"非法"（即不具有违法阻却事由）的相关行为才可能构成犯罪。③采伐是指采集、砍伐；毁坏是指造成珍贵树木或者国家重点保护的其他植物死亡或者影响其正常生长的一切行为；珍贵树木或者国家重点保护的其他植物，是指由省级以上林业主管部门或者其他部门确定的具有重大历史纪念意义、科学研究价值或者年代久远的古树名木，国家禁止、限制出口的珍贵树木以及列入《国家重点保护野生植物名录》的树木或者其他植物；珍贵植物制品是指珍贵植物的衍生物。根据 2020 年 3 月 19 日最高人民法院、最高人民检察院《关于适用〈中华人民共和国刑法〉第三百四十四条有关问题的批复》的规定：野生植物限于原生地天然生长的植物。人工培育的植物，除古树名木外，不属于刑法第 344 条规定的"珍贵树木或者国家重点保护的其他植物"。非法采伐、毁坏或者非法收购、运输人工培育的植物（古树名木除外），构成盗伐林木罪，滥伐林木罪，非法收购、运输盗伐、滥伐的林木罪等犯罪的，依照相关规定追究刑事责任。该批复同时规定：对于非法移栽珍贵树木或者国家重点保护的其他植物，依法应当追究刑事责任的，依照危害国家重点保护植物罪定罪处罚，但是移栽在危害程度上与砍伐有别，对非法移栽珍贵树木或者国家重点保护的其他植物的行为，在认定是否构成犯罪以及裁量刑罚时，应当考虑植物的珍贵程度、移栽目的、移栽手段、移栽数量、对生态环境的损害程度等情节，综合评估社会危害性，确保罪责刑相适应。笔者认为，移栽是否构成犯罪，关键在于具体的移栽行为，是否可以评价为罪状中的"非法采伐、毁坏"行为。

本罪的主观要件是故意，故意的认定包含了对规范要素的认识，其中的规范要素，主要是法律的评价要素。

---

① 如《中华人民共和国森林法》第 40 条规定："国家保护古树名木和珍贵树木。禁止破坏古树名木和珍贵树木及其生存的自然环境。"

十、非法引进、释放、丢弃外来入侵物种罪

非法引进、释放、丢弃外来入侵物种罪，是指违反国家规定，非法引进、释放或者丢弃外来入侵物种，情节严重的行为。

本罪的保护法益是我国的生物安全。

本罪的客观要件中：①"违反国家规定"是具有实体意义的构成要件要素，主要是指违反《中华人民共和国生物安全法》《中华人民共和国环境保护法》《中华人民共和国野生动物保护法》《中华人民共和国进出境动植物检疫法》中的相关规定。②"非法"具有提示违法阻却事由的意义，即引进、释放、丢弃外来物种并非都构成犯罪，只有"非法"的相关行为才可能构成犯罪。③"引进"主要是指从国外非法携带、运输、邮寄、走私进境等行为；"释放""丢弃"是非法处置外来入侵物种的行为，包括经过批准引进的物种，在进行实验研究等之后予以非法野外放养或者随意丢弃的情况。④"入侵"不是行为要件，而是对"物种"的修饰语，意指外来物种是对生态安全构成威胁的有害物种。⑤"情节严重"应主要从引进、释放、丢弃外来入侵物种的品种、数量、对生态安全的损害或者威胁性大小等方面来认定。

本罪的主观要件是故意，故意的内容中包含了对规范要素的认识。

十一、盗伐林木罪

盗伐林木罪，是指盗伐森林或者其他林木，数量较大的行为。

（一）犯罪构成

本罪的客观要件是盗伐森林或者其他林木，数量较大的行为。①行为对象是森林或者其他林木。森林是指大面积的原始森林和人造林，包括乔木林、竹林和国家特别规定的灌木林，按照用途可以分为防护林、特种用途林、用材林、经济林和能源林；其他林木是指小面积的树林和零星树

木，包括树木和竹子，但不包括居民房前屋后个人所有的零星树木。②行为表现为"盗伐"。盗伐是指以非法占有为目的，擅自砍伐森林或者其他林木的行为。根据 2000 年 11 月 22 日最高人民法院《关于审理破坏森林资源刑事案件具体应用法律若干问题的解释》第 3 条的规定，盗伐行为包括：擅自砍伐国家、集体、他人所有或者他人承包经营管理的森林或者其他林木；擅自砍伐本单位或者本人承包经营管理的森林或者其他林木；在林木采伐许可证规定的地点以外采伐国家、集体、他人所有或者他人承包经营管理的森林或者其他林木。③本罪客观方面要求"数量较大"。"数量较大"是指以二至五立方米或者幼树一百至二百株为起点，所谓幼树，是指胸径在五厘米以下的树木。对于一年内多次盗伐少量林木未经处罚的，累计其盗伐林木的数量，构成犯罪的，依法追究刑事责任。

本罪的主观要件是故意，并且以非法占有为目的。

（二）犯罪认定问题

（1）盗伐林木罪是目的犯，如果行为人不以非法占有为目的，而是基于泄愤报复等动机砍伐国家、集体或者他人林木，数额较大或者有其他严重情节的，应以故意毁坏财物罪定罪处罚。

（2）盗伐林木罪与盗窃罪的关系。以下两种情况应认定为盗窃罪：其一，将已经伐倒的树木窃为己有的；其二，偷砍他人房前屋后、自留地种植的零星树木，数额较大或者多次偷砍的。此外，应将盗窃罪与盗伐林木罪视为法条竞合关系，盗窃罪是普通法条，盗伐林木罪是特别法条，法条适用的原则首先是特别法优于普通法，其次是重法优于轻法。即行为人盗伐林木的，首先应选择盗伐林木罪定罪处罚，但如果认定盗伐林木罪违反罪刑相适应原则的，应认定为盗窃罪。以此为基础，如果行为人盗伐林木，为窝藏赃物、抗拒抓捕或者毁灭罪证而当场使用暴力或者以暴力相威胁的，应认定为《刑法》第 269 条的事后抢劫的抢劫罪。

（3）盗伐林木罪与危害国家重点保护植物罪。如果行为人盗伐的林木属于珍贵树木或者国家重点保护的其他植物，且数量较大，则构成盗伐林木罪与危害国家重点保护植物罪的想象竞合犯，应从一重罪处罚。如果行为人盗伐的林木中有的属于珍贵树木或者国家重点保护的其他植物，有的属于普通林木且数量较大，则分别构成危害国家重点保护植物罪与盗伐林木罪，应实行数罪并罚。

十二、滥伐林木罪

滥伐林木罪是指违反森林法的规定，滥伐森林或者其他林木，数量较大的行为。

本罪的客观构成要件是违反森林法的规定，滥伐森林或者其他林木，数量较大的行为。①本罪与盗伐林木罪侵犯的法益相同，即都侵犯了国家的森林和林木资源，但本罪罪状中使用了"违反森林法的规定"这种表述，而盗伐林木罪的罪状中没有，不过，滥伐森林或者其他林木行为是森林法所禁止的行为，其本身即具有非法性。因此，"违反森林法的规定"不具有实体意义，实践中不须查明其内容。②行为对象是森林和其他林木，与盗伐林木罪的行为对象相同，但其中包括了属于行为人自己所有的林木。因为属于个人所有的林木，也是国家森林资源的一部分，虽然不能成为盗伐林木罪的对象，却可以成为滥伐林木罪的对象。① 根据1993年7月24日最高人民法院《关于滥伐自己所有权的林木其林木应如何处理的问题的批复》（法复〔1993〕5号），属于个人所有的林木，也是国家森林资源的一部分，被告人滥伐自己所有权的林木，构成滥伐林木罪的，其行为已违反国家保护森林法规，破坏了国家的森林资源，所滥伐的林木即不再是个人的合法财产，而应当作为犯罪分子违法所得的财物，依照刑法规定予以追缴。③行为表现为"滥伐"。根据2000年11月22日最高人民法院《关于审理破坏森林资源刑事案件具体应用法律若干问题的解释》（法释〔2000〕36号）第5条的规定，"滥伐"是指未经林业主管部门及法律规定的其他主管部门批准并核发林木采伐许可证，或者虽持有林木采伐许可证，但违反林木采伐许可证规定的时间、数量、树种或者方式，任意采

---

① 参见张明楷：《刑法学》（第五版）（下），北京：法律出版社2016年版，第1139页。

伐本单位所有或者本人所有的森林或者其他林木；超过林木采伐许可证规定的数量采伐他人所有的森林或者其他林木；林木权属争议一方在林木权属确权之前，擅自砍伐森林或者其他林木。根据 2004 年最高人民法院《关于在林木采伐许可证规定的地点以外采伐本单位或者本人所有的森林或者其他林木的行为如何适用法律问题的批复》（法释〔2004〕3 号），违反森林法的规定，在林木采伐许可证规定的地点以外，采伐本单位或者本人所有的森林或者其他林木的，除农村居民采伐自留地和房前屋后个人所有的零星林木以外，属于最高人民法院《关于审理破坏森林资源刑事案件具体应用法律若干问题的解释》第五条第一款第（一）项"未经林业主管部门及法律规定的其他主管部门批准并核发林木采伐许可证"规定的情形，数量较大的，以滥伐林木罪定罪处罚。④本罪客观方面要求"数量较大"。"数量较大"是指以十至二十立方米或者幼树五百至一千株为起点。对于一年内多次滥伐少量林木未经处罚的，累计其滥伐林木的数量，构成犯罪的，依法追究刑事责任。

本罪的主观要件是故意，不要求特定目的。

十三、非法收购、运输盗伐、滥伐的林木罪

非法收购、运输盗伐、滥伐的林木罪，是指非法收购、运输明知是盗伐、滥伐的林木，情节严重的行为。

本罪的客观要件是非法收购、运输盗伐、滥伐的林木的行为。①行为表现为收购或者运输行为，而不包括出售行为。盗伐、滥伐林木的行为人出售盗伐、滥伐的林木的行为属于事后不可罚行为。②收购和运输行为必须具有"非法性"。只要行为人明知是盗伐、滥伐的林木而收购、运输，即具有"非法性"，而不需要查明收购或者运输行为违反的具体行政法规。③"情节严重"是指：非法收购盗伐、滥伐的林木二十立方米以上或者幼树一千株以上；非法收购盗伐、滥伐的珍贵树木二立方米以上或者五株以上；其他情节严重的情形。

本罪的主观要件是故意，故意的内容是指行为人明知是盗伐、滥伐的

林木而收购或者运输，罪状中的"明知"是注意规定，换言之，即便罪状中未使用"明知"的表述，只表述为"非法收购、运输盗伐、滥伐的林木"，盗伐、滥伐的林木也是"明知"的对象，否则就不能成立本罪的故意。另外，"明知"是指知道或者应当知道，具有下列情形之一的，可以视为应当知道，但是有证据证明确属被蒙骗的除外：①在非法的木材交易场所或者销售单位收购、运输木材的；②收购、运输以明显低于市场价格出售的木材的；③收购、运输违反规定出售的木材的。

第四章

环境犯罪的追诉

本章所讲的环境犯罪的追诉包括环境犯罪的侦查和环境犯罪的审查起诉。其中侦查部分，侦查的起点并非立案，而是向前延伸至行政执法阶段，这就涉及行政执法主体、侦查主体、行刑衔接等基本问题；审查起诉主要研究了证据审查和认罪认罚从宽制度的适用两个问题。

第一节　环境犯罪的侦查

环境犯罪具有专业性、复杂性和技术性。以污染型环境犯罪为例：环境犯罪行为一般涉及高深的专业知识，例如我国《国家危险废物名录》（2021 年版）中列明的危险废物就有 46 个大类 467 种，危险废物的特性和作用机理一般人不了解或者难以了解，而行为人往往处于优势地位；危险废物进入环境后，经常与其他环境要素接触后产生各种变化，并且这种变化一般并非立刻就发生的，而是会有潜伏期、隐蔽性，污染行为与污染结果之间一般呈现出一因多果和多因一果的复杂因果流程；实施环境犯罪和鉴定出污染物及其与环境污染之间的因果关系均需要专门的知识和技术。环境犯罪的这一特性对侦查工作构成挑战，要求从事环境犯罪侦查的主体需要具备认定污染的专门知识。实践中，这一问题主要是通过两个途径来解决的，一是将侦查的触角向前延伸，利用行政执法主体所具有的专门知识和专业性，在环境案件的行政执法阶段就关注和解决侦查阶段可能面临的问题；二是设置专门的环保警察，通过侦查队伍的专门化来解决侦查工作所面临的专业化问题。在不设置环保警察的情况下，行刑衔接是环境犯罪侦查所面临的一个重大理论和现实问题。

一、环境案件的执法主体和行政执法

从严格意义上说，环境案件的行政执法不属于环境犯罪的侦查问题，但由于我国刑法"定性＋定量"的犯罪立法模式，导致很多犯罪都是由行政违法演变而来，在追诉程序上就涉及由行政执法向刑事司法转移的问题。环境犯罪的追诉就是如此。一般而言，环境犯罪案件的产生，首先是环境行政执法主体经过调查后，发现了环境犯罪的线索或者证据，将案件移交给侦查机关后，才形成了环境犯罪案件并进入环境刑事司法阶段。在这当中，必然涉及证据的取证和标准以及移交等专业问题。因此，探究环境犯罪的侦查，不得不从环境案件的行政执法开始。

（一）环境案件的执法主体

环境执法主体是指依法享有能够以自己的名义，代表国家独立行使环境行政职权，实施具体环境行政行为，并且因其环境行政行为成为特定环境行政法律关系的一方当事人的组织。要确定一个机构是否是合格的环境执法主体可以通过以下几个方面进行判断：第一是环境执法机构在设立上有法律、行政法规的依据，机构的权力来源于法律、法规的具体规定，在被赋予的权力限度内，代表国家实施环境执法行为；第二是环境执法机构必须依法实施执法行为，在法律明确的权利、义务及行使范围内执法；第三是环境执法机构对于自己作出的具体行政行为所产生的不利后果负有相应的法律责任。我国对环境污染案件负责的主要是环境保护主管部门。除此之外，环境执法主体还包括自然资源保护部门以及部分由法律法规特殊授权的主体。地方各级人民政府不是执法主体，但对环境保护负有首要和整体责任。

1. 地方各级人民政府

地方各级人民政府一般并不作出具体行政行为，而是将辖区内的公共事务交由其所属的各部门进行行政管理。因此，地方各级人民政府不是执法主体，但是，在实务中，跨部门的环境执法活动往往需要地方政府负责协调统一，在整体层面上推动环境违法打击工作的有序进行。党的十九大也提出要构建以政府为主导的环境治理体系，因此我国中央和地方各级人民政府都有不可推卸的环境执法责任。2014年4月，我国新修订的《环境保护法》对地方政府统筹打击环境违法犯罪提出了明确的要求，例如，《环境保护法》的第11条①特别强调了政府的奖励原则；第13条②要求县级以上人民政府在宏观层面要把握好对环境的保护工作，应当将环境保护工作纳入国民经济和社会发展规划；第28条③明确了地方政府的具体职责，对于管辖区域内的环境保护工作要制定相应的目标，对于未达到国家环境质量标准的重点区域、流域的有关地方政府提出了更加严格的要求；第29条④、第33条⑤进一步要求地方政府对于地方环境保护政策要因地制宜，细化地方政府环境保护工作的职责，督促地方政府认真贯彻落实中央的环境保护政策，对于不作为、少作为、乱作为的地方政府设置了追究其责任的法律依据。

2. 各级环境保护主管部门

各级环境保护主管部门是环境政策和法律的主要执行者，其行使的职权包括但不限于行政许可权、行政处罚权、行政强制权、监督检查权等。根据《环境保护法》第24条的规定，县级以上人民政府环境保护主管部

---

① 《环境保护法》第11条：对保护和改善环境有显著成绩的单位和个人，由人民政府给予奖励。

② 《环境保护法》第13条：县级以上人民政府应当将环境保护工作纳入国民经济和社会发展规划。县级以上地方人民政府环境保护主管部门会同有关部门，根据国家环境保护规划的要求，编制本行政区域的环境保护规划，报同级人民政府批准并公布实施。

③ 《环境保护法》第28条：地方各级人民政府应当根据环境保护目标和治理任务，采取有效措施，改善环境质量。未达到国家环境质量标准的重点区域、流域的有关地方人民政府，应当制定限期达标规划，并采取措施按期达标。

④ 《环境保护法》第29条：国家在重点生态功能区、生态环境敏感区和脆弱区等区域划定生态保护红线，实行严格保护。各级人民政府对具有代表性的各种类型的自然生态系统区域，珍稀、濒危的野生动植物自然分布区域，重要的水源涵养区域，具有重大科学文化价值的地质构造、著名溶洞和化石分布区、冰川、火山、温泉等自然遗迹，以及人文遗迹、古树名木，应当采取措施予以保护，严禁破坏。

⑤ 《环境保护法》第33条：各级人民政府应当加强对农业环境的保护，促进农业环境保护新技术的使用，加强对农业污染源的监测预警，统筹有关部门采取措施，防治土壤污染和土地沙化、盐渍化、贫瘠化、石漠化、地面沉降以及防治植被破坏、水土流失、水体富营养化、水源枯竭、种源灭绝等生态失调现象，推广植物病虫害的综合防治。县级、乡级人民政府应当提高农村环境保护公共服务水平，推动农村环境综合整治。

门及其委托的环境监察机构和其他负有环境保护监督管理职责的部门，有权对排放污染物的企事业单位和其他生产经营者进行现场检查；被检查者应当如实反映情况，提供必要的资料。这在法律上赋予了县级以上环境保护主管机构执法和监督的权力。2016年9月，中共中央办公厅、国务院办公厅印发了《关于省以下环保机构监测监察执法垂直管理制度改革试点工作的指导意见》，实现了执法和监管的分置，将行使监管职能的主体提升至省级环境保护主管部门，市级及以下通过省级派员的方式予以监督，这强化了监管的有效性，进一步明确了地方环境保护主管机构的职责，一定程度上解决了出现环境污染案件时上下级环保部门相互推诿和"看得见的管不着，管得着的看不见"的问题。据此，地方的环境保护主管部门可分为有监管权的机构和有执法权的机构，有监管权的机构包括省级以上的生态环保机构、生态环境部的派出机构，例如生态环境部华南督察局和地方自然资源局，有执法权的机构包括地市级生态环境局综合执法队伍。不同地方综合执法队伍称谓和设置方式不太一样，以广州市为例，拥有执法权的机构是广州市生态环境局执法支队，为广州市生态环境局直属机构，统一负责全市生态环境执法工作，并在区设置分支机构（区生态环境局执法大队），实行垂直管理。2018年3月，中共中央印发《深化党和国家机构改革方案》，对生态环境部进行职责方面的整合，此举实现了生态环境部的5个"打通"，即地上和地下、岸上和水里、陆地和海里、城市和农村、大气污染防治与应对气候变化，结合生态环境部的"三定"，对长期存在的"九龙治水"现象予以处理和改善。在同年《关于深化生态环境保护综合行政执法改革的指导意见》中，对环境保护部门、海洋部门、国土部门、农业部门、水利部门、林业部门等中关于生态环境保护和污染防治执法的权力予以整合，统一交由生态环境部门实施。上述部门除不再行使行政处罚权外，仍可享有监督管理、生态保护和修复的权力，同时对于发现的环境违法行为应及时告知生态环境部门下属的生态环境保护综合执法队伍，由其立案查处。至此，现阶段环境保护主管部门有权管辖我国境内绝大多数环境污染案件。

3. 其他单行法授权组织

这一类组织所拥有的执法权力或者监管权力并非由环境保护主管部门或者环境保护法授权所得，而是该类主体行使自身职权的具体表现，是各单行法赋予各主体具体的执法权力或者监管权力。单行法规定的执法主体包括：①《中华人民共和国海洋环境保护法》规定的海洋环境保护执法主体主要有海洋行政主管部门、海事行政主管部门、渔业行政主管部门等。其中第86条①规定海洋行政主管部门对将境外废弃物倾倒境内的污染海洋环境的违法主体拥有行政处罚权。②《中华人民共和国放射性污染防治法》规定的放射性污染防治执法主体主要有海关和相关部门等。其中第58条②规定海关对于放射性污染物品的监管主要以入境、过境的环境行为监管处罚为主。③《中华人民共和国固体废物污染环境防治法》规定的固体废物污染环境防治执法主体主要有固体废物污染环境防治工作的监督管理部门、经济综合宏观调控部门、环境卫生行政主管部门、海关等。④《中华人民共和国水污染防治法》规定水污染防治执法主体主要有依照本法规定行使监督管理权的部门、水行政主管部门、流域管理机构、经济综合宏观调控部门、城镇排水主管部门、海事管理机构、渔业主管部门、供水主管部门等。其中第89条③赋予了海事管理机构、渔业主管部门对未配置相应的防污染设备和器材的违法主体行政处罚的权力。⑤《中华人民共和国大气污染防治法》规定的大气污染防治执法主体主要有负有大气环境保护监督管理职责的部门、公安机关、经济综合主管部门、海关、能源主管部门、市场监督管理部门、海事管理机构、渔业主管部门、省级以上人民政

---

① 《中华人民共和国海洋环境保护法》第86条：违反本法第五十五条第三款的规定，将中华人民共和国境外废弃物运进中华人民共和国管辖海域倾倒的，由国家海洋行政主管部门予以警告，并根据造成或者可能造成的危害后果，处十万元以上一百万元以下的罚款。

② 《中华人民共和国放射性污染防治法》第58条：向中华人民共和国境内输入放射性废物和被放射性污染的物品，或者经中华人民共和国境内转移放射性废物和被放射性污染的物品的，由海关责令退运该放射性废物和被放射性污染的物品，并处五十万元以上一百万元以下罚款；构成犯罪的，依法追究刑事责任。

③ 《中华人民共和国水污染防治法》第89条：船舶未配置相应的防污染设备和器材，或者未持有合法有效的防止水域环境污染的证书与文书的，由海事管理机构、渔业主管部门按照职责分工责令限期改正，处二千元以上二万元以下的罚款；逾期不改正的，责令船舶临时停航。

府交通运输主管部门、住房城乡建设等主管部门以及县级以上地方人民政府确定的监督管理部门等。⑥《中华人民共和国噪声污染防治法》规定的噪声污染防治执法主体主要有经济综合主管部门、公安机关以及其他依照本法规定行使环境噪声监督管理权的监督管理部门、港务监督、铁路主管部门等。其中第71条①赋予了除生态环境执法部门以外的其他机构如公安机关、港务监督等行政主体行政处罚权。⑦《中华人民共和国土壤污染防治法》规定土壤污染防治执法主体主要有负有土壤污染防治监督管理职责的部门、农业农村主管部门、地方人民政府有关部门、自然资源部门等。其中第59条②规定生态环境主管部门会同自然资源主管部门共同组织土壤污染状况的评审，自然资源部门在进行环境行政执法活动过程中也应将其视为环境行政执法主体中的一份子。⑧《中华人民共和国森林法》规定森林环境资源保护执法主体主要有林业主管部门、武装森林警察部队。其中第73条③明确了各级林业部门的监管职能以及对林业使用违法人的行政处罚权。

（二）环境案件的行政执法

环境执法是指环境行政主体依法对环境行政管理相对人采取的直接影响其具体权利义务的行为，或者对相对人是否正当行使权利和履行义务的情况进行监督、检查的行为。④ 环境执法权限的不足是困扰环境执法主体

---

① 《中华人民共和国噪声污染防治法》第71条：违反本法规定，拒绝、阻挠监督检查，或者在接受监督检查时弄虚作假的，由生态环境主管部门或者其他负有噪声污染防治监督管理职责的部门责令改正，处二万元以上二十万元以下的罚款。

② 《中华人民共和国土壤污染防治法》第59条：对土壤污染状况普查、详查和监测、现场检查表明有土壤污染风险的建设用地地块，地方人民政府生态环境主管部门应当要求土地使用权人按照规定进行土壤污染状况调查。

用途变更为住宅、公共管理与公共服务用地的，变更前应当按照规定进行土壤污染状况调查。

前两款规定的土壤状况调查应当报地方人民政府生态环境主管部门，由地方人民政府生态环境主管部门会同自然资源主管部门组织评审。

③ 《中华人民共和国森林法》第73条：违反本法规定，未经县级以上人民政府林业主管部门审核同意，擅自改变林地用途的，由县级以上人民政府林业主管部门责令限期恢复植被和林业生产条件，可以处恢复植被和林业生产条件所需费用三倍以下的罚款。

④ 参见吕忠梅：《环境法学》（第二版），北京：法律出版社2008年版，第128页。

的主要问题，因此，与其他执法主体的联动，有助于弥补环境执法主体权限的不足，破除环境执法障碍。① 现阶段我国的环境执法机制还在探索完善的过程中，环境执法主体在实践中执法权限不明，存在执法人员相互推卸责任的现象，甚至执法主体遇到特殊情况时，无法及时采取应对措施，严重影响了执法力度和执法效率。弥补环境执法主体执法权限方面的障碍，需要不同执法主体间的协调配合，联合互动，降低执法成本，提高了执法效率和水平。目前，环境执法主体与其他执法主体联合联动的工作方式，是破解环境执法困境的有效方式。这就是环境执法中的联合执法。

其中最主要的是环境保护主管部门与公安部门的联合执法。在普通的环境案件执法过程中，环保机构的执法人员针对环境违法人员只能采取行政处罚的措施，但是在执法过程中通过与公安部门的联合，可以加大对违法行为的处罚力度，公安部门可以对违法行为人进行治安管理处罚，或者对涉嫌环境犯罪的行为人直接立案侦查等。如：2017 年四川省通报的 2016 年的打击环境污染犯罪工作，全省公安机关和环境保护主管部门共出动联合执法人员 1966 人次，排查危险品废品产生单位 1022 家，医疗机构 377 家，污水处理厂 27 家，汽车修理厂 353 家，工业企业 232 家，生活垃圾填埋场 34 家，环境保护主管部门移送相关环境污染治安案件 13 件，立案查处涉嫌环境违法犯罪案件 8 起；② 2015 年，山东省青岛市环境监察支队深化监察工作改革，加强执法制度建设，强化部门联勤联动，严厉打击各类环境违法犯罪行为，推进环保公安合力防范的环保监管格局向纵深发展，先后组织市区两级环保公安开展了 174 次联合执法检查行动，查获 25 起环境违法案件，及时向司法机关进行移交。③ 环保部门和公安部门通过建立

---

① 执法权限的障碍主要有三个方面：一是法律规范不完善。环境法律法规中，赋予环境执法主体执法权的法条过于抽象，难于具体把握操作，导致有法难依，执法不力。二是执法主体权限配置不合理，职能重复。表现为环境执法主体的职权存在矛盾，条块分割、自成体系，导致执法权力碎片化，造成执法混乱。三是环境执法方式方法比较落后。监察管理手段、技术手段跟不上环境保护发展需要，不能充分发挥执法作用，影响环境执法实效。

② 四川省人民政府网公开：https：//www.sc.gov.cn/10462/10464/10797/2018/6/5/10452423.shtml（2022 年 7 月 15 日访问）。

③ 山东省生态环境厅公开：http：//sthj.shandong.gov.cn/ztbd/lszt/zdhyhjzg/201602/t20160229_819638.html（2022 年 7 月 15 日访问）。

联动工作机制，加强执法信息的沟通共享，提高了执法队伍的配合能力，有利于环境执法工作的有序开展，有利于整治环境违法犯罪行为，从而更好地保护生态环境。

二、环保警察

环保警察是因应环境犯罪专业性、复杂性、技术性的特点而构想的一种制度和实践。在职责设置上，环保警察主要负责污染型环境犯罪案件的侦查取证，既享有部分行政执法权，负责查处部分污染环境的行政违法行为，又享有污染型环境犯罪案件的侦查权。之所以探索环保警察制度，主要是基于以下两个原因：其一，环境治理在实践中采用的是"统分结合"的综合治理模式，环境执法权分布在环保、水利、自然资源、国土等多个部门，在环境犯罪打击实务中出现了很多取证困难、以罚代刑、相互推诿、案件线索得不到及时跟进等问题；其二，很多地方公安机关的侦查部门的侦查人员缺乏生态环境领域的专业知识和技术设备，面临难以有效地发现、收集和固定环境犯罪案件相关证据这一困境。为了提高环境执法的权威和效能，我国从 2006 年开始了对环保警察制度的积极探索，全国有多个省市成立了专司环保执法的警察队伍，在省一级层面设立了环保警察的包括浙江、辽宁、河北、山东、贵州五个省。

目前，我国的环保警察分为两大类，第一类是"内置式"，即在公安机关内部设立环保警察，专门负责环境违法犯罪的执法和刑事追诉。2006年 3 月，河北省安平县公安局在县环保局设立环境保护派出所，这是我国在环境执法改革中的大胆尝试，也是我国第一支负责打击环境犯罪的专门警察队伍。随后在 2008 年，云南省昆明市公安局环境保护分局挂牌成立，这是全国成立的首个公安局环保分局，也是首次由地市级公安局牵头建立的打击环境犯罪的专门队伍。此后，"环保警察"如同雨后春笋般在各地出现。例如，2011 年，湖北省大冶市成立环保警察大队；2012 年，河南省滑县成立环境警察大队；2014 年 10 月，广东省佛山市公安局成立了经侦支队环境犯罪侦查大队，这是广东地区对"环保警察"制度的首次尝试；

贵州省在地市级公安局的经侦支队中设立生态安全保卫总队，专门从事环境犯罪案件的侦察，浙江省在公安系统内部设置食品药品与环境犯罪侦查总队、支队、大队。各地对于环保警察的称谓有所不同，例如，辽宁省和河北省称为"环境安全保卫警察"，贵州省称为"生态环境安全保卫警察"，山东省和浙江省把食品药品和环境犯罪警察合称为"食药环侦查总队"，但是在本质上都是环保警察制度的创新尝试，主要的工作基本上是配合环境保护主管部门的行政执法或者单独针对个案展开侦查。① 第二类是"外派式"，即由地市级或者区级公安局派一定数量的警察去环境保护主管部门常驻。例如，江苏省兴化市公安局设立驻环保局治安办公室；重庆市忠县公安机关派专门人员进驻环保行政机关，成立环保警务室，与环保行政机关联合执法。

各地对于环保警察制度的积极探索，对打击环境犯罪起到了显著的作用，但是试点从 2006 年至今已经过去了十余年，环保警察制度并没有成长和发展为一个全国统一设置的制度。这主要是基于以下三个方面的原因：第一，环保警察的设立在立法上的依据不足。现行的《中华人民共和国人民警察法》和《中华人民共和国环境保护法》中都没有关于环保警察制度的相关法律规定，2017 年第十二届全国人大代表大会第五次会议和中国人民政治协商会议第十二届全国委员会第五次会议中，有代表委员提议创立环保警察制度，但该提议没有被采纳，设立环保警察制度在立法上的依据还有待完善。第二，我国目前的环保警察人事编制紧缺。回顾各地的环保警察制度探索，无论是"内置式"还是"外派式"，都遇到了环保警察编制不足的问题。除了辽宁省在省级公安系统新增环保警察编制外，其余地方均在公安系统内部压缩出编制，用于打击环境违法与犯罪，没有为环保警察专门设置编制。② 编制的缺少一方面会导致环保警察的人员十分紧缺，另一方面也容易导致环保警察地位的下降，导致优质的人才不愿意进入这个队伍。第三，没有专门法律对环保警察的职权范围作出界定，实践中环

---

① 参见王晓萍：《论我国环保警察制度的构建》，《科技创新与生产力》2017 年第 10 期。
② 参见来洁：《河北试水"环保警察"》，《经济日报》2014 年 5 月 6 日。

保警察的权力过大，容易出现权力寻租的情况。环保警察兼具行政执法和刑事司法的职能，改变了以往环境行政机关在执法过程中发现环境犯罪案件再移交到公安机关的传统路径，这一方面提高了环境犯罪案件的办理效率，有利于及时收集证据和更好地打击犯罪，但另一方面，这也使得执法过程中容易出现环境保护主管部门不作为或者乱作为现象，容易导致环保警察权力过大，缺乏监督，架空了环境保护主管部门的执法权力。因此，如何理顺环保机关的行政执法与环保警察的履职边界，是构建统一的环保警察制度必须解决的问题。

上述环保警察主要是针对污染型环境犯罪进行的探索。环保警察中还有一个重要的分支是森林警察。森林警察成立的时间要早于其他类型的环保警察，也有明确的法律依据①，其处理的环保案件范围比较窄，主要是部分资源破坏型环境犯罪案件。根据《森林法》规定，国家林业局森林公安局兼具行政执法权和刑事侦查权，负责保护辖区内的野生动植物资源，换言之，我国的森林警察不仅拥有行政执法权，也有权对自己辖区内非法捕猎、杀害珍贵、濒危野生动物，非法收购、运输、出售珍贵、濒危野生动物及其制品，盗伐林木，滥伐林木等环境破坏行为进行调查取证。与有待完善的其他类型环保警察制度相比较，我国的森林公安制度的发展比较完善，权责相对清晰。除了上海市外，我国各省、自治区、直辖市共建立了接近 7000 多个森林公安机构，共有 5 万多名办案民警，全国绝大部分地区都有森林警察的身影。②

---

① 《中华人民共和国森林法》第 20 条：依照国家有关规定在林区设立的森林公安机关，负责维护辖区社会治安秩序，保护辖区内的森林资源，并可以依照本法规定，在国务院林业主管部门授权的范围内，代行本法第 39 条、第 40 条、第 43 条、第 44 条规定的行政处罚权。

② 参见龙耀：《对森林公安整建制转为环保警察的思考》，《环境保护》2016 年第 8 期。

三、环境案件的行刑衔接

（一）行刑衔接的概念

广义的行刑衔接指的是"在行政执法与刑事司法的过程中，对于可能涉嫌犯罪的案件，相关部门之间相互配合、相互制约，确保能依法追究违法犯罪行为人法律责任的实体衔接与程序衔接的统一"①。换言之，行刑衔接既可以指违法行为与犯罪行为的衔接，也可以指违法行为处理机制与犯罪行为追诉机制的衔接，前者是实体衔接，后者是程序衔接。

实体衔接主要指行政法和刑法的衔接。学界关于实体衔接的研究主要聚焦于两个问题：其一是行政处罚与刑罚的界限研究，致力于明确违法行为与犯罪行为之间的界限；其二是行政处罚与刑罚之间是否存在"折抵"问题的研究，即对涉嫌犯罪的行为人，行政处罚之后再处以刑罚，是否存在"折抵"的问题，是否违反"一事不二罚"原则，主要是解决行为人的行为同时触犯了行政法和刑法的时候，二者之间应该如何协调、折抵和适用的问题。

程序衔接是指行政执法程序与刑事司法程序之间的衔接。学界普遍关注的是程序衔接涉及的程序问题和各部门的角色分工等，即"在行政执法与刑事司法过程中，一系列具有功能结构的要素之间的内在作用方式与相互联系"②。一方面行政执法与刑事司法的跨部门性质要求应重点考察两者之间的衔接程序，另一方面我国实体法已基本明确了违法与犯罪的界限，而如何使违法涉罪案件从行政执法领域进入刑事司法领域才是当前司法实践的关键。因此，程序机制是行刑衔接的核心问题③；是"在行政执法过程中将超越行政执法范畴、涉嫌构成犯罪的案件从一般行政执法中分流出

---

① 参见吴云、方海明：《法律监督视野下行政执法与刑事司法相衔接的制度完善》，《政治与法律》2011 年第 7 期。

② 参见姜涛：《行政执法与刑事执法的衔接机制研究———一个制度性的审视框架》，《内蒙古社会科学（汉文版）》2008 年第 6 期。

③ 参见周佑勇、刘艳红：《行政执法与刑事司法相衔接的程序机制研究》，《东南大学学报（哲学社会科学版）》2008 年第 1 期。

来，汇集到检察机关进行审查，由后者决定是否提起公诉并最终进入刑事审判的机制"①。行刑衔接程序的发展方向是侦查、审查起诉和审判。以下所论述的行刑衔接，主要是在程序衔接的意义上展开的。

（二）环境案件的行刑衔接和现状

环境案件的行刑衔接是指环境保护领域内环境行政执法部门在执法过程中发现涉嫌犯罪的案件或者案件线索而依法向刑事司法机关移送查处的一种工作机制。②

如何有效保障环境保护主管部门将行政执法过程中发现的涉嫌环境犯罪的案件依法移交公安机关展开刑事追诉，是当下环境犯罪治理的实践难题。关于环境犯罪的行刑衔接机制，现行法律没有作出明确、系统的规定，而主要体现在有关部门单独或者联合发布的相关规范性指导文件中。这些规范性文件包括：①2001 年 7 月 9 日国务院发布的《行政执法机关移送涉嫌犯罪案件的规定》（国务院令第 310 号）；②2001 年 12 月 3 日最高人民检察院发布的《人民检察院办理行政执法机关移送涉嫌犯罪案件的规定》；③2006 年 3 月 2 日最高人民检察院、全国整顿和规范市场经济秩序领导小组办公室、公安部、监察部联合发布的《关于在行政执法中及时移送涉嫌犯罪案件的意见》；④2007 年 5 月 17 日国家环保总局、公安部、最高人民检察院发布的《关于环境保护行政主管部门移送涉嫌环境犯罪案件的若干规定》（环发〔2007〕78 号）；⑤2011 年 2 月 9 日国务院法制办、中央纪委、最高人民法院、最高人民检察院、公安部、国家安全部、司法部、人力资源和社会保障部制定的《关于加强行政执法与刑事司法衔接工作的意见》；⑥2013 年 11 月 4 日环境保护部、公安部联合发布的《关于加强环境保护与公安部门执法衔接配合工作的意见》；⑦2017 年 1 月 25 日，环境保护部、公安部、最高人民检察院联合印发的《环境保护行政执法与

---

① 参见刘远、赵玮：《行政执法与刑事执法衔接机制改革初探——以检察权的性质为理论基点》，《法学论坛》2006 年第 1 期。

② 参见赵旭光：《"两法衔接"中的有效监督机制——从环境犯罪行政执法与刑事司法切入》，《政法论坛》2015 年第 6 期。

刑事司法衔接工作办法》（环环监〔2017〕17号）。此外，各地办案部门也制发了一些更具操作性的实施文件，例如，山东省生态环境厅、山东省公安厅、山东省人民检察院2019年7月联合印发的《关于进一步强化生态环境联勤联动执法工作机制的实施意见》。这些关于行刑衔接的规范性文件，对环境案件行刑衔接机制的建立和完善起了重要作用。不过，频繁出台关于行刑衔接的指导性文件，一方面说明行刑衔接是执法和司法实践中的重要问题，另一方面也说明这始终是一个未最终解决的问题，需要根据实践中出现的问题不断地重申、强调和制定针对性的应对措施。

对于环境案件的行刑衔接，除了上述规范性指导文件之外，2013年最高人民法院、最高人民检察院联合发布了的《关于办理环境污染刑事案件适用法律若干问题的解释》（法释〔2013〕15号）（已失效），2016年最高人民法院、最高人民检察院联合发布的《关于办理环境污染刑事案件适用法律若干问题的解释》（法释〔2016〕29号）以及2019年最高人民法院、最高人民检察院、公安部、司法部、生态环境部联合发布的《关于办理环境污染刑事案件有关问题座谈会纪要》，也对环境案件中的行刑衔接问题作出了规定。至此，环境案件中行刑衔接涉及的案件的移送与监督、证据衔接、部门协作、信息共享等主要问题都有了明确的规范性依据，推动了环境案件行刑衔接机制的建立和完善。

虽然对于环境犯罪的行刑衔接有很多规范性指导文件，环境保护主管部门也经常开展全国性或者区域性的治理活动，但是环境犯罪查处实践中仍然存在较为严重的"有案不移、有案难移、以罚代刑"等行刑衔接不畅甚至断裂的现象。根据生态环境部近几年关于环境行政处罚案件与《环境保护法》配套办法执行情况的通报，2018年1—6月，全国环境行政处罚案件共下达处罚决定书72192份，罚款金额为58.50万元，其中，全国共查处五类案件19303件，按日连续处罚案件420件，罚款金额达70038.82万元，查封、扣押案件10212件，限产、停产案件3589件，移送行政拘留3699起，移送涉嫌环境污染犯罪案件1383件；2019年1—6月，全国环境行政处罚案件共下达处罚决定书63744份，罚款金额为46.33亿元，案件平均罚款金额7.27万元，移送涉嫌环境污染犯罪案件663件；2020年1—

4 月，全国环境行政处罚案件共下达处罚决定书 28369 份，罚款金额为
19.20 亿元，案件平均罚款金额 6.77 万元，其中，全国共查处五类案件
3244 件，按日连续处罚案件 67 件，罚款金额 6427.8 万元，查封、扣押案
件 1928 件，限产、停产案件 289 件，移送行政拘留案件 703 起，移送涉嫌
环境污染犯罪案件 257 件；2021 年 1—3 月，全国环境行政处罚案件共下
达处罚决定书 20900 份，罚款数额为 15.76 亿元，案件平均罚款金额 7.55
万元，其中，全国共查处五类案件 2375 件，按日连续处罚案件 37 件，罚
款金额 4717.50 万元，查封、扣押案件 1639 件，限产、停产案件 174 件，
移送拘留案件 394 件，移送涉嫌环境污染犯罪案件 195 件。① 如图 4 - 1
所示：

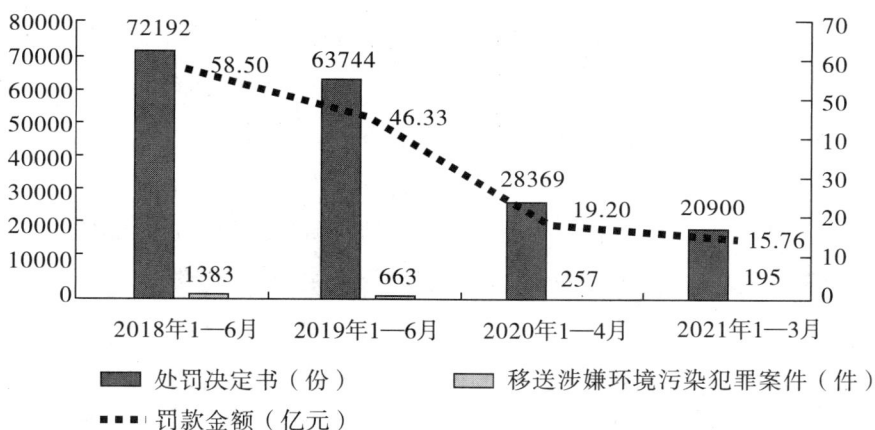

图 4 - 1   《环境保护法》配套办法的执行情况

    由上图可见，生态环境部公示的环境行政执法案件如此之多与移送司
法机关刑事追诉的案件如此之少形成了鲜明的对比，说明可能有很多达到
了刑事追诉标准的环境污染案件并没有进入司法程序，这与环境犯罪实务
中行刑衔接不畅有着密切的关联。

---

    ①   生态环境部官网信息公开，https：//www.mee.gov.cn/searchnew/? searchword =% E8%
A1% 8C% E6% 94% BF% E5% A4% 84% E7% BD% 9A% E6% A1% 88% E4% BB% B6（2022 年 6 月 5
日访问）。

（三）行刑衔接不畅的原因分析

第一，"地方保护主义"和"部门保护主义"思想的制约。《环境保护行政执法与刑事司法衔接工作办法》第 5 条规定："环境保护主管部门在查办环境违法案件过程中，发现涉嫌环境犯罪案件，应当核实情况并作出移送涉嫌环境犯罪案件的书面报告。本机关负责人应当自接到报告之日起 3 日内作出批准移送或者不批准移送的决定。向公安机关移送的涉嫌环境犯罪案件，应当符合下列条件：（一）实施行政执法的主体与程序合法；（二）有合法证据证明有涉嫌环境犯罪的事实发生。"第 26 条规定："环境保护主管部门在执法检查时，发现违法行为明显涉嫌犯罪的，应当及时向公安机关通报。公安机关认为有必要的可以依法开展初查，对符合立案条件的，应当及时依法立案侦查。在公安机关立案侦查前，环境保护主管部门应当继续对违法行为进行调查。"但是在环境案件的办理实务中，地方环境保护主管部门存在"地方保护主义"和"部门保护主义"的思想。一方面，组织查处、打击环境犯罪的活动受到地方政府基于经济利益考量的干预，即打击环境污染企业往往会影响当地经济的发展，也会影响地方政府的部分税收利益；另一方面，地方环境保护主管部门有时会为了自己部门的利益，通过"以罚代刑"的方式多罚款，少移送，因为环境保护主管部门业绩的考核往往会与该部门的处罚金额挂钩，因此，地方环境主管部门有动力对达到环境犯罪标准的企业多罚款，而不移送公安机关进行立案侦查，以此来增加自己部门的业绩。

第二，移送环节再次调查取证的工作量增加，影响了移送案件的积极性。《环境保护行政执法与刑事司法衔接工作办法》第 6 条规定："环保部门移送涉嫌环境犯罪案件，应当自作出移送决定后 24 小时内向同级公安机关移交案件材料，并将案件移送书抄送同级人民检察院。环保部门向公安机关移送涉嫌环境犯罪案件时，应当附下列材料：（一）案件移送书，载明移送机关名称、涉嫌犯罪罪名及主要依据、案件主办人及联系方式等。案件移送书应当附移送材料清单，并加盖移送机关公章。（二）案件调查报告，载明案件来源、查获情况、犯罪嫌疑人基本情况、涉嫌犯罪的事实、证据和法律依据、处理建议和法律依据等。（三）现场检查（勘察）笔录、调查询问笔录、现场勘验图、采样记录单等。（四）涉案物品清单，载明已查封、扣押等采取行政强制措施的涉案物品名称、数量、特征、存放地等事项，并附采取行政强制措施、现场笔录等表明涉案物品来源的相关材料。（五）现场照片或者录音录像资料及清单，载明需证明的事实对象、拍摄人、拍摄时间、拍摄地点等。（六）监测、检验报告、突发环境事件调查报告、认定意见。（七）其他有关涉嫌犯罪的材料。对环境违法行为已经作出行政处罚决定的，还应当附行政处罚决定书。"第 8 条规定："公安机关审查发现移送的涉嫌环境犯罪案件材料不全的，应当在接受案件的 24 小时内书面告知移送的环保部门在 3 日内补正。但不得以材料不全为由，不接受移送案件。公安机关审查发现移送的涉嫌环境犯罪案件证据不充分的，可以就证明有犯罪事实的相关证据等提出补充调查意见，由移送案件的环保部门补充调查。环保部门应当按照要求补充调查，并及时将调查结果反馈公安机关。因客观条件所限，无法补正的，环保部门应当向公安机关作出书面说明。"可见，案件移送是一项烦琐的工作，有严格的规范要求。此外，对于环境保护主管部门而言，因为行政执法收集到的证据和公安机关立案后刑事侦察所获得的证据标准不一样，往往后者的标准会有更高的要求，在开展环境执法活动的前期，一般都没有意识到正在处理的案件已经达到了环境犯罪的标准，后期需要进行案件移送，所以环境保护主管部门的执法人员在收集证据的时候会比较"随意"一些，等到后期发现达到犯罪标准需要案件移送的时候，有的前期收集的证据很难达到刑事追诉的标准，而需要再一次进行证据收集，或者根据公安机关的要求进行补充调查，这大大增加了有关工作人员的工作量，也降低了环境保护主管机关的执法人员移送达到刑事追诉标准案件的意愿。

第三，规定环境案件行刑衔接的规范性指导文件的效力层级较低，影响了这些文件的贯彻执行。这些规范性文件一般都是部委规章或者司法解释，其效力等级低于法律、行政法规。对于环境保护的执法主体而言，指导其日常工作的多是单行法，规定行刑衔接的规范性指导文件在约束力方面有欠缺。尤其是，规定行刑衔接的规范性指导文件的有些规定，与单行法的规定还存在不一致甚至冲突的地方，这也影响了规定行刑衔接的规范性指导文件的实效。例如，2016 年中共中央办公厅、国务院办公厅印发的《关于省以下环保机构监测监察执法垂直管理制度改革试点工作的指导意见》实现了执法、监管的分置，将行使监管职能的主体提升至省级环境保护主管部门，市级及以下通过省级派员的方式予以监督，将执法的权力下放到地市级和区县级的环境保护主管部门。① 但是，《固体废物污染环境防治法》第 27 条赋予了生态环境主管部门和其他负有固体废物污染环境防治监督管理职责的部门一定的执法权力。② 在执法权力的分配上，两个文件存在一定的冲突，这也导致负有固体废物污染环境防治监督管理职责的部门在处理固体废物污染案件的时候，有的部门选择将案件线索移送相关部门，有的部门则会直接查封、扣押，这在一定程度上也影响了行刑衔接机制的顺畅运行。

（四）行刑衔接机制的保障：重视和激活检察监督的功能

行刑衔接机制的构建和实践已有二十余年的历史，虽不能说该机制已经足够完善，但笔者认为因应实践需要而诞生的行刑衔接机制，内容全面和有针对性，基本可以适应环境案件行刑衔接的实际需要。鉴于我国刑法对犯罪"定性＋定量"的立法模式，行刑衔接是我国法治运行的必要和重要组成部分，似应以更高效力等级的法律或者行政法规来规定行刑衔接机

---

① 《关于省以下环保机构监测监察执法垂直管理制度改革试点工作的指导意见》第二条第（四）款规定："省级环境保护主管部门对全省（自治区、直辖市）环境保护工作实施统一监督管理，在全省（自治区、直辖市）范围内统一规划建设环境监测网络，对省级环境保护许可事项等进行执法，对市县两级环境执法机构给予指导，对跨市相关纠纷及重大案件进行调查处理。市级环境保护主管部门对全市区域范围内环境保护工作实施统一监督管理，负责属地环境执法，强化综合统筹协调。县级环境保护主管部门强化现场环境执法，现有环境保护许可等职能上交市级环境保护主管部门，在市级环境保护主管部门授权范围内承担部分环境保护许可具体工作。"

② 《固体废物污染环境防治法》第 27 条规定："有下列情形之一，生态环境主管部门和其他负有固体废物污染环境防治监督管理职责的部门，可以对违法收集、贮存、运输、利用、处置的固体废物及设施、设备、场所、工具、物品予以查封、扣押：（一）可能造成证据灭失、被隐匿或者非法转移的；（二）造成或者可能造成严重环境污染的。"

制。不过，不同执法领域的行刑衔接的专业性、复杂性和分殊性①，又使得以统一的法律或者行政法规来规定行刑衔接机制具有很大的困难，立法前景并不明朗。因此，与其寄望于制定更高位阶的规范性文件来一劳永逸地解决行刑衔接机制的问题，不如着眼于完善现行的行刑衔接机制。笔者认为，完善行刑衔接机制的主要路径是重视保障机制的完善，即通过重视和激活检察机关的检察监督职能，为现行环境案件的行刑衔接机制的运行提供保障。

1. 检察监督的必要性和重要性

检察机关是我国《宪法》规定的法律监督机关，是独立于行政机关的专门国家机关，可以通过发挥监督职能纠正环境行政机关不当行使职权的任何行为。因此，检察监督是应用最广泛也是最有效的监督方式。环境破坏案件频发，与环境行政执法和刑事司法衔接不畅有重要关联，确保环境案件行刑衔接机制运行顺畅，需要从制度本身进行回应，其根本保障还是在于监督制度的完善。

理论和实务界逐渐认识到检察监督是确保环境犯罪案件顺利进入刑事诉讼程序的必要方式，其在行刑衔接机制运行过程中的重要性不言而喻。在中央政策层面，《中共中央关于加强新时代检察机关法律监督工作的意见》进一步规范了检察监督的方式，明确了检察监督在行刑衔接中的重要作用。② 全国各地检察机关也在环境案件行刑衔接的办理中开始发挥重要

---

① 例如，食品案件、药品案件、环境案件、走私案件等的办理都存在行刑衔接的问题，但这些不同执法领域的行刑衔接所要解决的具体问题又有很大差异，似乎难以以一部统一的法律或者行政法规来进行规定。

② 《中共中央关于加强新时代检察机关法律监督工作的意见》（下称《意见》）明确指出："人民检察院是国家的法律监督机关，是保障国家法律统一正确实施的司法机关，是保护国家利益和社会公共利益的重要力量，是国家监督体系的重要组成部分，在推进全面依法治国、建设社会主义法治国家中发挥着重要作用。"为进一步加强党对检察工作的绝对领导，确保检察机关依法履行宪法法律赋予的法律监督职责，《意见》在总体要求的基础上，就加强新时代检察机关法律监督工作提出了四个方面的意见：充分发挥法律监督职能作用，为大局服务、为人民司法；全面提升法律监督质量和效果，维护司法公正；加强过硬检察队伍建设，全面落实司法责任制；加强对检察机关法律监督工作的组织保障。其中，作为"全面提升法律监督质量和效果，维护司法公正"的重要一环，强调"健全行政执法和刑事司法衔接机制"，为确保充分发挥检察机关法律监督职能作用，提供了纲领性和体系性的指引。

的监督作用。例如，最高人民检察院联合公安部、生态环境部印发《关于深入打击危险废物环境违法犯罪和重点排污单位自动监测数据弄虚作假违法犯罪的通知》，三部门连续三年在全国开展深入打击危险废物环境违法犯罪和重点排污单位自动监测数据弄虚作假违法犯罪专项行动。专项行动期间，全国检察机关共批准逮捕危险废物污染环境犯罪 1030 件 1912 人，同比分别上升 69.6%、68.7%。最高人民检察院对 3 件跨区域重大疑难案件挂牌督办，紧盯污染环境犯罪案件的重点难点，指导破解专项行动难题，并发布 4 件检察机关依法惩治危险废物污染环境犯罪典型案例，为打击该类犯罪提供类案指导，发挥了重要的检察监督职能。① 全国各地检察机关积极响应，湖北、江苏、山东、四川等地检察机关分别挂牌督办 2 至 3 件影响较大的危险废物污染环境案件，形成以点带面的促进作用。针对重大疑难复杂和跨区域危险废物环境污染案件，各地检察机关在实行省市县三级上下联动的同时，注重加强检察职能横向联动，探索建立刑事、民事、行政和公益诉讼"四检合一"办案模式。此外，检察机关还着力与公安机关、生态环境部门构建一体化联动执法司法模式，强化重大敏感案件的会商督办，畅通案情通报、信息共享渠道，实现对污染环境犯罪"全方位打击、全链条发力、全过程监督"。

2. 创新检察监督方式

（1）"派驻 + 巡回 + 环保执法"的工作机制。

由于环境犯罪隐蔽性强，案件线索的来源多数集中在行政机关手中，可以根据《人民检察院组织法》第 17 条的规定②，探索向环境保护主管部门派驻检察官或者通过巡回检察的方式加强检察机关监督的主动性，及时发现环境犯罪线索，减少环境案件行刑衔接不畅的因素，督促环境保护主管部门积极作为，监督环境保护主管部门移送案件。通过向环境保护主

---

① 最高人民检察院网上发布厅："最高检联合公安部、生态环境部印发《关于深入打击危险废物环境违法犯罪和重点排污单位自动监测数据弄虚作假违法犯罪的通知》三部门深入打击危险废物环境违法犯罪"（发布时间：2022 年 5 月 6 日），https：//www.spp.gov.cn/xwfbh/wsfbt/202205/t20220506_ 556243.shtml#1（2022 年 6 月 7 日访问）。

② 《人民检察院组织法》第 17 条规定：人民检察院根据检察工作需要，可以在监狱、看守所等场所设立检察室，行使派出它的人民检察院的部分职权，也可以对上述场所进行巡回检察。

部门派驻检察官或者巡回检察的监督模式，可以帮助检察机关更容易了解环境案件办理中行刑衔接存在的问题，及时收集需要改善的信息，向环境保护主管部门和其他相关政府部门提出检察建议，保障行刑衔接机制的顺畅运行。

（2）"河长＋检察长"工作机制。

这种工作机制是宁夏回族自治区检察机关对环境案件办理的检察监督模式的创新。宁夏是唯一全域均为黄河流域的沿黄地区，早在 2017 年，宁夏就开始全面推行河长制，将全区 840 个河湖水系纳入河长制工作范围，实现了区、市、县、乡、村五级河长组织体系全覆盖。2019 年，宁夏检察机关与水利部门建立"河长＋检察长"依法治河协作机制，由单一的行政方式管制转变为"行政＋司法"方式管制，开启依法治河新模式。2020 年 8 月，宁夏回族自治区检察院、公安厅联合相关部门制定《关于在河长制工作中建立"河长＋检察长＋警长"工作机制的意见》，进一步加大河湖的保护力度。[①] 检察机关依法开展公益诉讼工作，对重大案件等提前介入，引导环境保护主管部门或者其他相关部门收集证据，并对河长制成员单位移送公安机关的涉河湖案件进行监督，督促有关部门主动作为，各司其职，有效解决了复杂敏感的河湖管理保护问题，减少了环境案件办理过程中的行刑衔接摩擦，助推问题快速高效解决。

（3）"环保＋公安"执法信息公示平台。

《关于深化生态环境保护综合行政执法改革的指导意见》中明确提出，要推行执法公示制度，推进执法信息公开。由于环境犯罪的行刑衔接涉及多个部门，笔者认为应通过检察机关的监督职权，建立跨部门的执法信息公示平台，让环境案件的办案线索或者信息公示公开，可以让其他有关部门及时跟进，主动作为。除此之外，建立跨部门的执法信息公示平台也有助于检察机关更好地介入环境犯罪的行刑衔接机制，及时掌握环境执法的最新进

---

① 宁夏回族自治区检察院、公安厅联合相关部门制定《关于在河长制工作中建立"河长＋检察长＋警长"工作机制的意见》：各市、县（区）对应设立河湖总检察长、河湖总警长，分别由同级检察机关、公安机关负责人兼任。河湖长牵头组织对河湖"四乱"、超标偷排、非法采砂等问题依法整治，协调组织开展涉河湖督查和联合执法。

度，有利于检察机关对各环境执法部门的执法活动进行全方位的监督。

综上，检察监督是环境案件行刑衔接机制顺畅运行的重要保障，应该创新检察监督工作机制，激活和发挥检察机关的检察监督职能，这是解决行刑衔接运行不畅的有效途径和重要机制。

第二节　环境犯罪的审查起诉

我国并未设立专门针对环境犯罪的审查起诉人员和程序，对环境犯罪的审查起诉适用普通的审查起诉制度。笔者在此想讨论两个问题：一是审查起诉阶段对证据的审查，其中主要涉及行刑衔接机制中的证据收集和移交，从教义学上讲，这是审查起诉阶段的重要审查内容。二是认罪认罚从宽制度在环境犯罪追诉中的适用问题。认罪认罚从宽制度在司法实践中主要适用于审查起诉阶段，是主要由检察官主导适用的制度，笔者在此想探讨在审查起诉阶段如何适用认罪认罚从宽制度，才更符合环境犯罪的追诉目的。

一、环境犯罪的证据审查

环境犯罪及其证据具有以下特点：环境犯罪行为的隐蔽性强，危害结果的潜伏期长，环境要素易受外界因素影响，变化较快。因此，环境犯罪证据的发现、收集难度大，证据容易灭失、毁坏或者变化。关于环境犯罪证据的规定都是围绕这些特点来制定的，对这些规定的理解和适用，以及审查起诉阶段对环境犯罪证据的审查，都应该立足于环境犯罪及其证据的这些特性。

关于环境犯罪证据的争议点，主要集中于：环保部门等环境案件的行政执法主体，是否是适格的取证主体？其收集的证据，哪些可以作为刑事诉讼的证据，哪些必须重新收集？以下从两个问题展开论述：其一，环境保护主管部门在行政执法中收集的证据能否在刑事诉讼中使用？其二，环境保护主管部门与公安机关在联合调查中收集的证据能否在刑事诉讼中使用？

（一）环境保护主管部门在行政执法中对收集的证据的审查

在环境犯罪的行刑衔接中，取证资格与证据使用是一个颇为重要的问题。一方面，基于国家机关的职责分配和工作上的便利，环境行政机关往往早于司法机关发现环境违法或犯罪，收集和保全证据往往是其职责所在；另一方面，法律对行政机关取证的程序要求往往低于对刑事诉讼取证的要求。这就导致对于环境保护主管部门是否具有环境犯罪刑事诉讼证据的取证资格具有争议。

《人民检察院刑事诉讼规则》第 64 条规定："行政机关在行政执法和查办案件过程中收集的物证、书证、视听资料、电子数据等证据材料，经人民检察院审查符合法定要求的，可以作为证据使用。""行政机关在行政执法和查办案件过程中收集的鉴定意见、勘验、检查笔录，经人民检察院审查符合法定要求的，可以作为证据使用。"这一规定是检察机关在审查起诉阶段对行政执法过程中所取得的证据进行审查的主要依据。在环境犯罪案件中，应如何理解和适用这一规定？

《刑事诉讼法》第 54 条第 2 款规定："行政机关在行政执法和查办案件过程中收集的物证、书证、视听资料、电子数据等证据材料，在刑事诉讼中可以作为证据使用。"这一规定在法律层面上赋予了行政机关收集证据的资格。2017 年《环境保护行政执法与刑事司法衔接工作办法》第 20 条规定："环境保护主管部门在行政执法和查办案件过程中依法收集制作的物证、书证、视听资料、电子数据、监测报告、检验报告、认定意见、鉴定意见、勘验笔录、检查笔录等证据材料，在刑事诉讼中可以作为证据使用。"显然，二者的差别在于：后者规定的环保部门收集的证据范围更广，其收集的监测报告、检验报告、认定意见、鉴定意见、勘验笔录、检查笔录等也可作为证据。有学者因此认为：《环境保护行政执法与刑事司法衔接工作办法》中对于证据的规定是对《刑事诉讼法》第 54 条的扩大解释，环境保护主管部门制作的具有较强主观性的证据是否具有刑事诉讼法上的证据效力还有待探究。①相关司法解释似乎对此持肯定的立场。
2016 年最高人民法院、最高人民检察院颁布的《关于办理环境污染刑事案
件适用法律若干问题的解释》第 12 条规定："环境保护主管部门及其所属
监测机构在行政执法过程中收集的监测数据，在刑事诉讼中可以作为证据
使用。"其中也把环境保护主管部门及其所属的监测机构所做的监测数据
纳入了可以适用于刑事诉讼的证据的范围。对此存在的疑虑是：行政执法
以效率为主要考量依据，对取证的程序要求低于刑事诉讼的取证要求，这
意味着站在刑事诉讼的立场，行政取证可能存在侵犯犯罪嫌疑人权利的风
险，从而使取得的证据在刑事诉讼中可能失去证明力。例如，《刑事诉讼
法》中对于查封、扣押的要求是必须有见证人在场并要求见证人参与对查
封扣押物品、文件的查点和在清单上签名或盖章。而对于环境保护执法机
构在行政执法过程中涉及的查封、扣押并没有提及要有见证人在场并且签
名或盖章的要求。正因如此，有学者认为允许在较低程序保障条件下获得
的行政执法证据直接进入刑事诉讼，最大的风险是可能实质地降低对被追
诉人的权利保障。②

有学者提出了"双重检验"的观点，认为环境保护执法机构及其他授
权机构正当收集的证据必须要通过行政法和刑事诉讼法的"双重检验"，
才可以适用于环境犯罪的刑事追诉中，成为刑事诉讼中的证据。③还有学
者认为，对于环境保护主管部门在行政执法中收集的实物证据，应当采取
一种更为宽缓化的"双重检验"标准，即以行政法的检验为主，以刑事诉
讼法关于非法证据排除规则的规定检验为辅。④

笔者认为，对于行政执法过程中取得的证据，《刑事诉讼法》和前述
相关规范性文件规定的是"在刑事诉讼法中可以作为证据使用"，而且
《环境保护行政执法与刑事司法衔接工作办法》第 21 条规定："环境保护

① 参见周长军：《环境犯罪的行刑衔接》，《山东法官培训学院学报》2021 年第 3 期。
② See Scott E. & Sundby, A Return to Fourth Amendment Basics: Undoing the Mischief of Camara and Terry, *Minnesota Law Review*, 1988（72）, pp. 407 – 409.
③ 参见冯俊伟：《行政执法证据进入刑事诉讼的类型分析——基于比较法的视角》，《比较法研究》2014 年第 2 期。
④ 参见周长军：《环境犯罪的行刑衔接》，《山东法官培训学院学报》2021 年第 3 期。

主管部门、公安机关、人民检察院收集的证据材料，经法庭查证属实，且收集程序符合有关法律、行政法规规定的，可以作为定案的根据。"质言之，环境保护部门在行政执法中取得的证据在刑事诉讼法中作为证据使用是有条件的。

对于行政执法过程中收集的实物证据，应以可以适用为原则，排除适用为例外。申言之，收集到的实物证据在可能严重影响司法公正或者严重违反了刑事诉讼法中的证据规则的时候予以排除，如果仅是轻微的瑕疵可以补正或者合理解释后予以适用。环境案件办理的特殊性在于：环境保护执法机构在前期执法的过程中并不一定意识到案件会进入刑事追诉的环节，所以收集证据的标准也会以行政法的要求为主，等到发现案件可能构成环境犯罪的时候，实物证据的收集工作可能已经完成，再次收集往往会收集困难或者无法收集。例如，环境保护执法机构对于被行为人违法排放、倾倒的有毒物质污染的河水的取样收集，这类实物证据具有较强的客观性、易逝性、短暂性和不可再生性，如果要求公安机关再次收集，很可能这类证据已经消失而无法收集，导致刑事追诉中证据不足，不利于保护法益、打击犯罪。

对于行政执法过程中收集的言辞证据，则应以重新取证为原则。言辞证据的主观性比较强，行政执法机关在收集言辞证据的过程中对于涉案人权利的保护低于在刑事案件中的保护，例如，《刑事诉讼法》规定了犯罪嫌疑人自被侦查机关第一次讯问或者采取强制措施之日起，有权委托辩护人，被告人可以随时委托辩护人，在特定情况下享有获得法律援助的权利，以及免费获得翻译等程序权利，而在行政执法程序中，行政相对人并没有这些程序上的保障。因此，对于行政机关收集的言辞证据原则上应当重新收集，只有在无法重新收集而言词证据又符合可靠性、合法性的情况下才不需要重新收集。在这种情况下，其他考量应排在对犯罪嫌疑人的权利保障之后。

（二）环境保护主管部门与公安机关在联合调查中对收集的证据的审查

对于联合执法或联合调查过程中收集到的证据是否能直接作为刑事诉讼的证据使用，在我国目前的法律中并没有具体的规定。2016 年最高人民法院、最高人民检察院《关于办理环境污染刑事案件适用法律若干问题的解释》对环境保护主管部门和公安机关在联合调查过程中获得的检测数据进行了规定，即"公安机关单独或者会同环境保护主管部门，提取污染物样品进行检测获取的数据，在刑事诉讼中可以作为证据使用"，没有涉及其他证据。《环境保护行政执法与刑事司法衔接工作办法》的第 27 条和第28 条对环境保护机构与公安机关联合调查中的证据收集问题作了相关规定：第 27 条规定在联合调查过程中各方都有收集证据和防止证据灭失的责任；由于环境犯罪案件取证活动对取证人员的取证能力要求更高，取证人员必须具备更为专业的取证能力，所以第 28 条进一步明确了联合调查过程中双方各自负责收集的具体证据类型，并要求二者要相互协作、互相配合、共同取证。① 有学者认为联合调查可能存在的风险是容易出现"权力混用"和"侦查权前移"等问题。②

笔者认为，环境保护主管部门与公安机关的联合调查是为了应对日益复杂的环保污染案件而作出的新尝试；联合执法或者联合调查有效地弥补了环境保护主管部门和公安机关在环境污染案件中各自的不足，公安机关收集和固定证据时，利用环境保护主管部门的专业知识，更有利于使收集的证据符合刑事追诉的标准和要求。前述对行政执法中取得的证据的审查

---

① 《环境保护行政执法与刑事司法衔接工作办法》第 27 条："环境保护主管部门、公安机关应当相互依托'12369'环保举报热线和'110'报警服务平台，建立完善接处警的快速响应和联合调查机制，强化对打击涉嫌环境犯罪的联勤联动。在办案过程中，环境保护主管部门、公安机关应当依法及时启动相应的调查程序，分工协作，防止证据灭失。"

第 28 条："在联合调查中，环境保护主管部门应当重点查明排污者严重污染环境的事实，污染物的排放方式，及时收集、提取、监测、固定污染物种类、浓度、数量、排放去向等。公安机关应当注意控制现场，重点查明相关责任人身份、岗位信息，视情节轻重对直接负责的主管人员和其他责任人员依法采取相应强制措施。两部门均应规范制作笔录，并留存现场摄像或者照片。"

② 参见周长军：《环境犯罪的行刑衔接》，《山东法官培训学院学报》2021 年第 3 期。

规则，基本可以适用于联合执法情况下取得的证据的审查。具体而言，联合执法过程中所取得的实物证据，应以可以适用为原则，排除适用为例外；对于言辞证据，如果是公安机关根据《刑事诉讼法》规定制作的言辞证据，可以直接作为证据使用，但如果是环境保护主管部门制作的言辞证据，则应由公安机关根据《刑事诉讼法》的规定重新制作，因为在联合调查中，环境保护主管部门可以及时、便捷地要求公安机关制作口供或者笔录，不应该在不符合《刑事诉讼法》要求的情况下自行制作。

二、认罪认罚从宽制度在环境犯罪案件中的适用

2016 年 7 月 22 日，中央全面深化改革领导小组第二十六次会议审议通过了《关于认罪认罚从宽制度改革试点方案》，开启了为期两年的认罪认罚从宽试点。2018 年 10 月 26 日，新通过的《刑事诉讼法》在第 15 条正式确立了"认罪认罚从宽制度"。该条规定："犯罪嫌疑人、被告人自愿如实供述自己的罪行，承认指控的犯罪事实，愿意接受处罚的，可以依法从宽处理。"2019 年 10 月 24 日，最高人民法院、最高人民检察院、公安部、国家安全部、司法部联合发布《关于适用认罪认罚从宽制度的指导意见》，认罪认罚从宽制度在司法实践中得以全面展开。认罪认罚从宽制度是宽严相济刑事政策在新时代的创新适用，承载了"公正为本、效率优先"的价值取向[1]，同时也具有促使侦查机关转换办案思路、行为人认罪服法、缓解案件压力的附带价值。[2]

《关于适用认罪认罚从宽制度的指导意见》第 5 条规定，认罪认罚从宽制度贯穿刑事诉讼全过程，适用于侦查、起诉、审判各个阶段。但从实践情况看，与侦查阶段公安机关的适用和审判阶段人民法院的适用相比，检察机关在审查起诉阶段的适用处于相对主导地位。所谓"相对主导地位"有两层含义，一是具有数量的意义，即检察机关对该制度的适用率较

---

① 参见陈卫东：《认罪认罚从宽制度研究》，《中国法学》2016 年第 2 期。
② 参见魏晓娜：《完善认罪认罚从宽制度：中国语境下的关键词展开》，《法学研究》2016 年第 4 期。

高；二是在是否启动或者适用该制度上，办案检察官有更多的决定权。目前，尚没有关于在环境犯罪中适用认罪认罚从宽制度的专门的规范性文件。不过，在环境犯罪的审查起诉阶段适用认罪认罚从宽制度，不论是对实现该制度的立法目的，还是对环境犯罪的追诉，都具有重要的意义。

在环境犯罪中适用认罪认罚从宽制度的意义在于检察机关可以将"从宽"作为一种激励措施，鼓励犯罪嫌疑人在认罪的前提下，自愿主动地恢复被破坏的环境。这体现了先进的恢复性司法理念，有助于实现修复环境的司法功能。然而，要求犯罪嫌疑人承担"环境修复"的责任，是否于法有据？要扩大认罪认罚从宽制度在环境犯罪追诉中的适用，还是需要找到适用的规范性依据。《关于适用认罪认罚从宽制度的指导意见》第7条规定："认罚"考察的重点是犯罪嫌疑人、被告人的悔罪态度和悔罪表现，应当结合退赃退赔、赔偿损失、赔礼道歉等因素来考量。"修复环境"即属于"退赃退赔、赔偿损失、赔礼道歉"之外"等因素"的范畴。因为该司法解释是针对一般犯罪适用认罪认罚从宽制度所作的规定，所以不可能针对不同的犯罪列举所有的"认罚"形式，但无论是从字面解释，还是从目的解释，承担"环境修复"责任，都应该属于"认罚"的内容。司法实践中，很多地方的司法机关在环境犯罪的追诉中，要求犯罪嫌疑人承担"补植复绿""土地复垦""投放鱼苗""缴纳生态修复基金"等环境修复责任，可谓创新性的司法适用，并不能说是于法无据。

第五章

环境犯罪的审判

　　在第三章关于环境犯罪的教义学研究的基础上，本章将对环境犯罪的司法适用情况进行考察。本章的研究内容主要包括环境犯罪审判所揭示的环境犯罪中单位犯罪的情况、因果关系认定情况、罪过形式认定情况、证据采信情况、刑罚适用情况等，意图展现具有法律实效的环境犯罪规范，由此可以看出规范性效力的法律与具有实效的法律之间的距离和状态，并尽可能对理论与实践之间的互动关系提供新的观察视角。

　　本章属于实证研究，所使用的工具和方法是：以小包公法律实证分析平台为检索工具；案件类型限制为"刑事"；文书类型选择"裁判文书"；文书性质限定于"判决书"；文书日期覆盖范围选取"2011 年 1 月 1 日至 2022 年 4 月 23 日之间"；案由选择第三章里的所有罪名。

　　符合以上检索条件的案件共计 1680 件，案件数排在前十位的省份，具体分布如图 5 - 1 所示。①空间上，案件数量最多的地区集中在广西壮族自治区，其次是云南省、广东省和福建省；特点表现在涉及环境犯罪的案件集中于环境资源种类丰富的省份以及东南部沿海地区。②时间上，2013 年至 2019 年环境犯罪案件数量呈上升趋势，2019 年案件数量最多，有 302 份判决书，2019 年以后环境犯罪案件数量呈下降趋势，具体情况如图 5 - 2 所示。

案件数

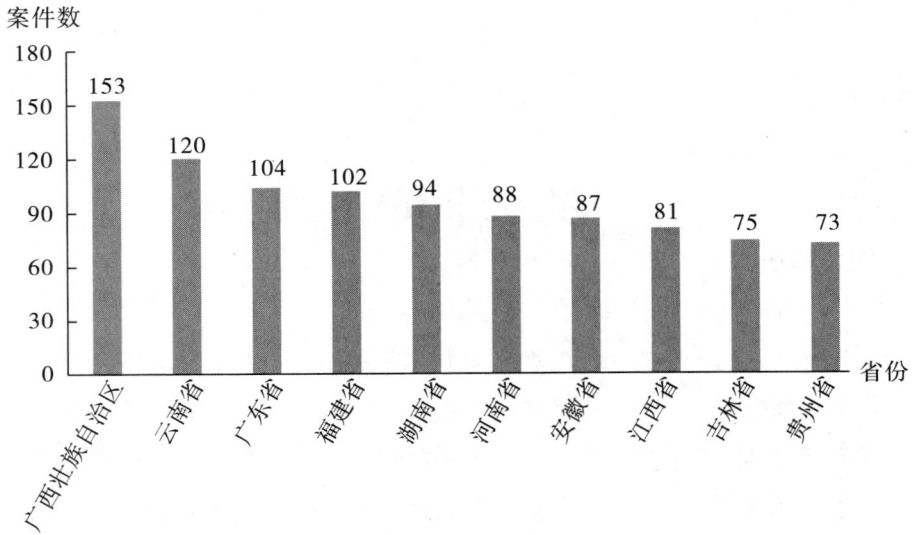

图 5-1　各地区环境犯罪案件分布情况

案件数

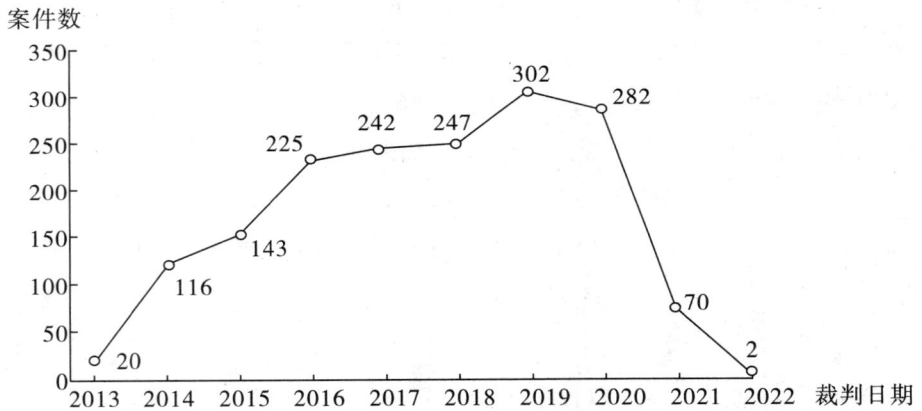

图 5-2　环境犯罪时间分布情况

第一节 环境犯罪的定罪与量刑

一、定罪方面的司法适用

(一) 罪名的分布情况

1680 件环境犯罪样本主要集中于八种罪名,按照罪名分布情况由多到少为:滥伐林木罪、非法采矿罪、非法占用农用地罪、污染环境罪、盗伐林木罪、非法狩猎罪、非法捕捞水产品罪以及非法收购、运输盗伐、滥伐的林木罪,具体案件分布情况如图5-3所示。其中,污染型环境犯罪只涉及污染环境罪,而剩余的七种罪名均属于资源型环境犯罪。滥伐林木罪案件数量最多,高达535份。污染型环境犯罪在近几年环境犯罪中占比较少,这与国家严格的环境管理政策和前置法适用息息相关。2012年修订的《清洁生产促进法》、2014年修订的《环境保护法》、2017年修正的《海洋环境保护法》《水污染防治法》以及2018年修正的《大气污染防治法》《环境影响评价法》等,均对有效规制污染类行为和遏制犯罪的发生发挥了重要作用。

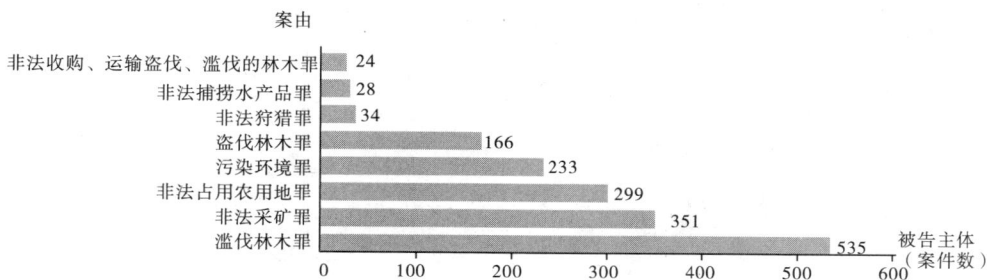

图 5-3 环境犯罪罪名分布情况

（二）犯罪主体的情况

我国《刑法》规定的破坏环境资源保护罪中所包含的具体罪名，犯罪主体均可包括单位，具体规定在《刑法》第346条。在环境犯罪中，自然人为主要犯罪主体，自然人作为犯罪主体的环境犯罪案件共计1581份，占比94.11%，而单位作为犯罪主体的案件为99例，占比5.89%，如图5－4所示。根据图5－5可知，环境犯罪中的自然人犯罪主体存在一定比例的共同犯罪，在自然人犯罪中占比达37.57%。根据图5－6和图5－7可知，污染型环境犯罪中单位犯罪的数量占比17.23%，资源型环境犯罪中单位犯罪的数量占比4.02%。污染型环境犯罪中单位犯罪的情形主要集中于单位在开展生产作业过程中，未取得排污许可，倾倒、排放大量污染物或者虽取得排污许可，超过国家排放标准排污。

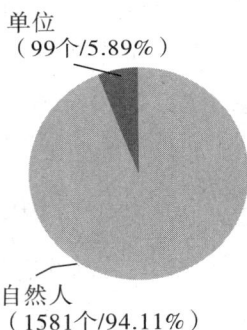

单位
（99个/5.89%）

自然人
（1581个/94.11%）

图5－4　犯罪主体类型分布情况

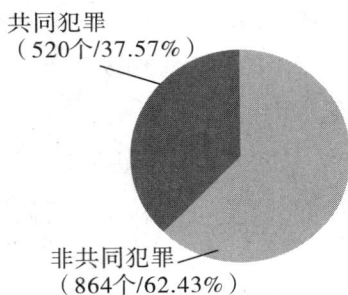

共同犯罪
（520个/37.57%）

非共同犯罪
（864个/62.43%）

图5－5　环境犯罪自然人共同犯罪情况

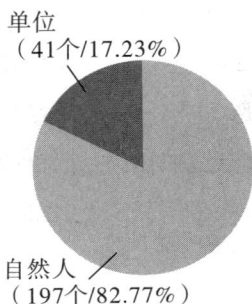

单位
（41个/17.23%）

自然人
（197个/82.77%）

图5－6　污染型环境犯罪主体

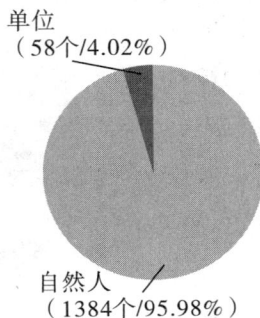

单位
（58个/4.02%）

自然人
（1384个/95.98%）

图5－7　资源型环境犯罪主体

（三）主观罪过形式的认定情况

环境犯罪主观罪过争议主要集中于污染型环境犯罪，特别是污染环境罪。资源型环境犯罪主观罪过均是故意，争议性较小。在1680份样本案例中，污染环境罪共计233例。法院在认定被告人主观罪过时，大多数判决书中并未明确说理，仅仅表述为"被告人违反国家规定，排放、处置危险废物，严重污染环境，其行为构成污染环境罪"，不对被告人主观罪过予以明确认定。（如图5-8所示）

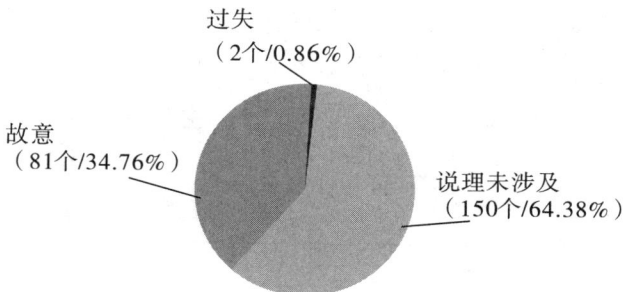

过失
（2个/0.86%）

故意
（81个/34.76%）

说理未涉及
（150个/64.38%）

图5-8　污染环境罪主观罪过认定情况

其中，仅有81份案例将主观罪过认定为故意，2份案例认定为过失。在认定为故意犯罪的案件中，主要存在以下两种类型：一是存在共同犯罪，两人以上共同故意犯罪，主观罪过认定为故意。如：（2020）鲁11刑终110号案件，在认定被告人是否构成污染环境罪时，法院认为："两被告人基于共同的犯罪故意，实施了同一犯罪行为，构成共同犯罪。"[①]二是直接说理认为被告人存在犯罪故意。如：（2019）闽04刑终184号案件，法院认为："被告人明知公司选矿厂尾矿库废水回用池外墙底部设有钢管，未及时处置，放任钢管的存在，导致含有重金属的选矿废水外流，严重污染环境，其主观上具有污染环境的故意。"[②] 对于辩护人提出的不具有污染

---

① 参见（2020）鲁11刑终110号《刑事判决书》。
② 参见（2019）闽04刑终184号《刑事判决书》。

环境的主观故意意见不予采纳。

将污染环境罪认定为过失犯罪的案件为（2016）粤 01 刑终 1480 号和（2019）陕 10 刑终 56 号。在说理过程中，法院倾向于认为被告人对于环境受污染的结果持过失心态。如表 5-1 所示：（2016）粤 01 刑终 1480 号案件，被告人属于过于自信的过失，其自行修建的用于处理生产废水的沉淀池，被告人具有预见其自建沉淀池也许具有无法达到法定污水排放标准的可能，却轻信能够避免，最终导致了污染结果的发生。在（2019）陕 10 刑终 56 号案件中，被告人也属于过于自信的过失，被告公司多次被环保部门查处处罚，说明其具有认识到公司堆放的重金属会导致环境污染的可能，却轻信能够避免，未及时采取恢复治理环境的措施，导致环境受污染。在这两起案件中，被告自然人和单位，对于环境受污染结果的出现均持反对态度，故法院认定其构成污染环境罪的主观罪过为过失。

表 5-1　污染环境罪认定为过失犯罪的案件说理情况

序号	案号	法院说理
1	（2016）粤 01 刑终 1480 号	被告人为降低生产成本，自行修建沉淀池处理生产废水，沉淀池虽有一定处理功能，但无法达到法定的生产污水排放标准，排放的重金属铜浓度仍超过规定的标准三倍以上，严重污染环境，故其主观方面为过失
2	（2019）陕 10 刑终 56 号	被告公司多次被环保部门查处处罚，直至 2017 年 3 月才恢复治理环境，显然上诉人存在污染环境的过失

根据图 5-8 可知，法院在认定污染环境罪时，除了未明确对罪过形态予以说理的案件以外，更倾向于将污染环境罪认定为故意犯罪。而理论界关于污染环境罪的罪过形式主要存在四种观点：故意说、过失说、混合说

和模糊罪过说。[①] 对应司法实务对该罪名主观罪过的认定情况,"未明确对罪过形态予以说理"的案件可谓采用了模糊罪过说,通过不提及的方式来回避对主观罪过进行明确认定,也从侧面说明污染环境罪主观罪过认定属于司法审判中尚未解决的难点问题。

(四) 犯罪形态的认定情况

环境犯罪的不同犯罪形态关涉到认定犯罪过程中是否需要对因果关系进行认定和说理。在资源型环境犯罪中,除非法占用农用地罪属于结果犯以外,其余的罪名如滥伐林木罪,盗伐林木罪,非法收购、运输盗伐、滥伐的林木罪,非法捕捞水产品罪,非法狩猎罪,非法采矿罪,根据《关于审理破坏森林资源刑事案件具体应用法律若干问题的解释》《关于办理破坏野生动物资源刑事案件适用法律若干问题的解释》《关于审理非法采矿、破坏性采矿刑事案件具体应用法律若干问题的解释》所规定的犯罪认定标准,均属于行为犯。故法官在审理这些案件过程中不需要对其因果关系进行说理。

环境犯罪既遂形态存在争议的罪名仍然集中于污染环境罪。2016 年最高人民法院、最高人民检察院《关于办理环境污染刑事案件适用法律若干问题的解释》针对污染环境罪罗列了 18 种犯罪认定标准。根据犯罪认定标准的不同,污染环境罪的既遂形态可以划分为三种类型:行为犯、结果犯和危险犯。由图 5 - 9 可知,在 233 例污染环境罪案件中,大多数为行为犯,其次是结果犯,认定为危险犯的案例最少。其中有 46 份案例,认定行为人构成污染环境罪,仅简单表述罪状,未明确说明被告人的行为属于最高人民法院、最高人民检察院《关于办理环境污染刑事案件适用法律若干问题的解释》所列 18 种情形中的哪一种具体情形。只有在判决书中具体列明行为人构成犯罪符合的具体认定标准,才能知道是否需要对案件所涉及的因果关系进行认定和说理。

---

① 参见张明楷:《污染环境罪的争议问题》,《法学评论》2018 年第 2 期。

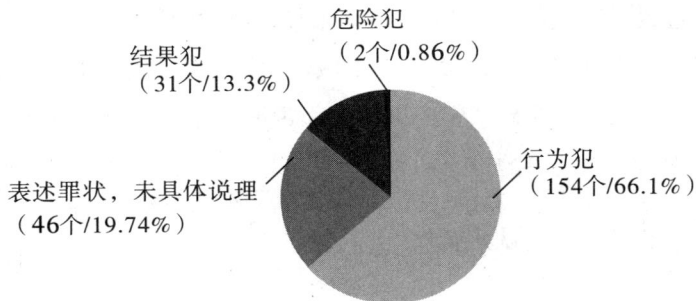

图 5-9　污染环境罪既遂形态认定情况

（五）因果关系的证明情况

环境犯罪因果关系的证明情况以犯罪形态的认定标准为前提，主要集中于结果犯。因此，在此部分仅以污染环境罪结果犯因果关系的证明情况为主要研究对象。在 233 例污染环境罪案件中，以结果的发生作为既遂条件的案件共计 31 例。

在 31 例污染环境罪案件中，法官在判决书中针对因果关系予以说理的案件仅涉及 2 例：（2020）粤 01 刑终 646 号和（2019）皖 17 刑终 16 号。其余案件均以被告人实施了最高人民法院、最高人民检察院《关于办理环境污染刑事案件适用法律若干问题的解释》第 1 条①规定的第（九）至第（十七）项被认定为符合"严重污染环境"或满足该解释第 2 条"致使公私财产遭受重大损失"标准或者满足第 3 条"后果特别严重"标准被认定为构成污染环境罪，其中的因果关系由法官按照一般的逻辑推理方法予以

---

① 最高人民法院、最高人民检察院《关于办理环境污染刑事案件适用法律若干问题的解释》第 1 条：实施刑法第三百三十八条规定的行为，具有下列情形之一的，应当认定为"严重污染环境"：……（九）违法所得或者致使公私财产损失三十万元以上的；（十）造成生态环境严重损害的；（十一）致使乡镇以上集中式饮用水水源取水中断十二小时以上的；（十二）致使基本农田、防护林地、特种用途林地五亩以上，其他农用地十亩以上，其他土地二十亩以上基本功能丧失或者遭受永久性破坏的；（十三）致使森林或者其他林木死亡五十立方米以上，或者幼树死亡二千五百株以上的；（十四）致使疏散、转移群众五千人以上的；（十五）致使三十人以上中毒的；（十六）致使三人以上轻伤、轻度残疾或者器官组织损伤导致一般功能障碍的；（十七）致使一人以上重伤、中度残疾或者器官组织损伤导致严重功能障碍的。

认定，属于自由心证，判决书未展示论证过程。对于此类因果关系较为明确的污染型环境犯罪，法官大多按照上述一般的逻辑推理方法结合最高人民法院、最高人民检察院《关于办理环境污染刑事案件适用法律若干问题的解释》对被告人是否构成污染环境罪予以认定。而对于一些因果关系较为复杂的案件，如因受时间因素影响或污染物特质因素影响，行为与结果之间无法有效证明其中的引起与被引起关系时，需要结合一些其他的证明方法对其中的因果关系予以论证。

目前，污染环境罪因果关系论证主要包括疫学因果关系论、因果关系推定规则和间接反证法三种类型。疫学因果关系论源于日本，是指根据科学的观点，尽管不能完全弄清从某种条件直至结果发生的因果经过，但在利用统计学方法与对比群体的比较中，同样存在认定一定的事实现象与侵害结果之间高度联系的情况。① 污染环境犯罪中的因果关系推定规则，是在直接证据无法证明污染环境犯罪中的危害行为与危害结果存在引起与被引起的关系时采用的，由起诉方搜集污染环境犯罪足够的情节证据，并提供环境中所含污染物质必然导致环境污染的科学证据，而后环境侵害的部分举证责任转移给环境侵害的加害方的因果关系证明方法。② 间接反证法是由不负有肯定事实存在证明责任的一方当事人反证事实不存在的一种证明方法。③

案件（2020）粤01刑终646号中涉及因果关系说理的部分集中于分析被告人是否应对污染损害结果承担连带赔偿责任的问题。由于本案发生在2020年，《民法典》尚未生效，法官根据《侵权责任法》第66条的规定，认为由于被告人未就法律规定的不承担责任或者减轻责任的情形及其行为与损害之间不存在因果关系承担举证责任，故认定被告人应当就损失承担赔偿责任。尽管该案对于因果关系的说理是为了解决民事问题，但是

① 参见李希慧、董文辉、李冠煜：《环境犯罪研究》，北京：知识产权出版社2013年版，第88-89页。
② 参见侯艳芳：《我国污染环境犯罪中因果关系推定规则之适用研究》，《青海社会科学》2011年第5期。
③ 参见唐双娥：《我国污染型环境犯罪因果关系证明方法之综合运用》，《法学论坛》2012年第5期。

该案中民事部分和刑事部分的因果关系认定针对的行为事实（污染行为与污染结果之间的事实关系）是一致的，二者是一个事情的不同两面。我们也可以将其置于刑事部分进行说理。在此案中，法官在论证其中的因果关系时，采用的是间接反证法与因果关系推定规则的结合。

案件（2019）皖 17 刑终 16 号中涉及因果关系说理的部分是这样表述的："固废污染环境损害司法鉴定报告，证实本次污染事件的因果关系及环境损害量化结果，土壤和地下水环境已经受到了损害，且与上诉人的堆置行为有因果关系。"很多污染环境罪案件通过司法鉴定的方式来证实污染行为与污染结果之间是否存在一定联系。采用该方式证明案涉因果关系，其实质是因果关系推定规则的适用。

二、量刑方面的司法适用

（一）自由刑的适用情况

破坏环境资源保护罪中所包含的具体罪名，法定刑的刑罚种类集中于主刑的管制、拘役、有期徒刑和附加刑的罚金刑。根据图 5 - 10 环境犯罪主刑适用情况可知，在 1589 份样本案例中，有 1432 份案例中的被告人被判处有期徒刑，占比达 90.12%。被告人被判处拘役的案件共计 147 例，占比为 9.25%。仅有 10 份案例，被告人被判处管制。被判处管制的案件罪名集中于非法狩猎罪、盗伐林木罪和滥伐林木罪。

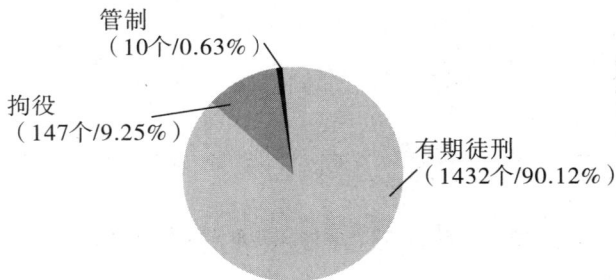

图 5 - 10　环境犯罪主刑适用情况

　　环境犯罪涉及自由刑的刑罚为拘役和有期徒刑。根据图 5 - 11 和图 5 - 12所展示的拘役刑刑期统计情况和有期徒刑刑期统计情况可知，被判处拘役的被告人，刑期大多集中在 4 ~ 6 个月；被判处有期徒刑的被告人，刑期期限集中在 6 个月以上 3 年以下，被判处 3 年以上 7 年以下的案件数量次之。学界较为倾向于以 3 年有期徒刑作为轻罪与重罪的分界。① 根据我们目前对环境犯罪被判处自由刑的统计情况可以看出，我国司法实务界对环境犯罪所判处的刑事处罚相对较轻。

案件数

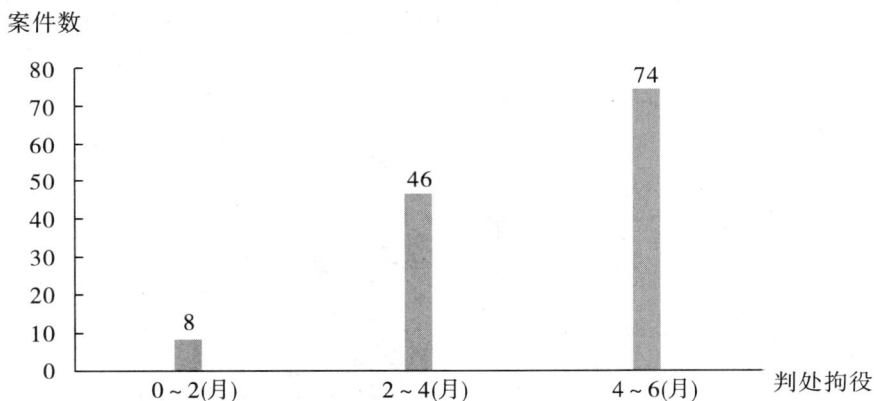

图 5 - 11　环境犯罪拘役刑刑期统计情况

案件数

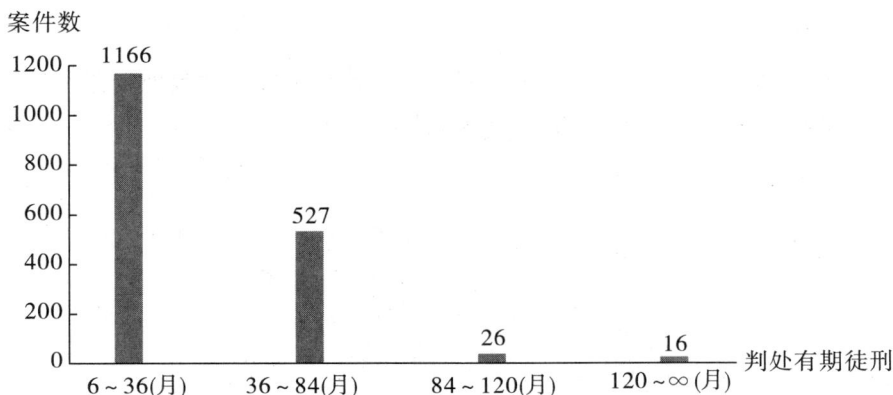

图 5 - 12　环境犯罪有期徒刑刑期统计情况

① 参见郑丽萍：《轻罪重罪之法定界分》，《中国法学》2013 年第 2 期。

（二）罚金刑的适用情况

环境犯罪案件中，罚金刑的适用十分广泛。我国立法关于罚金刑的适用方式有四种类型：选处罚金、单处罚金、并处罚金、并处或者单处罚金。环境犯罪所涉及的具体罪名有关罚金刑适用方式的规定涉及以下三种类型：选处罚金，如非法捕捞水产品罪；并处罚金，如污染环境罪；并处或者单处罚金，如非法占用农用地罪。对样本数据罚金刑适用方式进行统计，发现司法实务中并处罚金适用方式更广泛，占比达 92.12%。（见图 5 - 13）

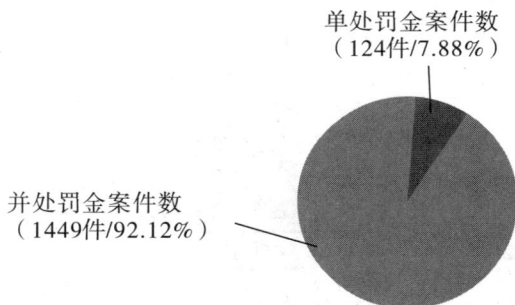

单处罚金案件数
（124件/7.88%）

并处罚金案件数
（1449件/92.12%）

图 5 - 13　环境犯罪罚金刑适用方式

根据图 5 - 14 环境犯罪罚金刑数额统计情况可知，并处罚金的数额普遍高于单处罚金的数额。并处罚金数额集中在 1 万元至 3 万元，罚金数额在 3 万元至 10 万元之间、3000 元至 1 万元之间的案件数量也相对较多。被判处 50 万元以上罚金的案件数量为 72 例，这 72 份判决书的审理法院大多集中在东南沿海地区。而单处罚金的数额集中在 1 万元至 3 万元和 3 万元至 10 万元之间。判处 50 万元以上罚金的案件相对较少，主要原因是单处罚金刑所对应的罪名法定刑规定多为"并处或者单处罚金"，而法官在审理过程中，对于罪行较为严重的环境犯罪，倾向于适用"并处罚金或者单处罚金"中的"并处罚金"。单处罚金在适用过程中占比较小，且罚金数额也相对较低。

案件数

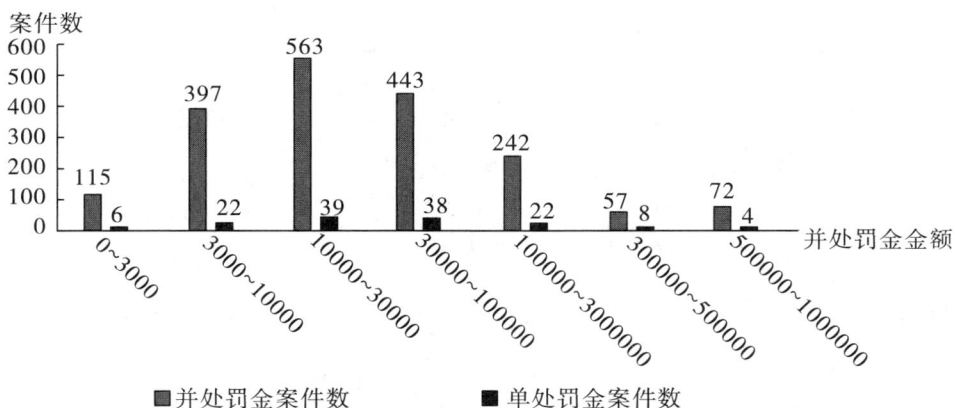

图 5-14　环境犯罪罚金刑数额统计情况

（三）资格刑①的适用情况

我国刑法目前涉及环境犯罪的资格刑主要有职业禁止以及禁止令中对从事特定活动的限制，以职业禁止为主要。样本数据中，被判处资格刑的共有 10 份案件，如表 5-2 所示。犯罪主体均为自然人，不涉及单位。法院在判处资格刑时，集中于明确禁止被告人从事特定的生产经营活动，该特定生产经营活动与被告人罪名有关。（2020）内 22 刑终 190 号案件较为例外，法院判处被告人禁止从事与破坏环境资源有关的活动，包含了该类型罪名所涉及的所有生常经营活动，涵摄范围较广。

表 5-2　环境犯罪资格刑适用情况

犯罪主体	资格刑类型	案号
自然人	禁止从事与破坏环境资源有关的活动	（2020）内 22 刑终 190 号
	禁止被告人在缓刑期间从事与其罪名有关的活动	（2020）豫 13 刑终 565 号

---

① 一般认为，资格刑就是剥夺政治权利。笔者在此处从广义上使用"资格刑"这一概念，即将职业禁止和禁止令也作为资格刑。

（续上表）

犯罪主体	资格刑类型	案号
自然人	禁止被告人从事林木生产经营活动	（2017）新40刑终400号
	禁止上诉人缓刑考验期内从事金属铅的冶炼生产活动	（2017）鲁04刑终21号
	禁止被告人在缓刑考验期间从事采矿工作	（2015）鄂宜昌中刑终字第00002号
	禁止被告人在缓刑考验期内从事与排污或者处置危险废物有关的经营活动	（2021）鲁04刑终34号
		（2020）鲁11刑终140号
		（2019）鲁15刑终14号
		（2019）豫01刑终873号
		（2018）苏03刑终128号

　　环境犯罪法院适用职业禁止或者禁止令等资格刑的目的在于发挥刑罚的特殊预防功能。通过剥夺被告人从事排污活动和资源开发的资格，来防止被告人利用这些资格重新进行犯罪。根据目前检索到的被判处资格刑的案件可知，司法实务中没有对单位犯罪主体适用资格刑。这可能有两个原因，其一是一般认为职业禁止和禁止令只能适用于自然人被告；其二是单位主体多为公司企业，以生产经营盈利为目的，如果对公司企业适用资格刑，剥夺其从事排污活动、资源开发等特定活动的资格，等于强制公司停止生产盈利，会给公司造成沉重的打击，严重时也许会对公司的生存能力造成影响，所以法院对单位犯罪适用资格刑极为谨慎。

（四）恢复性措施的适用情况

　　刑事判决中关于生态修复的表达主要包括：补植复绿、修复生态环境、土地复垦或土地恢复原样、增殖放流、间接修复（即通过判决支付生态修复费用的方式要求其承担生态修复义务）。① 以"生态损害修复""环境修复""环境恢复"为关键词，搜索逻辑用"或"，在样本案例中进行

---

　　① 蒋兰香：《生态修复的刑事判决样态研究》，《政治与法律》2018年第5期。

检索，满足检索条件的共计66份案例。样本案例中涉及的生态修复方式主要集中于其中两种类型：一是间接修复方式，即缴纳环境修复费用；二是补植复绿，即以栽种的方式恢复植被来实现环境修复。

环境修复费用在判决书中集中出现于两种情形：第一种情形是通过估算环境修复费用的数额认定被告人犯罪行为的社会危害性。如案件（2018）鲁01刑终54号，"生态环境损害费用合计约为19991.05万元"与"严重污染环境，后果特别严重"罪状相对应，是行为人实施污染环境行为且达到"后果特别严重"标准的进一步证实，体现被告人犯罪行为的严重社会危害性。第二种情形是将被告人自觉缴纳环境修复费用看作被告人认罪认罚、悔罪态度良好，可以从宽处罚的量刑情节。如案件（2020）苏01刑终939号，在二审过程中，法院认为"鉴于二审期间，上诉人陆某主动缴纳生态修复费用，积极认罪悔罪，可对其适用缓刑"。

在样本案例中，间接修复方式即缴纳环境修复费用是被告人修复环境所选择的主要措施。且被告人自觉缴纳环境修复费用的主要影响表现在量刑方面，法院对被告人自觉缴纳环境修复费用予以认可后，在裁判说理时，会明确将该酌定情节考量在内，并在判决书中予以说明。特别是在二审过程中，如被告人在二审判决前完成环境修复，缴纳费用或采取其他具体措施，对量刑的影响表现为：宣告适用缓刑或者降低自由刑的刑期和罚金刑的数额。如：案件（2015）盐环刑终字第00001号，考虑到被告人在审理期间自愿缴纳环境修复费用，二审宣告对被告人适用缓刑；案件（2018）粤17刑终34号，二审时将环境修复考虑在内，有期徒刑由1年改为8个月；案件（2019）粤02刑终164号，被告人被判处的罚金刑由6万元降低至5万元。

（五）二审的改判情况

环境犯罪二审审理结果分为两种情形：第一种是维持原判；第二种是改判，其中又分为两种情况，一种是撤销原判决并改判，另一种是部分改判（即部分维持原判兼部分撤销判决）。其中，部分改判的情形居多，在1680份样本案件中涉及1195份，占比达71.13%，而总改判率达到

95.06%，如图 5 – 15 所示。而在部分改判的案件中，维持判决部分大多集中于对犯罪人的定罪，撤销部分集中在量刑。

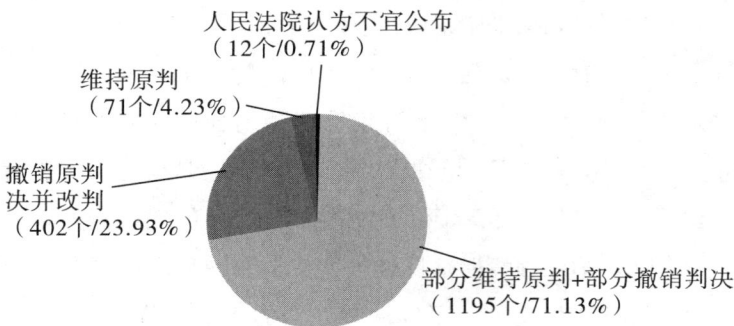

图 5 – 15　环境犯罪二审审判结果情况

　　关于环境犯罪二审改判的理由，如图 5 – 16 所示，主要集中于十个理由：原审量刑不当，被告人符合适用缓刑条件，被告人认罪认罚悔罪态度好（可以从轻处罚），原审适用法律错误兼量刑不当，原审适用法律错误，定罪量刑案件所涉数量、金额、面积等计算错误，被告人无罪，原审定罪错误，被告人缓刑期间犯罪需要撤销缓刑，原审审判程序违法。其中，大多数案件集中于原审量刑不当、被告人符合适用缓刑条件和被告人认罪认罚悔罪态度好（可以从轻处罚）。在被告人认罪认罚悔罪态度良好的二审改判案件中，被告人表现为：积极缴纳一审判决罚金；自觉缴纳环境修复费用；采取具体措施致力于环境修复；自首、坦白；积极履行赔偿义务等。

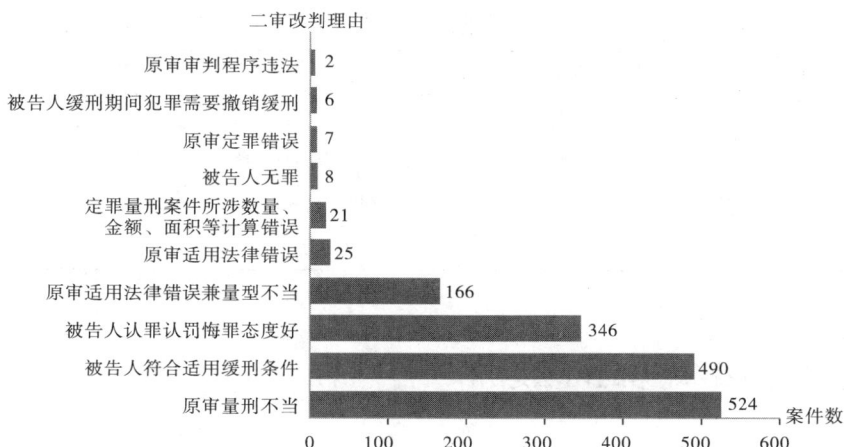

图5-16　环境犯罪二审改判理由

关于环境犯罪二审改判结果，如表5-3所示，可以将其概括为九种类型。其中第一种类型、第五种类型和第七种类型在环境犯罪二审判决书中出现较多。大部分案件在二审中主要是量刑部分发生变化，罪名不变。但也存在少量案件发生定性错误问题。如：案件（2014）泸刑终字第17号，一审罪名为非法采伐国家重点保护植物罪，二审改判为滥伐林木罪；案件（2015）河市刑一终字第57号和案件（2018）黔26刑终14号，一审被告人罪名都是滥伐林木罪，二审均改判为盗伐林木罪。同时，样本案例中还存在8例二审宣告被告人无罪的案件，宣告理由在于法院认为案件"事实不清，证据不足"，不足以证实原审被告人犯破坏资源环境保护罪。

表5-3　环境犯罪二审改判结果

类型	罪名	有期徒刑	罚金刑	缓刑	免于刑事处罚
一	不变	不变	不变	增加适用	/
二	不变	/	/	/	判决免于刑事处罚
三	不变	不变	改变	/	/
四	不变	改变	改变	/	/
五	不变	改变	改变	增加适用	

（续上表）

类型	罪名	有期徒刑	罚金刑	缓刑	免于刑事处罚
六	不变	改变	不变	/	/
七	不变	改变	不变	增加适用	/
八	改变	量刑部分随之改变			
九	宣告被告人无罪				

三、犯罪证据的司法运用

（一）证据种类的情况

根据图 5 - 17 可知，环境犯罪中最为主要的证据种类是鉴定意见和勘验、检查、辨认侦查实验等笔录。约 29.47% 的环境犯罪中包含鉴定意见，24.21% 的环境犯罪中包含勘验、检查、辨认侦查实验等笔录。被害人陈述在该类案件中存在较少，原因是环境犯罪侵犯的法益具有特殊性，主流观点认为环境犯罪侵犯的客体是国家环境资源管理制度，也有观点认为其所侵害的是环境权、自然利益[1]，在这种情况下一般不存在特定的被害人。

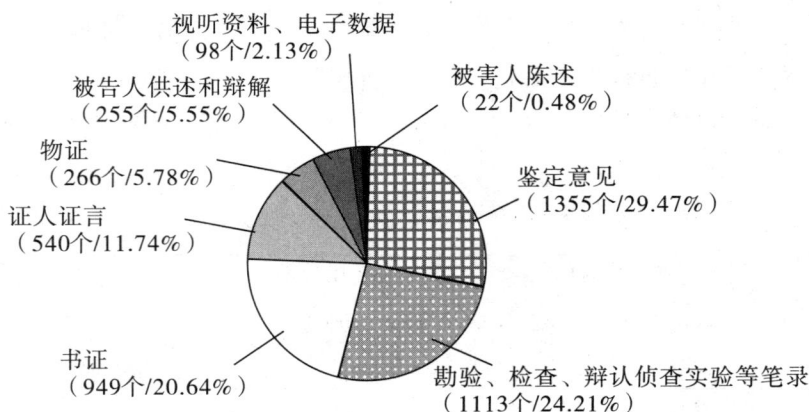

视听资料、电子数据（98个/2.13%）
被告人供述和辩解（255个/5.55%）
被害人陈述（22个/0.48%）
物证（266个/5.78%）
鉴定意见（1355个/29.47%）
证人证言（540个/11.74%）
书证（949个/20.64%）
勘验、检查、辨认侦查实验等笔录（1113个/24.21%）

图 5 - 17　样本案例环境犯罪证据种类情况

---

① 李希慧、董文辉、李冠煜：《环境犯罪研究》，北京：知识产权出版社 2013 年版，第 48 - 53 页。

（二）行政程序证据的采信情况

环境犯罪的典型特征之一表现为其具有行政从属性。在环境犯罪案件中，存在许多行政机关提供的书证、检测数据、鉴定意见等。我国目前有关环境犯罪行政证据转化为刑事证据的规范性依据主要有：《刑事诉讼法》第 54 条第 2 款、《关于办理环境污染刑事案件适用法律若干问题的解释》第 12 条以及《环境保护行政执法与刑事司法衔接工作办法》第 20 条与第 21 条。（见表 5 - 4）其中明确规定对于在行政程序过程中获得的证据材料，经法院查证其具有真实性和合法性，可以在刑事诉讼中作为证据使用并且能够作为定案根据。

表 5 - 4 有关环境犯罪行政证据转化为刑事证据的规范性依据

法律文件	规定
《刑事诉讼法》（2018）	第 54 条第 2 款：行政机关在行政执法和查办案件过程中收集的物证、书证、视听资料、电子数据等证据材料，在刑事诉讼中可以作为证据使用
《关于办理环境污染刑事案件适用法律若干问题的解释》（2016）	第 12 条：环境保护主管部门及其所属监测机构在行政执法过程中收集的监测数据，在刑事诉讼中可以作为证据使用。公安机关单独或者会同环境保护主管部门，提取污染物样品进行检测获取的数据，在刑事诉讼中可以作为证据使用
《环境保护行政执法与刑事司法衔接工作办法》（2017）	第 20 条：环保部门在行政执法和查办案件过程中依法收集制作的物证、书证、视听资料、电子数据、监测报告、检验报告、认定意见、鉴定意见、勘验笔录、检查笔录等证据材料，在刑事诉讼中可以作为证据使用 第 21 条：环保部门、公安机关、人民检察院收集的证据材料，经法庭查证属实，且收集程序符合有关法律、行政法规定的，可以作为定案根据

关于行政证据能否直接转化为刑事证据使用，主要有两种观点：一种观点认为，应将行政证据和刑事证据的收集主体、收集程序的不同等因素

考虑在内，限制行政证据转化为刑事证据的适用范围，以避免侦查活动前
置和架空刑事非法证据排除规则；[①] 而另一种观点则是上述规范性依据所
表达的观点，即从避免证据重复收集和节约司法成本角度考虑，主张行政
证据经法庭查证具有真实性和合法性后即可作为刑事证据使用。

　　环境犯罪具体案件中，认定行为人犯罪行为的刑事证据很多来自行政
机关在开展行政执法和查办案件过程中所获取的证据。在证据种类上，集
中于书证和鉴定意见，且法院均予以采信，作为犯罪人定罪量刑的依据。
样本案例中涉及行政程序证据的情况如表 5 - 5 所示，案例所涉及的行政程
序证据大多来自地方环境保护部门、林业部门、国土资源局等行政机关。
在 1680 份样本案例中，以关键词"不予采信""不采纳"进行检索，均无
有关行政程序证据不予以采信的案件。

表 5 - 5　样本案例中涉及行政程序证据案件随机抽样情况

案号	证据种类	罪名	行政程序证据	采信情况
（2020）赣 04 刑终 405 号	书证、鉴定意见	污染环境罪	武宁县环境保护局关于铅蓄电池冶炼厂生产原料铅蓄电池的认定意见、关于铅蓄电池冶炼厂查处的废铅蓄电池及冶炼废渣处理情况的说明	采信
（2015）盐环刑终字第 00001 号	鉴定意见	污染环境罪	响水县环境监测站出具的监测报告、盐城市公安局物证鉴定所出具的物证检验报告	采信
（2018）鲁 01 刑终 54 号	书证、鉴定意见	污染环境罪	济南市章丘区环保局废液采样原始记录表及鉴定意见；济南市公安局刑事科学技术研究所《理化检验鉴定报告》	采信

---

① 参见宋维彬：《行政证据与刑事证据衔接机制研究——以新〈刑事诉讼法〉第 52 条第 2
款为分析重点》，《法律适用》2014 年第 9 期。

（续上表）

案号	证据种类	罪名	行政程序证据	采信情况
（2020）辽 09 刑终 93 号	书证、鉴定意见	滥伐林木罪	彰武县林业和草原局出具的情况说明以及关于韩某某滥伐林木案蓄积量测算认定的情况说明；彰武县林草发展中心调查报告书	采信
（2017）鄂 28 刑终 127 号	书证、鉴定意见	滥伐林木罪	宣恩县林业局鉴定意见以及宣恩县森林公安局关于马某滥伐林木价值及活立木蓄积的计算说明	采信
（2014）玉中刑一终字第 204 号	鉴定意见	盗伐林木罪	玉林市林业勘测设计院关于被盗伐林木的调查鉴定意见书	采信
（2019）辽 05 刑终 133 号	鉴定意见	盗伐林木罪	本溪满族自治县森林资源规划设计队技术鉴定报告	采信
（2020）豫 17 刑终 214 号	书证、鉴定意见	非法采矿罪	确山县林业局、森林公安局提供的查处违法材料、确山县环境保护局提供的查处违法材料、确山县自然资源局出具的鉴定意见书、河南省自然资源厅出具的价值鉴定	采信
（2019）鲁 13 刑终 600 号	鉴定意见	非法采矿罪	公安机关调取的临沂市罗庄区价格认证中心于 2016 年 8 月 23 日作出的价格认定结论书	采信
（2017）冀 03 刑终 30 号	鉴定意见	非法占用农用地罪	秦皇岛市国土资源局耕地破坏程度鉴定书	采信

　　根据以上检索到的实务案例证据采信情况可知，审判实践中对行政程序中收集的证据的使用更倾向于第二种观点，即行政机关在行政执法和查办案件过程中收集的证据经法庭查证具有真实性和合法性后即可作为刑事证据使用。

（三）刑事司法鉴定的认定情况

鉴定意见是环境犯罪重要的证据种类之一，司法鉴定既具有保障案件事实发现的工具价值，又承载着实现公正和效率的程序价值。[①] 环境损害司法鉴定有助于环境资源犯罪定罪量刑的精准进行。[②] 目前我国关于司法鉴定的相关规定集中于《刑事诉讼法》《人民法院司法鉴定工作暂行规定》《司法鉴定程序通则》《全国人民代表大会常务委员会关于司法鉴定管理问题的决定》和司法部、环境保护部发布的《关于规范环境损害司法鉴定管理工作的通知》。

经统计，1680 份样本案例中包含鉴定意见的案件共计 1355 例，占总样本案例的 80.65%。（见图 5 - 18）鉴定的种类集中于毒物分析鉴定、物品检验鉴定和物价检验鉴定。污染型环境犯罪中，毒物分析鉴定和物价检验鉴定较多，而资源型环境犯罪中，物品检验鉴定和物价检验鉴定较多。环境犯罪案例中涉及的鉴定意见，一是来源于行政部门在行政执法和查办案件过程中作出的鉴定意见；二是来源于案件进入刑事领域后，由公安机关、检察院和法院设立的鉴定机构或委托的鉴定机构作出的鉴定意见。

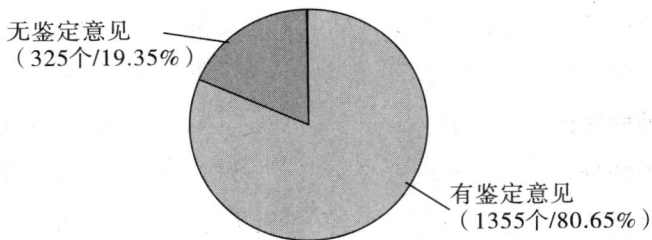

无鉴定意见
（325个/19.35%）

有鉴定意见
（1355个/80.65%）

图 5 - 18　环境犯罪包含鉴定意见证据的案件情况

有学者指出，目前在我国的环境诉讼中，每当需要进行环境损害鉴定

---

① 参见汪建成：《司法鉴定基础理论研究》，《法学家》2009 年第 4 期。
② 参见侯艳芳：《环境损害司法鉴定的现实与理想》，《山东社会科学》2017 年第 10 期。

时，法院往往指定各级环保局下属的环境监测站为鉴定机构。[①] 这种由行政机关作出的鉴定意见，其可采信度和所适用的采信规则，不符合鉴定意见的标准和要求。因而，不能直接转化为刑事领域的鉴定意见使用。

在司法实务中，也存在环境犯罪案件的辩护人以"行政机关查办案件中收集的鉴定意见不能直接转化为刑事证据"为由进行辩护，认为行政鉴定意见只有在经过相关部门分析认定其不仅满足行政领域的采信规则且满足刑事领域的采信规则时，才能够作为定案的根据。如案件（2018）鲁01刑终54号中，上诉人的辩护人认为：山东省环境保护科学研究设计院作出的鉴定，其鉴定样本由济南市章丘区环保局工作人员提取，据此作出的评估报告系行政机关查办案件中收集的鉴定意见，不能作为定案的依据，需经相关部门分析认定后，才能转化为刑事证据。法院在对上述意见进行评析时，对山东省环境保护科学研究设计院及鉴定评估人员的法定资质进行了认定，认为检验过程和方法符合专业规范要求，鉴定程序合法，鉴定内容客观，鉴定评估意见明确，且经当庭举证质证，依法应当作为定案依据。

（四）抽样取证法的适用情况

我国目前关于抽样取证的法律规定未在《刑事诉讼法》和相关司法解释中予以明确。如表5-6所示，目前有关抽样取证的法律规定集中于行政法领域，抽样取证的主体也主要由公安机关负责人主导。而环境犯罪案件由于涉及毒物分析鉴定、物品检验鉴定和物价检验鉴定等，其检验的客体对象通常具有大量性、复杂性和无法完全提取性，因此在环境犯罪案件中，抽样取证法得到广泛适用。

---

① 参见赵星、安然：《试论我国环境污损司法鉴定机构的建构——以完善环境犯罪的惩治为视角》，《法学杂志》2010年第7期。

表 5-6 抽样取证的相关法律规定

规范性文件	规定
《公安机关办理行政案件程序规定》（2020 修正）	第 109 条：收集证据时，经公安机关办案部门负责人批准，可以采取抽样取证的方法。 抽样取证应当采取随机的方式，抽取样品的数量以能够认定本品的品质特征为限。 抽样取证时，应当对抽样取证的现场、被抽样物品及被抽取的样品进行拍照或者对抽样过程进行录像。 对抽取的样品应当及时进行检验。经检验，能够作为证据使用的，应当依法扣押、先行登记保存或者登记；不属于证据的，应当及时返还样品。样品有减损的，应当予以补偿
《中华人民共和国行政处罚法》（2021 修订）	第 56 条：行政机关在收集证据时，可以采取抽样取证的方法；在证据可能灭失或者以后难以取得的情况下，经行政机关负责人批准，可以先行登记保存，并应当在七日内及时作出处理决定，在此期间，当事人或者有关人员不得销毁或者转移证据
《刑事案件速裁程序试点工作座谈会纪要（二）》	第 8 条：涉案财物有有效价格证明的，根据有效价格证明认定涉案财物价值；无有效价格证明，或者根据价格证明认定犯罪数额明显不合理的，应当按照有关规定委托估价机构估价。对与案件有关、性质不能确定、数量较大或者成批的需要取样检验的物品，经县级以上公安机关负责人批准，可以抽样取证

在环境犯罪领域，抽样取证和鉴定意见是一个问题的两个方面，抽样取证属于一种取证方法，鉴定意见属于一类证据种类。抽样取证是鉴定机构进行鉴定得出鉴定意见的前置活动。此类取证方法，往往与其鉴定对象无法完全提取有关。如，在污染型环境犯罪案件认定过程中，一块土地被污染，由于无法对涉案的全部土地都进行鉴定，只有通过抽取样本的方式，抽取足够量和具有代表性的土地样本，对此进行鉴定来代表证明涉案全部土地的属性。

在样本案例中，以"抽样"为关键词进行检索，判决书中出现"抽样"字样的案件共计 31 例，通常作为一审认定事实的证据出现，如：抽样取证记录、抽样取证通知书、抽样取证证据清单、现场抽样取证笔录。尽管判决书中明确提到抽样取证的案件较少，但是经过查阅大量样本案例判决书可以发现，环境犯罪案件中涉及鉴定意见证据种类的案件，其在进行鉴定过程中，样本的获取通常是采取抽样的方式，只是在判决书中未对具体抽样方法进行说明。

环境犯罪抽样取证在适用过程中存在的问题集中于：由于《刑事诉讼法》和相关司法解释目前没有对抽样取证的具体程序进行明确规定，在个案具体操作过程中，侦查机关适用抽样取证方法时会出现随意抽样取证的现象，无法保证抽取样品的代表性和充足性。抽样取证属于一种事实推定，无法对客观事实予以直接证明。[①] 在样本案例中，上诉人的辩护人对于鉴定意见的质证主要集中于抽样程序、鉴定人的资质、鉴定方法和鉴定程序等，但是法院在审理过程中通常根据司法鉴定的相关规定来分析论证案涉检验过程、方法和程序是否符合规范要求，而往往忽视论证抽样是否具有代表性和充足性。如：案件（2016）粤 17 刑终 129 号，对于被告人及其辩护人提到的鉴定意见违反法定程序、鉴定结果错误的辩解和辩护意见，法院认为，阳春市林业调查规划设计大队出具的鉴定意见，是由侦查机关聘请林业技术人员经现场勘查、测量、抽样等合法程序形成的，被告人也在鉴定意见中签名确认，来源合法，内容客观真实，对该鉴定意见应予采纳，而对辩解和辩护意见不予采纳。法院在判决说理中完全不涉及对抽样方法是否合理、抽取的样本是否具有代表性和足量性的论证。

第二节　环境犯罪审判中的难点问题

一、污染环境罪主观罪过形式认定困难

环境犯罪主观罪过争议集中于污染型环境犯罪，特别是污染环境罪。

---

① 参见万毅、纵博：《论刑事诉讼中的抽样取证》，《江苏行政学院学报》2014 年第 4 期。

根据污染环境罪样本案例关于主观罪过认定的统计情况可知，由于该罪名主观罪过形式在我国争议较大，法院在判决书中对犯罪人的主观罪过认定往往采用回避的方式，通过表述行为人的行为符合污染环境罪罪状规定而认定行为人构成该罪，不对犯罪人的主观罪过予以明确认定。而在主观罪过予以明确认定的案件中，大多数案件倾向于将其认定为故意犯罪。

对于污染环境罪的罪过形式，学界仍存在激烈争议，这也给污染环境罪的司法适用造成了困难。

二、因果关系认定规则不明确

环境犯罪因果关系的判断前提是该犯罪存在结果犯既遂形态，在此，仍以污染环境罪结果犯因果关系的证明情况为主要研究对象。根据样本案例的分析情况可知，以结果的发生作为既遂条件的污染环境罪案件共计31例，占污染环境罪总样本的13.3%。而其中的29份案例，法官在判决书中仅列出其认定被告人构成犯罪所依据的《刑法》条款和司法解释条款，对被告人的行为与结果之间的因果关系未明确展开分析。张明楷教授认为并非所有的结果犯都需要专门判断因果关系或者结果归属，对于实行行为定型性较强的犯罪，由于因果关系与结果归属的要求已经蕴含在构成要件的定型当中，通过具体构成要件符合性的判断即可解决因果关系和结果归属问题。①

但是，污染环境罪中存在一些因果关系较为复杂的案件，如因受时间因素影响或污染物特质因素影响，行为与结果之间无法有效证明其中的引起与被引起关系或者存在二重的因果关系、重叠的因果关系时，需要结合一些其他的证明方法对其中的因果关系予以认定。

因果关系认定作为环境犯罪中的一项难点问题，其障碍主要在于行为与结果之间往往存在时空隔离和特定的物质媒介。② 且环境犯罪所涉因果

---

① 参见张明楷：《刑法学》（第六版）（上册），北京：法律出版社2021年版，第232页。

② 参见焦艳鹏：《污染环境罪因果关系的证明路径——以"2013年第15号司法解释"的适用为切入点》，《法学》2014年第8期。

关系与其他类型犯罪因果关系相比，具有一定的特殊性，具体表现在：第一，形式上多以"多因一果"或者"一因多果"出现。同一危害后果可能是由数个不同主体排放的污染物引起的[①]或者各类污染物在某一领域通过扩散，相互间发生作用而造成的。第二，危害结果具有隐形恶化性。[②] 污染环境罪的危害结果往往不会直接表现和立刻产生，有些企业甚至会采用隐蔽方式进行排污，如通过暗管、溶洞等方式，具有隐蔽性，不利于执法人员进行侦查调取证据。第三，危害结果具有较长周期性。环境污染结果并非在行为人实施污染行为后立刻显现，而是经过一定的时间周期，在污染物达到量的一定累积后，环境法益受侵害结果才能实现"质"的显现。

由于我国目前未针对环境犯罪的特殊性规定相对应的因果关系认定规则，而适用一般的因果关系认定方法又往往无法达到确证的程度。因此，需要我们构建与污染环境罪案件相适应的因果关系认定方法与标准。

三、行政证据转化为刑事证据使用缺乏必要的条件限制

在环境犯罪案件中，存在许多行政机关提供的行政程序证据，主要集中于书证、监测数据和鉴定意见等。书证具体包括环境保护局出具的污染物情况说明、计算说明、调查报告书、物证检验报告和采样原始记录表等；监测数据具体包括环境监测站出具的监测报告；鉴定意见具体包括公安局提供的污染物认定意见和价格认定意见、林业局提供的鉴定意见、自然资源保护局提供的鉴定意见和价值鉴定、国土资源局提供的耕地破坏程度鉴定书等。司法实务中，法院对于以上行政机关提供的书证和鉴定意见均予以采信，将其作为认定环境犯罪案件的刑事证据使用。

法院将涉及的行政程序证据转化为刑事证据使用的法律依据是《刑事诉讼法》第 54 条第 2 款、《关于办理环境污染刑事案件适用法律若干问题的解释》第 12 条以及《环境保护行政执法与刑事司法衔接工作办法》第

---

① 参见李希慧、董文辉、李冠煜：《环境犯罪研究》，北京：知识产权出版社 2013 年版，第 14 页。

② 参见曾粤兴、李霞：《环境犯罪因果关系的特殊性》，《中国人民公安大学学报（社会科学版）》2012 年第 5 期。

20 条、第 21 条。以上关于行政程序证据转化的规定，均未对其转化条件予以限制，忽视了行政证据和刑事证据在证据收集主体、收集程序等方面的差异，使得通过转化得到的证据在刑事领域的证据资格方面有所瑕疵。

　　行政证据转化为刑事证据使用需要规定必要的条件予以限制，具体表现为：第一，无条件转化不利于非法证据排除规则的适用。该原则的适用侧重对刑事诉讼"证据能力"方面的排查，将违反法律程序方式收集的证据排除在外，取消其定罪根据的资格，是刑事诉讼领域的一项重要原则。① 对行政证据不加以排查，直接在形式上允许其转化为刑事证据，规避前置必要的"证据能力"资格审查，是对"非法证据排除规则"适用的忽视。第二，并非所有的行政证据都具有刑事"证据能力"。刑事"证据能力"的要件为：关联性、未因取证手段违法而被排除、未因无法保障真实性而被排除。② 行政证据和刑事证据的证明对象侧重不同，在证据收集主体和收集程序方面的规定也有所区别，满足行政证据能力的证据并非全部满足刑事证据能力。第三，二者证明标准存在差异。刑事诉讼涉及对行为人的定罪量刑，对人身自由的剥夺和处罚程度高于行政处罚。因此，刑事证据一般采用最严格的证明标准，需要达到"排除合理怀疑"，而行政证据的证明标准以明显优势证明标准为原则，以优势证明标准和排除合理怀疑标准为补充，③ 仅有小部分行政证据要求达到排除合理怀疑的证明标准。

　　司法实务中，法官将在行政执法过程中获得的大部分证据直接作为刑事证据使用，并在庭审过程中均予以采信。目前有关行政证据转化的法律规定也未对证据转化条件予以限制，忽视了行政证据与刑事证据之间的差异性。明确环境行政证据转化标准和规范具体取证工作是一个迫切需要解决的问题。

---

　　① 参见陈瑞华：《非法证据排除规则的中国模式》，《中国法学》2010 年第 6 期。
　　② 参见纵博：《我国刑事证据能力之理论归纳及思考》，《法学家》2015 年第 3 期。
　　③ 参见张扩振：《认知理论在行政诉讼中的应用——以证据证明标准为例》，《学术界》2019 年第 12 期。

四、环境犯罪司法鉴定标准和方法不统一

由于行政执法和刑事诉讼过程中涉及的证明对象和证明标准有所不同，来源于行政机关的鉴定意见与来源于公安机关、检察院和法院的鉴定意见在鉴定主体、鉴定程序、委托程序等各方面也会有所差异。

法官在审理环境犯罪案件过程中，判断行为人行为与结果之间是否存在因果关系也以"鉴定意见"为主要参考因素，所以鉴定意见在环境犯罪案件中发挥着重要作用。其目前存在的问题具体表现在：

第一，鉴定机构的鉴定资质良莠不齐，影响其所作出的鉴定意见的证据能力资格有无和证明力大小。鉴定意见在污染环境犯罪案件中发挥的作用在于确定污染物的性质、确定生态环境遭受损害的范围和程度、评定因果关系、评定污染治理与运行成本以及防止损害扩大、修复生态环境的措施或方案等。在这一过程中，鉴定机构开展鉴定所使用的鉴定器材、鉴定方法、鉴定人的技术水平等因素均会影响最终鉴定结果。尽管鉴定机构已经满足《司法鉴定机构登记管理办法》所规定的登记设立条件，但仍无法避免其鉴定技术水平上的差异，有待立法明确司法鉴定标准和方法以解决上述问题。

第二，我国环境污损鉴定机构地位不清、属性不明。[①] 我国《司法鉴定机构登记管理办法》规定，司法鉴定机构是指从事全国人民代表大会常务委员会《关于司法鉴定管理问题的决定》第 2 条规定的司法鉴定业务的法人或者其他组织，实行的是行政管理与行业管理相结合的管理制度。其在法律性质上属于行政主体还是单纯的民事主体定位模糊，不利于进行规范化管理和监督。

第三，多主体鉴定，鉴定意见采信标准不统一。在环境犯罪司法实务领域，鉴定意见的提供方大多是行政机关或者司法机关。但是也存在一部分案件，由被害人或者行为人一方提供其委托鉴定机关所作出的鉴定意

---

① 参见赵星、安然：《试论我国环境污损司法鉴定机构的建构——以完善环境犯罪的惩治为视角》，《法学杂志》2010 年第 7 期。

见。对于同一例案件，存在多份鉴定意见，如果鉴定结果存在差异，以哪一方提供的鉴定意见为标准，未有相关规定予以明确。

五、环境修复性措施适用混乱

环境修复性措施在类型上分为两种：一是货币性措施，在形式上表现为缴纳生态修复保证金、赔偿生态修复费用以及缴纳生态修复资金；二是行为性措施，在形式上表现为补植复绿、土壤修复和土地复垦等。① 环境修复性措施的适用环节集中于审查起诉阶段和审理阶段。其适用混乱主要表现在：其在适用过程中定位模糊以及环境修复标准不明确。

适用过程中定位模糊。环境修复性措施在一些环境犯罪案件中有时作为量刑情节适用，有时作为一种非刑罚处罚措施适用。作为量刑情节适用：在审查起诉阶段，影响检察机关作出起诉或者不起诉决定；在审理阶段，影响对行为人的刑罚裁量。新型的环境正义观重视恢复性司法措施的适用，重视修复因环境犯罪行为带来的生态环境和自然资源的破坏。② 在审查起诉阶段，如果行为人在实施环境污染或者破坏行为后，积极采取生态修复举措使得整体环境有所改善、资源有所恢复，那么检察院根据《关于办理环境污染刑事案件适用法律若干问题的解释》第 5 条③、《刑事诉讼法》第 15 条和第 177 条第 2 款的规定，可以作出不起诉决定。在审理阶段，被告人自觉缴纳环境修复费用，被作为酌定量刑情节"犯罪后的态度"，对刑罚裁量的影响表现为影响自由刑刑期、罚金刑数额以及缓刑的适用。环境修复措施作为非刑罚处罚措施适用的案例，如案件（2020）皖02 刑终 20 号，通过刑事附带民事诉讼方式，法院判处犯罪分子支付生态

---

① 参见帅清华：《我国环境刑事司法实践研究》，南昌：江西人民出版社 2021 年版，第 111 页。

② 参见徐军、钟友琴：《恢复性司法在生态环境刑罚中的定位重构》，《环境污染与防治》2022 年第 4 期。

③ 《关于办理环境污染刑事案件适用法律若干问题的解释》第 5 条：实施刑法第三百三十八条、第三百三十九条规定的行为，刚达到应当追究刑事责任的标准，但行为人及时采取措施，防止损失扩大、消除污染，全部赔偿损失，积极修复生态环境，且系初犯，确有悔罪表现的，可以认定为情节轻微，不起诉或者免予刑事处罚；确有必要判处刑罚的，应当从宽处罚。

环境损害赔偿费用。

环境修复标准不明确。由于生态环境损害具有隐蔽性和长期性，修复环境污染是一个漫长而复杂的过程。我国目前对环境修复的目标还不明确，是否需要达到"恢复原状"状态，如若不需要完全达到"恢复原状"状态，那么需要修复到何种程度也是模糊的，这导致了环境修复性措施在司法适用过程中的随意性。

六、环境犯罪刑事处罚力度不足

根据我国目前环境犯罪在自由刑、罚金刑和资格刑方面司法适用现状可知，环境犯罪在刑事处罚力度上整体偏轻缓。

自由刑在司法适用中刑罚种类涉及拘役和有期徒刑，以有期徒刑为主，宣告刑的刑期短，不利于实现刑法一般预防和特殊预防的目的。我国《刑法》目前规定的环境犯罪刑期大多以 3 年、5 年或者 7 年为最高刑，也有少数犯罪规定可以判处 10 年以上有期徒刑，如非法处置进口的固体废物罪和危害珍贵、濒危野生动物罪。但在司法实务领域，环境犯罪自由刑宣告的刑期集中于 6 个月以上 3 年以下，被判处 3 年以上 7 年以下次之，与环境犯罪的危害性和严重性不相适应。

罚金刑数额偏低，威慑力不足以遏制犯罪行为人的逐利欲望。环境犯罪大多是逐利性犯罪，司法实务中不乏违法者持冒险心理，不惜违反刑法去追逐利润，而过轻的刑罚使违法者有恃无恐。笼统的罚金刑规定，也使该刑的威慑力大打折扣。[①] 虽然我国罚金刑的适用在环境犯罪领域较为广泛，占比达 92.12%，适用方式为选处罚金、并处罚金和并处或者单处罚金。但是，罚金刑数额偏低，选处罚金数额集中在 1 万元至 3 万元，单处罚金数额集中在 1 万元至 3 万元、3 万元和 10 万元之间。当犯罪人通过实施环境犯罪行为可获得的利润大于其罚金处罚数额时，刑罚对于犯罪人而言将不再具有威慑力。

---

① 参见张福德：《美国环境犯罪的刑事政策及其借鉴》，《社会科学家》2008 年第 1 期。

资格刑适用范围小，不利于实现特殊预防目的。资格刑的适用在规制环境犯罪中所发挥的作用体现在通过剥夺和限制行为人实施与环境有关的某一特定活动的资格，削弱或者剥夺其再次实施环境犯罪的能力和条件，实现特殊预防的目的。我国司法实务中，环境犯罪资格刑的适用类型集中于职业禁止以及禁止令中对从事特定活动的限制，对环境犯罪行为人适用资格刑的案件相对较少。在 1680 份样本案例中，被判处资格刑的案件仅存在 10 例，不利于实现刑罚特殊预防的目的。

第三节　环境犯罪审判难点问题的治理对策

一、明确污染环境罪的罪过形式

司法实务中，对污染环境罪的罪过认定是混乱的，造成这一局面的重要原因是教义学上没有为司法适用提供明确的指导。笔者认为污染环境罪的罪过形式应该是故意，这一结论在第三章关于污染环境罪的教义学研究部分已经做了详细论证，此不赘述。

二、构建与污染环境罪相适应的因果关系认定规则

明确以因果关系推定规则为污染型环境犯罪的主要证明方法。司法实务中，污染型环境犯罪的基本审理流程为：首先，确定行为主体；其次，证明行为主体存在实施污染环境的行为；再次，证明环境受到污染这一事实结果；最后，通过鉴定意见或者勘验笔录"推定"污染行为与污染结果之间是否存在引起与被引起关系。在这一过程中，污染型环境犯罪因果关系的证明主要由审理法官根据"行为人存在实施污染环境的行为""环境受到污染"前提事实，依据"鉴定意见"并结合判案经验，推定"行为人的污染行为与污染结果之间存在引起与被引起关系"这一结果。由于推定是根据经验法则或者法律规定，在前提事实和推定事实之间建立起的某种

形式化、固定化的证明关系，无法达到百分之百的确信，所以，在适用因果关系推定规则时允许当事人提出反证。① 因果关系推定规则需要予以明确的重要性表现在：它使得各要件之间具有可推导性，从基础要件的具备可以合乎规律地推导出后续要件的具备。② 故采用立法或者司法解释的形式明确以因果关系推定规则为污染型环境犯罪主要证明方法具有一定的必要性。

以疫学因果关系论和间接反证法为补充。在比较法领域，日本和德国有关环境犯罪因果关系的证明方法均涉及疫学因果关系论和间接反证法的适用。在样本案例中，几乎没有污染型环境犯罪案件运用疫学因果关系来论证因果关系。疫学因果关系论对司法审判实践中如何认定特定类型的环境侵权因果关系论具有重要的指导意义，目前还未受到我国理论界和司法实务的重视。③ 我国需要将疫学因果关系论作为污染环境犯罪因果关系认定规则的补充方法的原因主要体现在：第一，疫学因果关系论是在不确定污染源与不特定的被害人之间建立因果联系的有效途径，其将事实主义、个体主义转向规范主义、整体主义，具有方法论上的正当性；第二，疫学因果关系论具有科学性，其根据流行病学原理，利用统计方法反映对象因子的变化规律，结合实验进行分析对比，具有充分的科学依据。④ 我国在认定民事领域环境侵权案件时，采用了间接反证法。

我国《民法典》侵权责任编第 1230 条规定："因污染环境、破坏生态发生纠纷，行为人应当就法律规定的不承担责任或者减轻责任的情形及其行为与损害之间不存在因果关系承担举证责任。"明确规定由不负有肯定事实证明责任的一方当事人即实施污染的行为人来反证其行为与环境受到损坏之间的因果关系不存在。在我国刑事领域，犯罪人实施了污染环境行为、环境法益侵害结果以及二者之间存在因果关系一般由公诉方来承担，

---

① 参见李希慧、董文辉、李冠煜：《环境犯罪研究》，北京：知识产权出版社 2013 年版，第 89 页。
② 参见杜宇：《犯罪构成与刑事诉讼之证明——犯罪构成程序机能的初步拓展》，《环球法律评论》2012 年第 1 期。
③ 参见陈伟：《疫学因果关系及其证明》，《法学研究》2015 年第 4 期。
④ 参见李希慧、董文辉、李冠煜：《环境犯罪研究》，北京：知识产权出版社 2013 年版，第 89 – 90 页。

与民事环境侵权认定规则无法相呼应。明确规定以间接反证法作为污染环境犯罪因果关系认定补充规则，有利于清晰界定环境犯罪各方证明责任，且与民事领域环境侵权认定规则相呼应，有益于实现环境法益的保护目的。

三、明确环境行政证据转化标准和规范具体取证工作

有关证据转化规定的规范性文件在证据具体适用方面的规定，均表述为"在刑事诉讼中可以作为证据使用"。根据文理解释，"可以"表示并非所有的行政证据都必须作为刑事证据使用。法官可以根据具体环境犯罪案件情况，选择将其转化为刑事证据，或者选择不将其作为刑事证据使用。尽管法律文件未规定二者之间转化存在必然关系，但是在司法实务中，由于法官对于案涉行政程序阶段获取的证据均无条件地将其作为刑事诉讼中的证据使用，为了避免行政和刑事领域证据转化规则滥用，需要正视行政证据与刑事证据之间的差异性，明确环境行政证据转化标准并规范具体取证工作。可以从以下方面予以限制：

第一，对环境犯罪所涉行政证据的合法性、可印证性、关联性予以审查。我国《刑事诉讼法》有关证据能力方面的问题，以"三性说"为主流观点。没有关联性或可印证性的证据首先排除有证据能力，而不论其是否具有合法性。可印证的关联性证据具有证明力，但是否具有证据能力还需看其是否合法。[①] 环境犯罪所涉行政程序证据是否满足刑事诉讼领域所要求的"三性"是行政证据可否实现刑事证据转化首先需要满足的条件，特别是在"合法性"审查方面。此处的合法，不仅要求证据收集程序、收集主体等各要素满足行政法、行政诉讼法规定，也需满足刑法和刑事诉讼法的有关规定。

第二，审查行政证据取证手段是否合法，在证据转化前设置非法证据排除规则适用的前置程序。非法证据排除规则是刑事诉讼领域的一项重要

---

① 参见廖祥正：《刑事证据"三性"刍议》，《天中学刊》2012 年第 3 期。

原则，该原则的适用是对违法取证行为的一种威慑和制裁，其通过排除非法证据之证据能力的方式来规范侦查机关的取证行为。[①] 在环境犯罪领域，鉴定意见所涉抽样取证过程中有关取证主体、取证方法、取证程序等方面如果存在违反法定程序的非法取证，将会直接影响该证据转化为刑事证据的证据资格。环境犯罪所涉行政证据在转化为刑事证据使用前，审查行政证据取证手段是否合法，严格适用非法证据排除规则，有利于避免无条件证据转化对非法证据排除规则适用的规避。

第三，明确转化型行政证据适用"排除合理怀疑"证明标准。行政证据根据不同的案件类型适用不同的证明标准，仅有小部分案件达到排除合理怀疑证明标准，其余适用明显优势证明标准或优势证明标准。由于刑事证据影响行为人定罪量刑，是最为严厉的制裁手段，环境犯罪行政程序证据转化为刑事证据使用，也应当以达到"排除合理怀疑"证明标准为原则。

四、规定并细化统一的司法鉴定标准和方法

首先，须规范抽样取证的具体方法。抽样取证是环境犯罪案件作出鉴定意见的前置环节。抽样是否具有代表性和充足性直接关系到鉴定意见是否可以作为刑事诉讼证据使用。我国目前有关抽样取证的规范性文件仅对抽样取证程序作出了规定，为了保障鉴定过程的顺利开展以及鉴定结论的科学性和客观性，须进一步完善关于取证主体的规定，即取证主体必须是行政机关或者司法机关相关人员，或者是行政机关和司法机关委托的具有相关鉴定资质的机构的具有鉴定资格的人员。针对不同类型的环境鉴定任务，规范具体的取证方法，如针对大气污染型案件，规范空气质量抽检的时间和地点；针对土地污染型案件，规定抽检物需达到的具体数量和抽样空间布局要求，等等。

---

① 参见杨波：《由证明力到证据能力——我国非法证据排除规则的实践困境与出路》，《政法论坛》2015 年第 5 期。

其次，可设立公益性质的环境污染鉴定机构，并规定与细化权威和统一的司法鉴定标准和方法。我国目前的鉴定机构在管理体制方面实行的是行政管理与行业管理相结合的管理制度。在环境犯罪案件中，部分鉴定意见由行政机关提供，由于作出鉴定意见的鉴定机构受行政机关管理，无法完全确保其处于一个客观中立的地位，所以作出的鉴定意见的客观性容易受到质疑。设立公益性质的环境污染鉴定机构有利于同时满足法院审理案件对鉴定意见科学权威的需要和公众对司法公益服务的期待。① 在建立兼具客观性、中立性和公益性的环境污染鉴定机构的基础上，通过明确司法鉴定的鉴定主体要求、不同类型环境鉴定的具体鉴定方法来确立权威统一的司法鉴定标准。

五、规范环境修复性措施的适用

恢复性正义侧重于对犯罪所造成的损害和影响予以恢复，区别于传统的报应性正义。② 环境法益的特殊性，使得恢复性正义在环境犯罪领域相比报应性正义更具优势。规范环境修复性措施的适用，可以从明确其法律定位和明确环境修复标准两方面展开。

首先，在法律定位上，明确环境修复性措施作为量刑情节适用。环境修复性措施在法律定位上作为量刑情节适用的合理性在于以下三点：其一，将其作为量刑的轻缓化事由③，属于犯罪构成事实之外的事实情况，符合量刑情节的特征；其二，其对犯罪的社会危害性程度和犯罪人的人身危险性具有影响作用；其三，该事由属于人民法院在裁量决定刑罚时需要

---

① 参见赵星、安然：《试论我国环境污损司法鉴定机构的建构——以完善环境犯罪的惩治为视角》，《法学杂志》2010 年第 7 期。

② 参见唐绍均、黄东：《环境罚金刑"修复性易科执行制度"的创设探索》，《中南大学学报（社会科学版）》2021 年第 1 期。

③ 参见徐军、钟友琴：《恢复性司法在生态环境刑罚中的定位重构》，《环境污染与防治》2022 年第 4 期。

考虑的事实情况①。

其次，明确环境修复标准。环境修复措施是认定环境犯罪过程中重要的量刑情节，影响检察机关是否作出起诉决定、影响人民法院对被告人的刑罚裁量。明确环境修复标准，规范环境修复性措施的适用，对于避免环境修复措施适用的随意性和模糊性具有重要意义。环境修复达到"恢复原状"标准客观上讲相对困难，对于不同类型的环境污染与资源破坏情形，所需采取的环境修复手段不同，环境修复标准的要求也应当有所区分，如对于涉林刑事案件，可规定环境修复标准是林地覆盖率需达到80%以上；对于涉农用地刑事案件，可规定环境修复标准是耕地复耕率需达到90%以上。

六、构建以惩罚和环境修复为主的多元化法律责任承担方式

完善我国环境犯罪刑罚结构，刑罚选择适用以考量生态环境利益为基础。推进环境犯罪刑罚适用价值取向由报应刑、重视惩罚向预防刑、重视环境修复转化。

第一，提高罚金刑的数额并增设日罚金制度。在罚金刑数额方面，环境犯罪大多发生在经济行为过程中，且行为主体具有一定的经济能力，设置高额罚金刑可提升刑罚威慑力，有利于打击犯罪行为人的逐利欲望，实现预防犯罪的目的。在增设日罚金制度方面，许多国家为了加大对环境犯罪的打击力度，对环境犯罪采取的是日罚金制，即根据犯罪人存在违法行为的天数，以日罚金规定数额乘以犯罪人实施违法行为的天数，作为犯罪人应当缴纳的总罚金。美国《资源保护和恢复法案》（Resource Conservation and Recovery Act）规定违反此法最高罚款是一天5万美元，澳大利亚《环境保护行动法》（Protection of the Environment Operations Act）规定的日

---

① 参见高铭暄、马克昌：《刑法学》（第八版），北京：北京大学出版社、高等教育出版社2017年版，第254页。

罚金数额可以达到 6 万澳元。① 采用日罚金制，在持续性违法中，每一天的违法行为均被视为一个独立的违法行为，并按照罚款限额处以相应的罚款。违法行为持续时间越长，所处罚款也就越多。② 该种规定的优势在于将违法持续时间因素考虑在内，一方面便于操作，另一方面对持续违法行为的威慑力度也更大。

第二，扩大生态修复制度适用范围。环境修复措施无论是货币性措施还是行为性措施都是对恢复性正义的贯彻，相较于给予犯罪人严厉的刑事处罚，其更重视犯罪人能够通过一定的行为有益于生态环境的恢复。扩大生态修复制度适用范围，完善其在不起诉制度、缓刑制度等方面的适用规范，更有利于环境利益的保护。

第三，重视资格刑在环境犯罪领域的适用。环境犯罪常常发生在经济活动过程中，有些经济活动以行为人获得某项资格或者行政许可为前提，如开采煤矿以取得采矿许可证为前提。资格刑的适用在实务领域通常表现为法院在判决书中明确禁止行为人从事与破坏环境资源有关的活动、禁止从事林木生产经营活动、缓刑考验期内禁止从事金属铅的冶炼生产活动、禁止被告人在缓刑考验期间从事采矿工作等。尽管我国目前有在环境犯罪领域适用资格刑的实际案例，但是适用率偏低，需要重视资格刑在环境犯罪领域所发挥的特殊预防功能，有效削弱犯罪人再次犯罪的能力和条件，预防再犯。

① 参见帅清华：《我国环境刑事司法实践研究》，南昌：江西人民出版社 2021 年版，第 242 – 243 页。
② 参见陈太清：《美国罚款制度及其启示》，《安徽大学学报（哲学社会科学版）》2012 年第 5 期。

附论　美国对环境犯罪的刑事法规制

第一节　美国环境犯罪刑事法规制的历史考察[①]

在美国，并不存在环境刑法典和单行环境刑事法律。所谓环境刑法，是指环境法中环境刑事条款及其适用过程中产生的判例法的总和。这些环境刑事条款及其判例法从无到有再到成熟的发展历程，反映了保护环境以及公共利益的现实需要。考察和研究美国环境刑法的产生背景、发展过程和主要问题，有助于我们全面认识和正确理解美国的环境刑法，并为我国的环境刑法研究提供新的视角和思路。

一、市场失灵和环境法的产生

环境理论是正确理解环境法律、准确界定环境犯罪和深入推进环境司法的基础。在美国环境刑法的产生和发展过程中，环境理论起着决定性的作用。正是环境理论的嬗变最终导致了环境法和环境刑法的产生。

在环境保护领域，20世纪中期之前，占统治地位的是自由市场理论。对于如何应对工业化和经济发展所导致的环境污染和破坏，是否需要某种形式的政府干预，以自由市场原则为基础的传统经济学理论作出了否定的回答。自由市场理论认为：市场的主要调控机制是供给、需求和价格，通过这三个市场要素的相互作用，经济市场将自动调控环境问题，保护环境不需要政府的介入和干预。按照自由市场理论的设想，如果消费者重视环境保护，对破坏环境的商品的需求将下降，从而促使生产者降低对这些产品的生产，或者创新产品生产方法；另外，如果消费者持续需求破坏环境的商品，该商品的价格将上扬，从而导致需求下降，或者生产者也可以通

---

① 本部分的主要内容已见于拙作《美国环境刑法的产生和发展》，载朱义坤主编：《暨南大学法律评论》（第2卷），广州：暨南大学出版社2013年版。

过创新产品生产方法的方式来应对价格上扬，这也将产生保护环境的效果。① 总之，破坏环境商品价格的变动，将影响消费者的需求和生产者的供给，这一市场机制的良性运行，将使得环境保护这一问题在市场机制内部得到解决。

　　这一理论设想受到了商业机构以及希望限制政府权力的人的推崇。然而，从19世纪晚期到20世纪中期，美国的环境持续受到破坏。在此期间，美国的空气和水域被严重污染，对动物和人类生存都构成严重威胁。20世纪40年代起，加利福尼亚的烟雾问题在其他城市也变得日益明显，1948年，烟雾问题引起的健康威胁终于演变为残酷的现实，当时，烟雾笼罩宾夕法尼亚的钢铁小城多诺拉（Donora），致使20人死亡，数千人患病。美国水域的污染日益严重，一些河流如俄亥俄州的凯霍加河（Cuyahoga River）在1950年至1969年期间，数次着火。随着美国水域的污染程度持续增加，大型鱼类的死亡日益引人注目。到20世纪60年代末，伊利湖已被大面积污染，环保主义者宣布该湖已死。② 自由市场理论在严峻的环境现实拷问中走向式微。

　　实践中的自由市场机制之所以不能保护环境，一方面是因为该理论假设了消费者会作出理性的选择，然而在许多情况下，消费者未必是理性的。如果消费者是不理性的，价格的变动就不会影响消费者的行为，如果消费者的需求没有因为价格的升高而减少，市场机制就因此而失灵。另一方面，即便消费者是理性的，也难以获得据以作出消费决策的知识和信息。因为在市场机制下，商业机构往往通过受法律保护的"商业秘密"的方式剥夺消费者获取商业信息的机会，或者通过商业协会或其他方式制造错误信息。这些都破坏了自由市场赖以运行的基础。③ 更为重要的是，环境污染发生于市场行为，而在市场行为中，环境成本被当作消极的外部效

---

① See Ronald G. Burns, Michael J. Lynch, and Paul Stretesky, *Environmental Law, Crime, and Justice*, New York: LFB Scholarly Publishing LLC, 2008, pp. 26 – 27.

② See Ronald G. Burns, Michael J. Lynch, and Paul Stretesky, *Environmental Law, Crime, and Justice*, New York: LFB Scholarly Publishing LLC, 2008, p. 101.

③ See Ronald G. Burns, Michael J. Lynch, and Paul Stretesky, *Environmental Law, Crime, and Justice*, New York: LFB Scholarly Publishing LLC, 2008, p. 32.

果，或者说并非需生产者支付的成本，这些成本没有成为商品价格的一部分，因而不会对消费者和生产者的行为产生影响。"自由市场不能保护环境是因为公司能够通过尽量提高它们的外部成本的方式来尽量降低污染的内部成本，也就是将污染成本转嫁给其他人如消费者或纳税人。"① 因此，在自由市场机制下，需要一些市场之外的机制，将由社会和政府承担的生产的外部成本转换为其内部成本。"因为自由市场没有为减少污染行为提供充分的激励措施，政府必须介入降低外部成本，促进有利于外部利益和集体利益的生产。"②

20 世纪 50 年代中期以后，在环境危机日益严重和反思自由市场理论的背景下，产生了许多环境保护理论。形形色色的保护理论尽管对人与环境的关系以及环境问题的解决之道有不同解读，但均认为：不能将人类健康寄望于自由市场作出合适反应的可能性，因为有许多证据表明它不能；人类和环境健康是相关的，为了保护人类，政府必须介入环境保护。③ 法律是解决社会关切和保护普通公众免受伤害的一种机制，正是在这些环境保护理论及其引发的环境保护运动的推动下，环境法律成为保护环境的必然选择。

在这一背景下，继 1899 年第一部全国性环境法律《废物法》（Refuse Act）④ 颁布近 50 年后，美国国会重新启动了环境保护的立法活动，制定了一系列环境法律来保护环境。最重要的是三大环境制定法，即 1948 年的《联邦水污染控制法》（Federal Water Pollution Control Act，下文称作 FWPCA）、1955 年的《清洁空气法案》（Clean Air Act，下文称作 CAA）、1976 年的《资源保护和恢复法案》（Resource Conservation and Recovery Act，下文称作 RCRA）。除此之外，还有《综合环境反应、赔偿和责任法案》

---

① See Findley, R. W., and Farber, D. A., *Environmental Law: In a nutshell*, St. Paul, MN: West Group, 2000, p. 81.

② See Findley, R. W., and Farber, D. A., *Environmental Law: In a nutshell*. St. Paul, MN: West Group, 2000, p. 83.

③ See Ronald G. Burns, Michael J. Lynch, and Paul Stretesky, *Environmental Law, Crime, and Justice*, New York: LFB Scholarly Publishing LLC, 2008, pp. 32 – 46.

④ 《废物法》也被称为《河流和港口法》（Rivers and Harbors Act）。

（Comprehensive Environmental Response，Compensation and Liability Act，下文称作 CERCLA）①、《有毒物质控制法案》（Toxic Substance Control Act，下文称作 TSCA）、《联邦杀虫剂、杀菌剂和灭鼠剂法》（Federal Insecticide，Fungicide and Rodenticide Act，下文称作 FIFRA ）等。这些环境法律及其配套规定是美国保护环境的基本规则。

需要注意的是，除了 1899 年《废物法》中规定了一个环境犯罪的轻罪外，在 20 世纪 70 年代之前，美国国会并未在环境法律中创设过新的环境犯罪，危害环境的行为主要是通过相关当事人提起的民事诉讼来解决的。直到进入 20 世纪 70 年代，美国环境法律中才开始出现了一系列惩治环境犯罪的刑事条款。环境的日益恶化和国家对环保问题的日益重视，促使了一个新的法律领域——环境刑法的诞生。

二、环境刑法的发展历程

在 1970 年美国环境保护局创设之前，几乎没有立法界定或处理环境犯罪。许多现在由环境刑法规制的行为以前是由普通法规范的，这意味着环境刑事规则只能通过对每一个危害环境行为的逐案起诉和审判来建立。这不仅导致难以建立起系统的环境监管制度和刑事规范，而且难以对环境犯罪实行有效的威慑。这种状况曾在 1899 年发生了一些变化。当时美国国会通过了《废物法》，这是第一次全国性的环境立法。国会在《废物法》中针对环境污染规定了一个联邦犯罪，其中规定，未经允许向航运水域丢弃、处置任何废物构成轻罪。② 该犯罪被当作是侵犯公共利益的犯罪，实行严格责任。③ 在随后的 70 余年间，环境制定法中均没有再出现过关于环境犯罪的刑事条款。以致在 20 世纪 70 年代，当政府运用该规定及其严格

---

① 也被称为《超级基金法》（Superfund Act）。

② See 33 U. S. C. § § 407，411 （sections 13 and 16 of the Rivers and Harbors Appropriation Act of 1899）.

③ United States v. White Ruel Corp. ，498 F. 2d 619 （1st Cir. 1974）.

责任原则追诉环境犯罪时，《废物法》仍显示出其重要性。① 这个条款尽管不常被适用，但在 20 世纪 70 年代环境意识觉醒时，却被当作惩治环境犯罪的示范条款，它确立了将环境犯罪作为侵犯公共利益犯罪的重要先例。②

　　现代制定环境污染犯罪条款的第一个努力是 1970 年《清洁空气法修正案》（the Clean Air Act Amendments of 1970）中第 113 条（C）的规定③，该规定仍以轻罪惩治违法者。然而，该法案实质上并没有得到执行。④ 原因在于：该规定的执行不是基于许可制度，因此，没有清楚地规定当事人的特定法律责任；再加上几乎没有报告和保存记录的责任，导致执法机关难以对当事人实行日常和有效的检查。换言之，《清洁空气法修正案》的刑事条款忽略了环境犯罪的行政关联性，不仅关于行政责任的规定存在缺失，而且也未规定犯罪的成立须以违反行政性规定为前提，导致难以清晰界分不同法律责任，犯罪调查、起诉和审判几乎不可能。

　　美国国会迅速认识到了这一错误。1972 年，FWPCA 的刑事执行条款中体现出了实质性的改进。⑤ 该法第 309 条（C）规定：任何未经许可或者违反根据该法颁发的许可证，故意或者过失向航运水域排放污染物，应处以轻罪处罚。⑥ 换言之，环境犯罪是个人或企业未获许可而非法排放的行为。该规定的关键性突破是将刑罚执行与许可制度联系起来，环保组织、联邦或州政府据此可以对环境违法行为进行系统、有效的监督、检查和惩罚，刑事惩罚的威胁促使已被纳入许可体系的个人或企业遵守法律。实践证明这一改进是有效的，通过对违反许可制度非法排放行为的追诉，形成

---

① See Cohen，M. A.，Environmental Crime and Punishment：Legal/Economic Theory and Empirical Evidence on Enforcement of Environmental Statutes. *The Journal of Criminal Law and Criminology*，1992（82）.

② 对侵犯公共利益的犯罪实行严格责任，是公共福利犯罪原则的重要内容。后文对此有所交代。

③ Pub. L. No. 91 – 604，84 Stat. 1676，§ 113（c）（1970）.

④ See James Miskiewicz and John S. Rudd，Civil and Criminal Enforcement of the Clear Air Act After the 1990 Amendments. *Pace Environmental Law Review*，1992（9）. 绝大多数根据该条款提起的成功起诉，都是以行为人违反了威胁空气污染物的全国排放标准的工作规程，而不是污染了空气。United States v. Buckley，934 F. 2d 84（6th Cir. 1991）.

⑤ Pub. L. No. 92 – 516，86 Stat. 816（1972）.

⑥ See 33 U. S. C. § 1319（C）.

了最初的一些判例。① 这些判例证明对环境犯罪进行大规模追诉是可能的。

　　然而，此时的环境犯罪仅被作为轻罪惩罚，并且很少有个人被告因定罪而被监禁。因此，调查和起诉机关对追诉成本高昂且结果难料的环境案件意兴阑珊。尽管联邦调查局和环境保护局曾达成协议要积极调查环境案件，但事实上联邦调查局很少投入调查资源去支持轻罪起诉。

　　这种情况在进入 20 世纪 80 年代后发生了改变。1980 年《固体废物处置法修正案》（Solid Waste Disposal Act Amendments of 1980）第一次规定：未经许可处理、存放、处置危险废物构成重罪。② 环境犯罪由此进入重罪惩处阶段。此外，自 1980 年起，美国国会在主要联邦环境法律中增设了一种新的犯罪类型——"明知危害"（knowing endangerment）的犯罪③，以应对直接威胁人类生命的特别严重的犯罪行为。所谓"明知危害"犯罪，是指在明知的情况下运输、处理、储存、处置或出口危险废物，并且在行为当时认识到该行为将置另一个人于紧迫的死亡或严重身体伤害的危险境地的犯罪。"明知危害"犯罪的刑罚非常严厉，如根据 RCRA §3008（e），对于犯罪个人最高可判处 15 年监禁和 25 万美元罚金。④ 环境犯罪的重罪惩处成为可能后，环境刑法迎来了快速发展阶段。

　　经过 20 世纪 80 年代的努力，美国国会逐渐厘清了环境犯罪规定的范围，将对环境犯罪的惩罚由轻罪提升至重罪，并且规定了更大额的罚金和更长的刑期。主要标志包括 1984 年的《危险和固体废物修正案》（the Hazardous and Solid Waste Amendments of 1984）⑤、1986 年的《超级基金修

---

　　① United States v. Phelps Dodge Corp. , 391 F. Supp. 1181, 5 ELR 20308（D. Ariz. 1975）；United States v. Frezzo Bros. , 602 F. 2D 1123, 9 ELR 20556（3d Cir. 1979）, cert. Denied, 444 U. S. 1074（1980）；United States v. Distler, 671 F. 2d 954, 11 ELR 20340（6th Cir.）, cert. Denied, 454 U. S. 827（1981）.

　　② See Resource Conservation and Recovery Act（RCRA）, 42 U. S. C. §6928（d）, ELR STAT. RCRA §3008（d）, as amended by Pub. L. No. 96 – 482, 94 Stat. 2334（1980）.

　　③ 第一个明知危害条款是 1980 年被加入到 RCRA 中的, see 42 U. S. C. §6928（e）；加入到 FWPCA 是 1987 年, see 33 U. S. C. §1319（c）(3)；加入到 CAA 是 1990 年, see 42 U. S. C. §7413（c）（5）.

　　④ See 42 U. S. C. §6928（e）.

　　⑤ Pub. L. No. 98 – 616, 98 Stat. 3221（codified as amended at 42 U. S. C. §§6901 – 6992）.

正案和再授权法》 （the Superfund Amendments and Reauthorization Act of 1986）①、1987 年的《水质法》（the Water Quality Act of 1987）②。此外，在 1990 年的《清洁空气法修正案》（CAA Amendments of 1990） 中，国会将针对空气的环境犯罪提升至重罪，③ 并将空气保护执法纳入许可证程序④。这一举措使得针对大型受监管当事人的民事执法和刑事执法更为有效。尤其值得一提的是，公众对 RCRA 重罪起诉的支持，在很大程度上促使地方的联邦检察官成为追诉环境犯罪和发展环境刑法的中流砥柱。从 1982 年 10 月到 1995 年 4 月 7 日，443 个企业和 1068 个个人被起诉至法院。其中，334 个组织和 740 个个人被确定犯罪成立。⑤

　　自 20 世纪 70 年代起，经过 30 年的发展，环境刑法进入了发展的成熟期。所谓成熟期，是指环境刑法在经历了从无到有及之后的快速发展阶段后，已具备了基本的成文规则，创建了基本的判例法，刑事法规则体系已基本成型。进入 21 世纪后，环境刑法仍在环境保护领域发挥着重要的作用，但其在治理环境的多元战略背景下，作用已相对下降。从 2002 年至 2006 年，刑事判决的总刑期数分别为 215 年、146 年、77 年、186 年、154 年，这可能是环保局推行合规战略（compliance strategy）（例如鼓励企业自我检测）的结果。例如，在 2006 财政年度，环保局执法和合规协助办公室得到了政府、企业和其他被监管组织减少约 9 亿磅污染物的承诺，这

---

　　① Pub. L. No. 99 – 499，§109，100 Stat. 1613，1632 – 1633（condified as amended at 42 U. S. C. §9603（b）（d））.

　　② Pub. L. No. 100 –4，§312，101 Stat. 7，42 –44（codified at 33 U. S. C. §1319（C））. 该法律也取消了先前"过失或者故意"的主观要素，而代之以犯罪等级制度，根据该制度，过失行为作为轻罪来惩罚，而故意行为作为重罪来处罚。33 U. S. C. §1319（C），ELR STAT. FWPCA §309（C）.

　　③ Pub. L. No. 101 – 549，§701，104 Stat. 2399，2672（codified as amended at 42 U. S. C. §7413（C））.

　　④ 将空气许可方案纳入《联邦水污染控制法案》的需要早在 1981 就被预见到了。See William F. Pedersen Jr.，Why the Clear Air Act Works Badly，*Univerity of Pennsylvania Law Review*，1981，Vol. 129.

　　⑤ Memorandum from Peggy Hutchins，Paralegal，to Ronald A. Sarachan，Chif，Environmental Crimes Section，Environmental Criminal Statistics FY83 Through FY94（April. 7，1995）.

些机构为此将投资约 49 亿美元来减少污染和达到遵守环境立法的要求。①

第二节　环境犯罪的刑事追诉机构

一、联邦刑事执行机构

美国环境犯罪刑事执法机构的设置，联邦层面主要包括司法部的环境犯罪局（Department of Justice Environmental Crimes Section，简称 DOJ ECS）、检察长办公室（U. S. Attorneys' Offices）和环保署的刑事调查部（EPA Criminal Investigation Division，简称 EPA CID）。这些机构在过去的几十年里为环境犯罪的执法工作付出了巨大的努力，取得了一系列卓越的成果。现在，环境犯罪局、检察长办公室以及环保署之间的联系和合作比以往任何时候都要密切，就像助理检察官伊格纳西亚·莫雷诺（Ignacia Moreno）在 2012 年公开发表的讲话中说的，"我们正在彼此合作、互享案件信息、交换起诉意见并发起成立合作小组，以期望更好地解决我们的环境问题，保护公众健康"②。

（一）司法部（DOJ）

如上节所述，20 世纪 70 年代颁布的环境法中规定了刑事执行条款，但早期都是将其设置为轻罪。起初，环保署刑事调查部依据法律规定将案件提交给司法部土地与自然资源部（后改为"环境与自然资源部"，Environmental and Natural Resources Division）进行起诉，但鉴于当时刑事执法资源的不足以及司法人员态度上的不重视，60% 的案件都没能进入刑事指控阶段。该状况第一次出现转机是在 1982 年，司法部在其环境民事执行局（Civil Environmental Enforcement Section）内设立了一个环境犯罪小组，专

---

① See Ronald. Burns, Michael J. Lynch, and Paul Stretesky, *Environmental Law, Crime, and Justice*, New York: LFB Scholarly Publishing LLC, 2008, p. 133.

② See https：//www. justice. gov/sites/default/files/usao/legacy/2012/07/30/usab6004. pdf.

门负责联邦环境案件的刑事起诉。该小组成立之初，人员组成和预算都比较小，也只是隶属于民事执法部门的一个分支。

现在我们看到的美国环境犯罪刑事执法体系形成于 1987 年，随着国会立法将部分环境犯罪由轻罪升级为重罪，环境刑事执法体系也亟待完善，当时的司法部长埃德温·米斯（Edwin Meese，III）决定将环境犯罪调查小组从民事执行局中独立出来，成立了环境犯罪局（ECS），直属于环境与自然资源部，专门负责对违反环境法的个人及企业进行起诉。美国审计署当时的资料称：1987 年，环境犯罪小组升级为环境犯罪局后，无论是人员还是预算都整整扩大了一倍。① 升级后的环境犯罪局由 3 个小组组成，每个小组分管环保署旗下的 10 个地区办公室的案件起诉。除此之外，它还负责对全国检察官办公室进行有关环境案件起诉的培训。环境犯罪局的设立适应了当时刑事政策的要求，将重大的环境案件移交给专业机构调查起诉一方面能减少对环境法规的解释，在量化刑事起诉裁量权上形成判例，为接下来类似案件的审理提供很好的参考。另一方面，它的独立在一定程度上也能降低公众对环保署监管职责的怀疑。

到 1992 年，环境犯罪局已有 28 名检察官，并且污染调查工作也得到了联邦调查局（FBI）的大力支持，联邦调查局专门配有 100 名警员从事环境犯罪案件的调查。② 在此期间，绝大多数环境刑事案件的指控都涉及违反《资源保护和恢复法案》和《清洁水法案》（Clean Water Act），调查人员主要通过企业递交的环境报告来发现违法行为，以决定是否进行刑事指控。

从 20 世纪 90 年代中期之后的稳定发展至今，环境犯罪局已有超过 40 名的执法人员，并对上百名地区检察官完成了起诉培训。目前，大部分的联邦环境案件都由环境犯罪局独立或与检察长办公室联合处理。虽然近年

---

① See testimony of L. NyeStevens, Director, Planning and Reporting General Government Division, before the U. S. House of Representatives Subcommittee on Oversight and Investigations, Committee on Energy and Commerce, 1993.

② See Joseph G. Block, Environmental Criminal Enforcement in the 1990s, *Vilananova Environmental Law Journal*, 1992 (3), pp. 34 – 35.

来，司法预算有向国家安全部倾斜，但相对于其他部门的缩减，环境犯罪局的预算资源还算不错。

总的来说，环境犯罪局处理的环境刑事案件大约占 25% ~ 30%，其更倾向于处理涉及"新的法律解释""跨区域调查"或"国际外交"等范围广、复杂程度高的综合案件。从司法部公布的数据看，环境犯罪局处理的刑事案件罚金占到整个联邦环境案件的三分之二左右。

除环境犯罪局外，检察长办公室在环境刑事执法方面也发挥着不可替代的作用。很多检察长办公室都建立了自己的环境刑事犯罪小组来专门负责环境案件起诉的相关事宜。事实上，除去环境犯罪局处理的复杂的大型环境案件外，检察长办公室负责其辖区内的绝大部分刑事案件起诉，环保署和调查局也更愿意直接将案子移交给检察长办公室。仅 1987 年至 1993年（《美国检察长手册》修改前），各检察长办公室就处理了上千件犯罪案件，定罪率高达 91.1%，其中超过三分之一的被告都受到了监禁的处罚。①

在环境犯罪局和检察长办公室起诉权区分上，《美国检察长手册》明确指出，在环境案件的刑事追诉方面，美国检察长办公室拒绝起诉后，环境犯罪局对该案件提起诉讼不受任何限制；同时，如果环境犯罪局因政策考虑拒绝起诉，检察长办公室也可以提起诉讼，双方的起诉权不受单独一方的影响。在两方合作调查起诉的情况下，具体的责任分配则视案情而定，考虑的因素包括检察官的专业性、工作负荷、地区特点以及政治因素等，通常情况下，该类案件会由环境犯罪局负责调查，然后向大陪审团提交起诉证据。

（二）环保署（EPA）

环保署作为美国联邦环境执法的主要机构，为打击破坏环境、威胁公共健康的犯罪行为采取了一系列的相关措施。早在 1981 年，环保署就成立了刑事执法办公室（Office of Criminal Enforcement）对潜在的环境犯罪进行

---

① See Criminal Litigation Committee of the Environmental Law Section, *Environmental Crime*, 1995, p. 3.

调查，如果符合起诉标准则移交给司法部进行指控。成立之初，该犯罪执行办公室拥有 21 名刑事调查员，主要针对涉案的个人及公司进行审查。1988 年，在环保署和司法部的共同努力下，美国国会以法律的形式赋予了环保署调查人员完全执法权，其调查员可以携带枪支、现场搜查并执行逮捕。

1990 年美国国会通过的《污染起诉法》（Pollution Prosecution Act）将原来调查环境犯罪的联邦探员人数增加了 4 倍，并且要求环保署的刑事调查人员不得低于 200 名的底线，这意味着犯罪执行办公室的预算资源及执行效率将得到进一步的提升。环保署 1992 年度执行报告中称"刑事执法将继续成为部门执法体系增长最快的部分"。截至 2002 年，环保署有 216 名刑事调查员，破获案件 484 起。除此之外，为了更好地预防环境犯罪，环保署还在亚特兰大、波士顿、芝加哥、达拉斯、丹佛、堪萨斯城、纽约、费城、旧金山和西雅图 10 个地区设立了调查办公室，这些地区办公室也都组建了专门的环境刑事调查部门。近年来，环保署还在美国的多个地区建立了 32 个公民诉讼代理机构以帮助普通民众维护自身权利。

刑事执法办公室的职责是负责案件调查、收集证据、进行法医分析并提供环境方面的指导意见以协助司法部进行起诉，执行环保法。目前，刑事执法办公室下分设刑事调查部（Criminal Investigation Division，简称 CID），负责案件的调查；国家执法调查中心（National Enforcement Investigations Center，简称 NEIC），以及法律顾问部（Legal Counsel Division，简称 LCD）。

刑事调查部，顾名思义，即对违反联邦环境法规的行为实施刑事调查的部门，其职能包括询问证人、审查文件、申请搜查和逮捕令、收集证据，有必要时出庭作证。其调查的范围涉及但不限于"非法处置危险废物；非法向流域排放污染物；未经接收国许可出口危险废物；以不合法的方式去除和处置受管制的石棉材料；非法进口受限制或受管制的化学品；影响饮用水供应；共谋；以及和环境犯罪活动相关的电信诈骗及洗钱活

动"①。刑事调查部的执法人员受过专业培训，熟悉复杂的环境科学并致力
于执行联邦环保法，特别是涉及空气、水和固体废物的案件，这三类案件
占到环境案件的75%以上。据环保署公布的数据，2015年，刑事调查部共
向司法部移交了170起刑事案件，当中181名被告被判有罪，监禁刑期达
到95年，罚款额高达1.93亿美元，创近五年来的新高。②

国家执法调查中心作为技术分析中心，为刑事执法提供客观和专业的
医学研究和实验分析，其职责在于识别和量化污染物；利用颗粒形态、同
位素比值等化学特征查找污染源；必要时，在起诉审判期间也可提供专家
证词。为了应对环境案件的复杂性和多样性，国家执法调查中心在评估现
有的调查取证方式的基础上还开发了新的取证方法。在其技术协助下，刑
事调查部根据形成的专业的实物证据链将达到刑事犯罪标准的案件提交给
司法部起诉。

法律顾问部的12名法律顾问则主要负责为环境执法过程中遇到的相关
事项提供法律支持和指导，参与法规的制定，回应公众疑问，以及为环保
署的员工提供培训。

二、州及地区刑事执行机构

联邦执法机构积极打击环境犯罪并不能掩盖州和地方执法的重要性，
虽然各州对环境犯罪追诉采取的方式不尽相同，但几乎所有州都通过了自
己的环境法规并设立环保机构予以执行和管理各州辖区内的环境问题，加
大环境执法力度。另外，大多数联邦环境法中也都有授权条款，各州据此
条款拥有执行联邦项目的权限。

（一）州环保机构

环保署成立之初，许多州都尚未设立正式的环保机构，而且也缺乏相

---

① 参见美国环保署官网：https：//www. epa. gov/enforcement/criminal－investigations.
② 参见 https：//www. epa. gov/region1/npdes/ipp/kevin－gaul－epa－criminal－investigation－
overview－2016. pdf.

应的资金预算。目前，美国各州都有自己专门的环境保护机构，虽然名称各异，例如，宾夕法尼亚和纽约州称为"环保部"（DEP），弗吉尼亚州称为"环境质量部"（DEQ），加利福尼亚州称为"环境保护局"（EPA），特拉华州则称为"自然资源和环境控制部"（DNREC）。目前，州和地方环保局的职员约有 4 万多人。这些环保机构虽然职能与联邦环保署并不完全一致，但作为州的环境保护部门，在环境案件的调查执法方面发挥着不可替代的作用。纽约州环保部下的法律执行部门（Division of Law Enforcement）就设有两个分支，分别为"环境保护警察办公室"（ECO）和"环境保护调查署"（BECI），以提供专职的调查，与法律顾问商议后决定是否将案件提交给地区、州或联邦检察官进行起诉。实际上，很多州的环保机构实力非常强大，如得克萨斯州环境委员会 2006 年的财政预算达到 5.1 亿美元，加利福尼亚州环境保护局的雇员维持在 4300 人左右，等等。

（二）检察长办公室

各州环保机构制订环境法规和执行标准并监测其实施，而真正州和地区环境案件的起诉则由法律赋予州检察长办公室或地区检察官执行。《清洁水法案》《清洁空气法案》规定检察长办公室行使起诉权，关于湿地、杀虫剂、危险废物、有害物质等的法律，直接赋予州总检察长办公室独立的执行权，《联邦杀虫剂、杀真菌剂和杀鼠剂法》和《污水清洁法》也规定地区检察官可以行使执法权。另外，各州也相继通过有关法律政策明确检察长办公室及地区检察官的起诉权限。例如，纽约州的《执行法》§63（3）规定：应任何部门执行长官的要求，检察长办公室应该对涉嫌违法行为进行调查，并对犯罪行为进行起诉。[①] 另外，绝大多数的州总检察长办公室都设立了环境犯罪专案组（Task Force）。Task Force 汇集了不同机构的人员，定期开会讨论，互相协调合作以应对环境犯罪调查起诉的综合性和复杂性。

地方检察官在环境犯罪起诉方面发挥着重要作用，因为往往地方检察

---

① See New York Executive Law § 63 (3).

官是最先发现或接到社区污染举报的机构，所以它对其辖区内的环境事故通常会更加敏感。在绝大多数州，环境污染案件的刑事起诉都由设在县市一级的地区检察官负责。地区检察官是地区的主要执法官，一般不亲自起诉案件，具体案件的调查和起诉工作均由助理检察官实施。在有些市县，例如纽约州萨福克市，配有专门的人员来进行环境犯罪的调查和起诉。纽约州的地区检察官协会也建立了环境犯罪小组委员会，委员们定期开会讨论环境案件。除此之外，1992 年美国检察官研究机构（American Prosecutors Research Institute）在弗吉尼亚州建立了预防环境犯罪中心，通过适当的培训来强化地方检察官对环境犯罪起诉的认知，从而改进其执法方法。

（三）其他执法机构

在新泽西州，州政府对执行环境法律法规作出了重大承诺。其州总检察长办公室、环保部以及公共福利委员会都设立了专门的环境执法部门。而且 20 世纪 90 年代，新泽西州政府还特意组建了州环境检察官办公室（Office of the State Environmental Prosecutor），以便集中处理辖区内的环境犯罪活动。

在明尼苏达州，总检察长办公室和污染控制局联合成立了环境犯罪组（ECT），以专门针对环境犯罪的调查起诉活动。该环境犯罪组在 Minnesota v. Marvin Lumber & CedarCo. dibla Marvin Windows 案中发挥了重要作用，在对该公司实施调查取证后，被告承认了非法储存危险废物，并同意支付 200 万美元罚款。明尼苏达州立法机关还扩大了环境犯罪中有关被告人主观"故意"的范围，目的是更有效地实施"企业主管负责制"（RCO），证明公司负责人对企业违法行为的认知，追究主管个人的刑事责任。

OCTF（Organized Crime Task Force）是由纽约州立法机关根据 1970 年颁布的《执行法》§70（a）项设立的负责跨县或跨州环境刑事案件的调查起诉的机关。由于一些重大的环境污染案件容易涉及多县、市甚至是跨州，因此，需要与多地执法机关会同联邦执行机构进行长期合作调查。OCTF 专门负责调查有组织的企业犯罪，通过广泛的民事和刑事侦查技术，查获了大量辐射范围广泛的犯罪案件。

第三节 环境犯罪的起诉

一、刑事起诉自由裁量权

对环境违法行为是采取行政制裁、民事制裁还是刑事制裁，关乎刑事起诉自由裁量权问题。在刑事执法的最初十年里，检察长办公室、环境犯罪局、环保署刑事调查部之间就该问题曾出现过巨大的分歧。冲突的焦点主要集中在相对较小的环境案件，环保署环境自然资源部（Environment and Natural Resources Division）并不支持检察长办公室对此类案件进行刑事追诉。此外，在国会的三次调查以及司法部内部审查中也经常涉及环境案件起诉是否涉及政治干预的问题。因此，在 20 世纪 90 年代之前，司法部在对环境案件作出最终起诉决定时经常饱受争议。这种"地盘之争"直至现在依然存在，虽然新的法律规定希望在刑事起诉上尽量能够达成统一，但在具体案件的实际执行上，检察官和其他执法人员仍旧会就此产生争议。

出现这种争议的原因在于早期环境法对刑事、民事、行政执法界限的规定模糊，不同的人在处理不同案子时往往分歧很大。这也就不难理解，为什么在环境案件中关于起诉裁量权问题的争执会如此激烈，这种不确定性一直长期困扰着执法人员。直至 20 世纪 90 年代，司法部和环保署才打破了这种僵局。

1994 年，检察长办公室在对环境案件提起刑事指控时不再需要申请审批。该审批要求的取消便利了执法人员和助理检察官之间的沟通，也使得调查人员与检察官之间建立了信任，在不影响刑事执法活动的前提下允许个案上存在分歧。但有关裁量权的争议问题仅仅是得到缓解，并没有从实质上解决。办案人员抱怨环境案件的刑事追诉并不依赖于案件本身的事实，更多地取决于最初引起了刑事还是民事调查员的注意。此外，普通民众面对这种随意性也表现出担忧，有些环境案件可能首先会以民事诉讼开始，而后又被提起刑事指控，仅因为涉案被告与环保署或其他监管机构之间就民事执法存在争议。无论是案件的偶然性还是执法人员的主观因素都不应该成为衡量刑事起诉裁量权的基础，该项权利应该受到重视。

如何行使自由裁量权，不仅仅是理论上的问题。为了解决实践中的困难，也为了在刑事起诉上达成更高的一致性，环保署特意在其辖区内设立了案件筛选程序。该筛选程序规定民事执法人员在特定情况下应与刑事调查员共享信息。从理论上讲，案件筛选程序至少促进了调查资源的统一，在向司法部移交起诉时可以沟通协商；同时，在一定程度上控制了案件被随意追诉的源头，环境违法行为被追究何种责任并不取决于谁先着手调查。事实上，案件筛选程序在执行中的有效性取决于环保署在不同区域执行的严格程度。由于不同地区的人口、地理以及执法态度存在很大差异，该程序在不同地区实行的效果全然不同。再加上如果环境案件在调查初期已有检察官或犯罪小组调查人员参与，那么环保署的案件筛选所能发挥的效用就更低了。

1991 年，在各方压力下，司法部也针对环境污染案件五个刑事追诉发布了更为明确的标准，其中概述了除环境损害外，另外影响刑事裁量权的因素。包括：其一，是否有自愿、及时和完整的信息披露。其中应该特别考虑披露的信息执法机关是否事先已掌握。其二，是否存在其他合作行为。除了自愿披露外，犯罪人的主动合作也是至关重要的，应考虑其立功的其他行为，这些行为也直接影响刑事指控。其三，该犯罪人或公司对污染行为事前是否采取了预防措施，事后有没有积极补救。检察官在行使裁量权时应重点考虑罪犯的环境合规计划能否有效预防和查明违法行为并及时控制污染源。其四，有无多次违法记录。最后，还应该考虑是否有证据证明被告对公司内部员工的违法行为采取了纪律处分。[1] 在对企业负责人提起刑事指控时，联邦和州检察官还必须考虑以下几个问题：①该负责人是否知道或应当知道违法行为；②是否采取有效措施规制该行为；③是否对违法

---

[1] See U. S. Department of Justice, Factors in Decisions on Criminal Prosecutions for Environmental Violations in the Context of Significant Voluntary Compliance or Disclosure Efforts by the Violator, 1991.

行为默认或视而不见；④损害结果与该负责人的行为有无直接关系。

在进行刑事起诉前，检察官必须对这些因素进行综合考量，其中最关键的是损害结果以及犯罪人的主观恶性。而反对刑事起诉的理由无非在于认为案件证据不足或者对违法者实施刑事处罚有悖刑法的谦抑性。

在严格责任适用于环境犯罪之前，证明被告人的犯罪意图在刑事指控中不可或缺，但现在法官和陪审团可以在不要求证明其行为主观过错的情况下直接定罪。因此，检察官刑事起诉裁量权的行使可能直接导致两个完全不同的结果，一个有可能因重罪被判监禁，而另一个只是接受民事处罚。刑事裁量权的标准化适用真正关乎的是公平和正义。

二、平行程序

所谓平行程序（Parallel Proceedings），又称平行诉讼，是指基于同一案件事实对被告同时提起刑事、民事或行政诉讼。平行程序在环境案件中很常见，这源自它不仅可以通过民事禁令、修护条款以及巨额的民事罚款来规制违法行为，同时也可以通过刑事制裁以达到威慑的目的。目前，司法部的政策鼓励平行程序以期望最大程度上在刑事、民事调查团队间实现信息共享。在这之前的很长时间里，司法部和环保署对平行程序的适用都采取了严格的限制，以避免潜在的双重风险。

（一）环境案件平行诉讼存在的问题

平行诉讼是一把双刃剑，在实际适用中引发了许多实体和程序性问题。当环保署或州的环境执法机构想提起民事诉讼以加快修复进程时，司法部同时也在进行调查以确定是否应该追究刑事责任。受刑事和民事侦查机制之间的差异影响，民事调查发现的范围更为广泛，更少受限制，那平行诉讼带来的结果即是执法机构可以利用民事程序去发现案件事实，以避开刑事取证程序的规制。

刑事和民事诉讼规制的另外一个重要区别在于第五修正案特权，即反对自证其罪的适用。该特权只适用于刑事案件，在民事调查中，当事人虽然保留拒绝回答问题的权利，但执法机构可能会从其沉默中得出结论以判定事实。而刑事侦查中，嫌疑人援引特权拒绝回答问题可能不会对他不利，因为检察官、法官或陪审团并不能以此定罪。相关的刑事证据只能通过授权或搜查证的方式获得，任何非法搜查和扣押都会以非法证据而予以排除。而一旦采取平行诉讼，不同检察官之间的信息沟通共享对当事人在不同程序中该项权利的影响可能完全不同。

从公司的角度看，重复调查带来的问题也是显而易见的。公司必须在调查的最初阶段就准备应对不同诉讼的策略；而且面对多个机构的重复调查，企业自身的任务也很繁重，必须要有不同的法律顾问以及企业员工去处理相关问题。另外，企业自愿披露的信息或报告也极有可能产生更加不利的影响，例如，企业按照司法部或《联邦量刑指南》的要求自愿披露环境违法行为，以便获取从宽处罚，但该披露在民事诉讼中就有可能构成承认违法。RCRA 在这方面就提供了很好的范例，在民事案件中，一旦对被告非法处置的物质是否属于危险废物产生争议，对公司来说，保守的做法是先承认废物是危险品，以便在诉讼策略中赢得积极性，但该方法在平行程序中并不适用，该承诺会被认为是被告的认罪行为而直接在刑事庭审中予以使用；而且还必须考虑到如果监管机构在判决作出之前就暂停或撤销企业的许可证，工厂的生产经营就面临巨额损失。这使得企业不得不在商业风险和诉讼策略之间作出抉择。迫于压力，企业往往在判决作出前就先采取自愿修复措施或改变其操作方式以求重新获得经营许可。

总的来说，涉及平行诉讼的公司必须以谨慎的态度应对调查。任何提交给执法机构的文件或报告都应该经过法律顾问的审查，以避免无意中陷入两难的境地。

（二）平行诉讼程序

对于上述平行诉讼存在的法律问题，司法部和环保署长期以来一直制定严格的程序，以防止因平行程序的滥用而无意中限制了对环境案件的平行指控。

1. 司法部政策

最初，司法部对环境违法行为不支持平行程序，理由在于，其认为刑事诉讼应当优先于民事诉讼，刑事惩罚的力度和威慑效果更明显；且司法部担心适用平行程序会因为民事罚金和修复义务影响刑事程序的审判。此外，《迅速审判法》（The Speedy Trial Act）也强调刑事审判应该尽快开展，而民事诉讼常常具有滞后性。①

出于这些原因，司法部过去规定，刑事与民事调查不应该同时进行。2012 年，受司法制度改革的影响，法院认为执法机关出于合理目的同时进行刑事和民事调查并无不可。对此，当时的总检察长霍尔德（Holder）也表示：当违法行为涉及刑事、民事或者行政程序并行时，检察官应该在允许的最大限度内及时沟通、交流、彼此协调合作，而不是优先选择诉讼类型。② 司法部在政策上也相应地作出了调整，相较于之前的限制，现行政策规定：平行诉讼能有效地利用司法资源，如果执法机关不考虑妥善执行，则无法对行政资源实现有效救济。出于以上原因，刑事、民事以及其他机构的执法人员应在法律允许的范围内实现最大程度的信息共享。③ 同时，在案件追诉过程中，该政策还规定：司法部检察官应考虑案件进程对其他程序产生的潜在影响，例如，当嫌疑人签署了认罪协议，检察官应该考虑该协议及其认罪的基础事实在接下来的民事或行政审判中是否有可能被排除。④

如果执法机关采取平行程序，《联邦刑事诉讼规则》§6（e）的内容也不可忽视。该条款禁止在大陪审团审理前披露相关信息。联邦最高法院

① See 18 U. S. C. §3161.

② See U. S. DOJ, Memorandum from The Attorney General to U. S. Attorneys et al. , Coordination of Parallel Criminal, Civil, Regulatory, and Administrative Proceedings, available at http：// www. justice. gov/usao/eousa / foia_ reading_ room/usam/title1/doj00027. htm, 2012.

③ See U. S. DOJ, Memorandum from The Attorney General to U. S. Attorneys et al. , Coordination of Parallel Criminal, Civil, Regulatory, and Administrative Proceedings, available at http：// www. justice. gov/usao/eousa / foia_ reading_ room/usam/title1/doj00027. htm, 2012.

④ See U. S. DOJ, Memorandum from The Attorney General to U. S. Attorneys et al. , Coordination of Parallel Criminal, Civil, Regulatory, and Administrative Proceedings, available at http：// www. justice. gov/usao/eousa/ foia_ reading_ room/usam/title1/doj00027. htm, 2012.

就§6（e）项给出了解释：禁止联邦检察官将大陪审团的相关事项泄漏给司法部的其他人员用于民事诉讼，除非该检察官能证明用于民事诉讼的材料属于"特殊需要"。① 虽然法律并未规定民事诉讼中使用大陪审团证据的行为违法，但出于该条款规定，检察官在调查过程中往往选择通过其他渠道，而非大陪审团传票来收集证据，如申请搜查证或采用其他监管机构的传票。

2. 环保署政策

环保署关于平行诉讼程序的规定为：尽管环保署绝大多数案件都是以刑事或者民事诉讼的方式执行，但如果执行平行诉讼是适当的，可以采取平行诉讼程序。其政策在以下两种情况下属于执行适当：①当民事诉讼需要执行清理、修护责任以保护环境和公共健康；②违法者行为极其恶劣需要采用平行诉讼程序对其进行惩戒。环保署针对这两种情况制定了特有程序以保障平行诉讼的顺利进行。实施该程序必须由地区办公室主管和刑事调查部负责人一致同意，一旦出现分歧，则递交给相关的环保署负责人（office directors）或者 OECA 的副助理署长（Principal Deputy Assistant Administrator）决定。一旦决定采取平行诉讼，环保署的民事和刑事执法部门须联合起草一份备忘录，详细规定两项诉讼进行的时间安排以及不同部门的调查范围。环保署还规定其执法人员在准备执行平行调查时可以就该问题与司法部的同事进行协商。

此外，根据环保署的说法，"平行诉讼在环境法执法上并不会引起双重危险"。它援引最高法院 Hudson v. United States 案②的判决指出，"民事处罚必须同刑事处罚一样，是形式上和效果上的惩戒"，以避免造成双重风险。该政策明显与其之前的规定相背离，之前的政策认为环境案件的民事处罚应在刑事判决结束后再进行。这也说明环保署对平行诉讼的态度有了质的转变。

---

① See United States v. John Doe, 481 U.S. 102, 1987; United States v. SellsEng'g, Inc., 463 U.S. 418, 433–435, 1983.

② See Hudson v. United States, 522 U.S. 93, (1997).

（三） 对平行程序的保护

如果执法机关决定采取平行程序，大多数情况下，被告将会很被动，第五修正案为被告提供了一些权利保护以减轻其不利影响，也防止平行诉讼程序被滥用。

（1）暂缓民事诉讼。对涉案的被告而言，首选的防御策略即寻求暂缓或推迟民事诉讼，等待刑事案件的先行解决。法院如果要限制执法机关的权限，只能以其后续采取的行动可能会对被告人的权利造成损害为依据。因此，寻求暂缓或推迟民事诉讼的潜在被告必须说明同时进行两项诉讼存在实际困难以及不平等因素。而且必须清楚地表明，目前的刑事调查是积极的并极大可能提起刑事指控，如果民事或者行政调查发现还在继续则迫使其援引第五修正案的特权。在这两种情况下，任何执法人员的不当行为都会成为法院决定暂缓民事诉讼的重要因素。法院在作出决定时，通常也会在实际损害与当事人利益之间进行平衡，以免给公共利益造成损害。

（2）双重危险条款的保护。双重危险条款禁止多重惩罚，可为平行程序下潜在的被告提供有限的保护。最高法院裁定，双重危险条款与平行程序并不冲突，只要民事制裁本质上不带有刑事因素，则针对同一行为实施刑事和民事执法并不矛盾。另外，依据司法权独立原则，该双重处罚条款并不适用于联邦和州之间依次实施的处罚。因此，在该情况下，禁止双重处罚原则并不能有效发挥其效用而对被告产生保护。

显然，平行程序的适用是复杂而艰难的，其涉及一系列需要深入研究的法理问题。然而这并不意味着我们可以忽略该程序，在环境犯罪的刑事诉讼过程中，考量平行诉讼的成本和收益，以求公正而有效率地双重执行才更能凸显法本身的价值。

第四节　环境犯罪的成文规范和判例解读

一、环境犯罪的成文规范

美国的联邦环境法律涵盖了水资源、空气资源、土地资源、野生动植物资源、海洋资源等各个领域。具体可分为两大类：第一类，是控制有毒物质的成文法律，包括规范废弃物质回收利用的《资源保护和恢复法案》，管理有毒有害化学物质的《有毒物质控制法案》，管理杀虫剂、杀菌剂、灭鼠剂的规范适用的《联邦杀虫剂、杀菌剂、灭鼠剂法案》（Federal Insecticide, Fungicide, and Rodenticide Act），建议应对有害废弃物质所引发的重大问题的综合反应机制和清理费用机制的《综合环境反应、赔偿和责任法案》，防止与应对油污事故的《1990 年油污法案》（Oil Pollution Act of 1990）。第二类，是保护环境组成要素的成文法律，包括保护和提升国家空气质量的《清洁空气法案》，两者共同作用以保护美国的地表水和地下水的《安全水饮用法案》（Safe Drinking Water Act）和《清洁水法案》，保护面临灭绝危险的野生动植物的栖息环境的《濒危物种法案》（Endangered Species Act），以建立海洋开发和保护并重的海洋管理体制的《海洋保护、研究和自然保护区法案》（Marine Protection, Research, and Sanctuaries Law）。

二、环境犯罪的构造①

环境犯罪构造是指成立环境犯罪所需具备的主客观要件的组合方式。本部分对环境犯罪构造的考察是以行为要件为中心展开的。美国环境犯罪构造可分为危险犯和实害犯两种：①以行为对环境法益的危险性为处罚要

---

① 本部分内容已见于拙作《美国对环境犯罪的刑法规制及其启示》，载《暨南学报（哲学社会科学版）》2014 年第 4 期。

件的为危险犯构造；②以行为对环境法益造成的实害结果为处罚要件的为实害犯构造。以下分述之。

（一） 环境犯罪的危险犯

美国危险犯构造的环境犯罪分为两种：

其一是将违反行政性规定作为犯罪成立的基本条件的犯罪。行政性规定的立法目的是保护环境法益，一旦这些规定被违反，即对环境构成危险，因而构成犯罪。具体又分为以下三种情况：第一，没有取得执照或许可证而进行作业。此类犯罪均不以污染物的排放为要件。例如，《资源保护和恢复法案》§3008（d）（2）（A）规定：没有许可证，故意处理、储存或处置本节确定或列举的危险废物的，构成犯罪，最高可处每日5万美元罚金，或者不超过5年的监禁，或者二者并处。① 第二，违反文书规定或妨碍监督、检查设施。例如，RCRA §3008（d）（3）规定：在证明符合行政当局规定的申请、标签、证明、记录、报告或许可证或其他文件中，故意隐瞒有关物质的信息或对物质作虚假描绘或陈述的，构成犯罪，最高可处每日5万美元罚金，或者不超过2年的监禁，或者二者并处。② 第三，其他未造成实际环境损害的行政违法行为。例如，《清洁空气法案》§113（c）（3）规定：任何人，故意不向政府支付相关行政法规规定的任何费用的，构成犯罪，判处罚金，或不超过1年的监禁，或者二者并处。③

从表面上看，此类规定维护的仅是行政性价值。但实质上，正是因为这类规范的存在，才得以保证检查、文书、许可证及其他意在规范污染排放活动的规则得到遵守。获得许可证和忠诚遵守许可证、文书、监督、检查等要求的组织显示出其遵守行政规则的意愿，这样的组织也很可能遵从那些与防止环境损害联系紧密的规则，从而减小环境损害的可能性，最终保护了环境法益。

其二是指违反法律、行政法规或许可证规定的条件，排放污染物，因

① See 42 U. S. C. §6928（d）（2）（A）.
② See 42 U. S. C. §6928（d）（3）.
③ See 42 U. S. C. §7413（c）（3）.

而对环境构成现实的损害威胁的行为。例如，《联邦水污染控制法案》
（Federal Water Pollution Control Act）§309（c）（1）（B）规定：知道或
者应当知道污染物或危险物质可能引起人身伤害或财产损失，而不遵守联
邦、州或地方的规定或者许可证，过失将污染物或危险物质排入下水道系
统或者公有处理设施，导致拥有许可证的设施违反污水排放限制或条件
的，处以2500美元以上25000美元以下罚金，或不超过1年的监禁，或者
二者并处。① 如果是"故意"实施以上行为，则处以5000美元以上50000
美元以下日罚金，或不超过3年的监禁，或者二者并处。②

此类犯罪的实质在于发生了非法排放行为，即污染物与水、空气、土
壤发生了直接接触。尽管法律要求污染物或危险物质可能引起人身或财产
损失，但实际上，公诉机关只需证明发生了未经许可的排放即可达到定罪
目的，而不须证明排放实际上对人身或财产构成威胁。

（二）环境犯罪的实害犯

环境犯罪的实害犯，是指行为人排放污染物造成实际环境损害的行
为。具体又分为两种情况：其一是以行政违法为前提的实害犯，其二是切
断行政关联的实害犯。

（1）以行政违法为前提的实害犯。这类犯罪是指违反相关行政法规，
排放污染物，造成实际环境损害的行为，是环境危险犯进一步发展的结
果。以FWPCA的规定为例，§309（c）（3）（A）规定：任何人，故意违
反相关行政法规，或者有关机关签发的许可证规定的条件或限制而非法排
放，导致他人处于紧迫的死亡或严重身体伤害的危险，将被定罪，处以不
超过250000美元的罚金，或者不超过15年的监禁，或者二者并处。③ 这
类犯罪虽然并没有直接表明环境遭受的损害及其程度，但"他人处于紧迫
的死亡或严重身体伤害的危险"是"环境遭受损害"的替代标准。如果污

① See 33 U.S.C. §1319（c）（1）（B）.
② See 33 U.S.C. §1319（c）（2）（B）.
③ See 33 U.S.C. §1319（c）（3）（A）.

染严重到足以威胁人类利益，则环境必然已遭受了实际的损害。①

（2）切断行政关联的实害犯。所谓切断行政关联的实害犯，是指不以违反行政法规为前提，非法排放并且造成严重环境损害的行为。之所以要切断行政关联，是因为这种实害犯对环境的损害相当严重，因此刑法可以不顾行政法的规定而进行干预。切断行政关联的方式主要有排除许可证庇护和排除环境犯罪中的非法性要素。所谓"排除许可证庇护"，是指行为人遵守许可证规定不构成抗辩理由。一般而言，对于有关许可证的环境犯罪，取得并遵守许可证规定的单位，可获得许可证庇护（permit shield），免受刑法制裁。但对于切断行政关联的实害犯而言，即便遵守了许可证规定，也可能构成犯罪。例如，FWPCA 的许可证庇护条款规定：遵守许可证，应视为遵守了……（列举的行政规定），除第 1317 条为有毒污染物规定的任何标准之外。② 这意味着，如果许可证的要求低于第 1317 条规定的标准，行为人即便遵守了许可证，也可能构成犯罪。所谓"排除环境犯罪中的非法性要素"，即违反行政法规不是构成环境犯罪的必备要素，换言之，即使行为人没有违反行政规定，也可能构成环境犯罪。例如，CAA 中规定了不以违反行政规则为前提的犯罪。CAA § 113（c）(4) 和（c）（5）(A) 规定：向周围空气中释放任何第 7412 条列举的危险空气污染物，或者未在第 7412 条列出但在 11002（a)(2) 列举的任何极端危险物质，因此使他人处于死亡或严重身体伤害的紧迫危险时，构成犯罪。③

不论是以行政违法为前提的实害犯，还是切断行政关联的实害犯，其中的危害结果，都是指"环境损害"，而"他人处于死亡或严重身体伤害的紧迫危险"是环境损害的替代标准，这一"紧迫危险"是需要控方加以证明的。如果排放或者其他污染活动造成实际的人身伤亡或严重的财产损失，公诉人还可以以伤害罪、杀人罪、损毁财产罪或者其他传统罪名诉请

---

① See Susan F. Mandiberg, Michael G. Faure, A Graduated Punishment Approach to Environmental Crimes: Beyond Vindication of Administrative Authority in the United States and Europe, *Columbia Journal of Environmental Law*, 2009（34），p. 452.

② See 33 U. S. C. § 1342（k）.

③ See 42 U. S. C. § 7413（c）(4)，(c)(5)(A).

追究当事人的刑事责任。

（三）小结

环境污染犯罪的一般过程是违反行政性规定→非法排放→造成污染后果，美国环境刑法据此以危险犯和实害犯构造的罪刑规范来进行规制，对造成污染后果的实害犯，还考虑到了切断行政关联的情况，从而构建了惩治环境犯罪的严密刑事法网。将违反关于环境的行政性规定和非法排放行为规定为犯罪，体现了生态中心主义的法益观；而在实害犯中，将"他人处于死亡或严重身体伤害的紧迫危险"作为"环境损害"的替代标准，是人类中心主义的法益观的表现。这意味着：对于远离人群聚居区的排放污染物的行为，因为不可能对他人的人身或财产构成"紧迫威胁"，所以只能以危险犯而不是实害犯罪名进行追究。这或许可理解为：对于远离人群聚居区的环境犯罪，涉及非常严重的刑事处罚时，环境保护对人权保障所作出的妥协。

三、环境犯罪的罪责要件①

经济发展和工业化过程所导致的环境污染是一个世界性问题，尤其是快速发展的我国亟须破解的难题。随着我国经济的飞速发展，环境的污染问题日益严重。20 世纪 90 年代以来，环境犯罪持续成为刑法理论研究的热点问题。在研究环境犯罪的过程中，许多学者提出：为了有利于追诉环境犯罪，我国刑法关于环境犯罪的规定应采用严格责任制度。② 而在国内的诸多研究中，严格责任又常被等同于无过错责任或绝对责任。③ 这种观

---

① 本部分内容已见于拙作《论美国环境犯罪的罪责要件》，载《安徽大学学报（哲学社会科学版）》2014 年第 3 期。

② 例如：杨春洗、向泽选、刘生荣：《危害环境罪的理论与实务》，北京：高等教育出版社1999 年版，第 165 – 168 页；付立忠：《环境刑法学》，北京：中国方正出版社 2001 年版，第228 – 229 页；等等。

③ 参见王晨：《我国刑法中规定了严格责任吗》，《法学研究》1992 年第 6 期；赵星：《法益保护和权利保障视域中的环境犯罪立法与解释》，《政法论坛》2011 年第 6 期。

点的直接和主要根据之一就是英美刑法关于环境犯罪的严格责任制度。然而，美国的环境犯罪是否不要求罪责条件？何为严格责任？严格责任是否等同于无过错责任或绝对责任？严格责任违反责任主义原则吗？回答这些问题，是促使笔者对美国环境犯罪的罪责要件展开研究的主要动因。

（一）环境制定法中的罪责要件

在美国，规制环境污染犯罪的制定法，最重要的是《资源保护和恢复法案》《联邦水污染控制法案》《清洁空气法案》。此外，还有《综合环境反应、赔偿和责任法案》《有毒物质控制法案》《联邦杀虫剂、杀菌剂和灭鼠剂法案》等。绝大多数联邦环境法律都规定环境犯罪须是基于某种主观心态实施，一般而言，这种主观心态是指蓄意（intentionally）、明知（knowingly）或者疏忽（negligently）。① 其中，"明知"是美国国会在这些环境制定法中所规定的最常见的一种主观心态。② 除了制定于1899年的《废物法》，所有的联邦环境法律均禁止对其规定的"明知"的违反。本部分对环境犯罪罪责要件的研究，将围绕"明知"这一罪责形式展开。

以 RCRA§3008（d）和（e）的规定为例：

（d）刑事处罚

"任何人——

（1）故意（knowingly）运输或致使运输本节确定或列举的危险废物到没有许可证的设施；

（2）故意（knowingly）处理、储存或处置本节确定或列举的危险废物——

（A）没有许可证；或者

---

① See 42 U.S.C. §6928（d）(RC RA)；42 U.S.C. §7413（c）(CAA)；33 U.S.C. §1319（C）(Clean Water Act, 即 FWPCA1972 年修正案)；42 U.S.C. §9603（b）(CERCLA)；15 U.S.C. §2615（b）(TSCA)；7 U.S.C. §1361（b）(FIFRA)。

② 在本书中，为了使表述更顺畅和符合我国的表达习惯，笔者有时将 knowingly（knowing）译为"明知"，有时译为"故意"。

（B）明知（knowing）违反许可证规定的物质的条件或要求；或者

（C）明知（knowing）违反任何临时性适用规则或标准所规定的物质的条件或要求；

…………

将被定罪，处以……"

（e）明知危害（knowing endangerment）

"任何人，明知运输、处理、储存、处置或出口任何本节确定或列举的危险废物，或者未被本节确定或列举为危险废物的废油，违反（d）款的（1）（2）（3）（4）（5）（6）（7）项规定，并且在行为当时认识到他因此而置另一个人于紧迫的死亡或严重身体伤害的危险境地，将被定罪，处以……"

（d）项规定的是环境犯罪的危险犯。根据该规定，为了证明犯罪的成立，控方将必须证明：被告认识到他正在运输、处置、储存或者处理一种物质；认识到这种物质是法律确定的危险废物；认识到设施（或者被告本身）须具有许可证，并且认识到他（不）具有所要求的许可证；认识到许可证规定的条件或要求。

（e）项规定的是环境犯罪的实害犯。"明知危害"犯罪是一种直接威胁人类生命的特别严重的环境犯罪行为，以"他人处于死亡或严重身体伤害的紧迫危险"作为危害后果。① 对于"明知"的内容，（f）款规定："明知"是指行为人认识到其行为及其性质、行为的情境、行为的后果即造成死亡或严重身体伤害的紧迫危险。

---

① 环境犯罪实害犯当然应该以环境损害作为其危害结果，不过法条并未直接规定环境所遭受的损害及其程度，而是以"他人处于紧迫的死亡或严重身体伤害的危险"作为"环境遭受损害"的替代标准。如果污染严重到足以威胁人类利益，则环境必然已遭受了实际的损害。参见 Susan F. Mandiberg, Michael G. Faure, A Graduated Punishment Approach to Environmental Crimes: Beyond Vindication of Administrative Authority in the United States and Europe, *Columbia Journal of Environmental Law*, 2009（34），p. 452.

（二）判例法对罪责要件的解读

从上文可见，环境犯罪的罪责要件要求行为人须认识到环境犯罪的客观要件要素。然而，事实上却不完全如此。"当涉及具体问题时，环境法律的构建和运用也可能因为判例法所发挥的作用而变得复杂。当法庭解释法律甚至法律或规章中的具体词语的含义时，就会形成判例法或者对法律的修正，就像它一直发生的那样。"① 环境犯罪的罪责要件不仅是制定法规定的，更是判例法解释确立的。只有通过环境犯罪的判例法，我们才能清楚和准确地认识到环境犯罪的成立对罪责条件的要求情况。以下从五个方面分述之。

1. 对行为及其违法性的认识

被告须认识到其行为的性质，对于这一点，从来没有异议。另外，检察官不必证明被告对制定法或者环保局实施的条例要求有实际的认识，也不必证明被告知道他的行为构成犯罪。例如，在 United States v. Buckley 案中，被告未能根据 CERCLA § 103（b）(3）的规定就石棉释放行为通知相关机关。被告提出，政府应证明他知道这一规定。第六巡回法院认为，政府仅须证明被告认识到其释放了超过 1 磅的石棉，不须证明被告知道通知的要求或者石棉是一种其释放必须被报告的物质。② 在 United States v. Dee 案的判决中，第六巡回法院在引用了"不知法律不是辩护"（ignorance of the law is no defense）的法律原则后裁定：政府不必证明被告知道他的行为构成 RCRA 所规定的犯罪。③

2. 对废物法律地位的认识

多数法院认为，法律不要求证明被告知道他正处理的物质被该法确定为"危险废物"，但须认识到该物质的一般危险性质。例如，在 United States v. Hayes International Corp. 案中，被告因违反 RCRA § 3008（d)(1）

---

① See Ronald G. Burns, Michael J. Lynch, and Paul Stretesky, *Environmental Law*, *Crime*, *and Justice*, New York: LFB Scholarly Publishing LLC, 2008, p. 98.
② See United States v. Buckley, 934 F. 2d 84, 89 (6th Cir. 1991).
③ See United States v. Dee, 912 F. 2d 741, 745 (4th Cir. 1990).

的规定、非法运输危险废物而被定罪。被告提出，他误解了 RCRA 条例的规定，不知其运输的物质被该条例规定为危险废物。法院拒绝了被告的抗辩，认为认识要素不要求证明被告知道废物被该条例归类为危险废物。①在 United States v. Baytank（Houston），Inc. 案中，被告因违反 RCRA §3008（d）(2)(A) 规定、非法储存危险废物而被定罪。被告提出，法院应给予陪审团指导，要求政府证明被告认识到废物被环保局规则界定为危险废物，但法院认为，政府不须证明被告知道废物被界定为危险废物，仅须证明被告知道物质是废物并且有一般的危险性。②概言之，废物的法律地位不是认识的内容，而废物的一般危险性质是认识的内容。法院对 CAA 和 FIFRA 也作了类似的解读。③

3. 对许可证地位的认识

所谓许可证地位，是指行为人或者设施是否拥有许可证的状态。第三巡回区上诉法院曾判定：为了支持根据 RCRA §3008（d）(2)(A) 对没有许可证而非法处置危险废物的起诉，政府必须断定被告对犯罪的每一个要素有认识，包括必须断定被告认识到他被要求获得许可证以及被告认识到他并不拥有许可证。④这一判例尽管在第三巡回区内是有约束力的，不过对第三巡回区以外的法院并没有约束力。1989 年，第九巡回区上诉法院在 United States v. Hoflin 案中认为："明知"出现在 RCRA §3008（d）的其他款项中，但是并没有出现在（A）项"没有许可证"而处置、储存、处理危险废物的规定中；⑤在提及"没有许可证"的（A）项前没有使用"明知"这一词语，清楚地传达了美国国会在不同款项中区分许可证持有者和非许可证持有者的意图；⑥款项（1）、(2)(B) 和 (2)(C) 指控的是被告

---

① See United States v. Hayes International Corp. , 786 F. 2d 1499, 1502 - 1503（11th Cir. 1986）.

② See United States v. Baytank（Houston）, Inc. , 934 F. 2d 599, 612（5th Cir. 1991）.

③ See United States v. Buckley, 934 F. 2d 84, 87 - 88（6th Cir. 1991）; United States v. Corbin Farm Serv. , 444 F. Supp. 510, 519 - 520（E. D. Cal. 1978）.

④ See United States v. Johnson & Towers, Inc. , 741 F. 2d 662, 669（3d Cir. 1984）.

⑤ 请参照前文，比较 §§3008（d）(1)（"故意运输"）, 3008（d）(2)(B)（"明知违反"许可证条件）和 3008（d）(2)(C)（"明知违反"可适用的规定）和 §3008（d）(2)(A)（"没有许可证"）。

⑥ See United States v. Hoflin. , 880 F. 2d 1033, 1037 - 1038（9th Cir. 1989）.

认识到没有许可证授权他实施相关行为，与此形成鲜明对比的是，款项（2）（A）规定犯罪的本质不是许可证的缺乏，而是实际的处置、储存或处理危险废物的行为。① 因此，第九巡回区上诉法院认为，根据 3008（d）（2）（A）的规定，许可证认识对定罪来说不是必要的。② 第九巡回法院对 3008（d）（2）（A）的推理获得了广泛认可。③

从以上推理思路可知，对许可证地位的认识是犯罪是否成立的条件，取决于被告行为违反的是哪一款项的规定，申言之，"许可证"前有"明知"要求时，许可证地位是认识的内容，反之，许可证地位则不是认识的内容。

4. 对许可证规定的认识

对于被告是否须认识到许可证的规定和条件存在激烈争论。在 Weitzenhoff 案中，被告因为故意将部分处理的污水排放到海里，违反了工厂许可证关于排放总悬浮物和生化耗氧量的限制，而被根据 FWPCA 判以多项重罪。④ 这些污染物本身并没有毒性，排放这些污染物之所以非法，仅仅是因为其在 14 个月的时间内超过了工厂许可证所允许排放数量的 6%。⑤

根据 FWPCA §309（c）（2）的规定，明知违反……许可证条件或限制，实施根据 §402 签发的许可证列举的款项中的任何规定的行为，是重罪。⑥ 政府认为，FWPCA 属于公共福利法规，因此，在对许可证规定条件的认识上，应适用公共福利犯罪原则，⑦ 即对许可证规定的认识实行严格

---

① United States v. Hoflin, 880 F. 2d 1033, 1038 - 1039（9th Cir. 1989）.

② United States v. Hoflin, 880 F. 2d 1033（9th Cir. 1989）.

③ See United States v. Baytank（Houston），Inc, 934 F. 2d 599（5th Cir. 1991）；United States v. Dean, 969 F. 2d 187（6th Cir. 1992），等等。

④ United States v. Weitzenhoff, 1 F. 3d 1523（9th Cir. 1993），reh'g denied, opinion amended, 35 F. 3d 1275（1994），cert. denied sub nom. Mariani v. United States, 115 S. Ct. 939（1995）.

⑤ United States v. Weitzenhoff, 35 F. 3d 1275, 1294（Kleinfeld, J., dissention）.

⑥ See 33 U. S. C. §1319（c）（2）.

⑦ 公共福利犯罪原则最初起源于药品和军火类物质的犯罪案件，是一个用来保护公共健康、安全或福利的规则，根据该原则，控方不须证明被告对行为的某些要素有犯罪心态。因此，实行公共福利犯罪原则的犯罪又被称为严格责任的犯罪。

责任。而被告认为：FWPCA 并不是公共福利法律；在该法律中，FWPCA §309（c）(2) 中的短语"明知违反"将该罪与 FWPCA 的其他刑事指控区分开来；术语"明知"必须被解读为要求实际认识的证明。[①] 换言之，这个短语要求政府证明被告知道排放违反了许可证的限制规定。[②]

地区法院采纳了政府的观点，认定犯罪成立，被告提出上诉。上诉法院中的持异议者认为：短语"明知违反"要求实际认识的证明。理由主要有：第一，根据 §309（c）所使用的语言和法条结构，尤其是结合过失标准解读重罪的规定时，可知许可证规定是认识的内容；第二，本案所涉及的污染物不应适用公共福利犯罪原则，因为归入该原则适用范围的犯罪无疑是错误的行为，而本案所涉及的行为却是无辜的：有良知的人可能排放了超过他们的许可证允许数量 6% 的污染物，而没有认识到该行为的错误。因此，不应对 International Minerals 的行为以犯罪论处。[③] 但第九巡回区上诉法院支持对被告的定罪，理由是：§309（c）的意图是保护公众免受水污染的潜在危害，因而将 FWPCA 的重罪规定当作一种公共福利犯罪是恰当的；[④] 地区法院将短语"明知违反"解释为仅要求证明被告意识到他们正在排放污染物，而不要求证明他们对其行为违反许可证的实际认识。[⑤] Weitzenhoff 案是迄今为止关于许可证规定认识的最主要的判例。

5. 对危害结果的认识

对于绝大部分环境犯罪而言，环境损害后果并不是构成要件要素。[⑥] 因此，一般情况下，环境犯罪的罪责要件并不存在对危害结果认识的问题。"明知危害"犯罪的规定尽管要求行为人对"紧迫危险"这一后果的

---

①   United States v. Weitzenhoff, 35 F. 3d 1275, 1283 (9th Cir. 1994).

②   不过，在类似的 United States v. Hopkins 案中，法院认为：作为一个抽象的逻辑问题，似乎规定明知违反特定法律或者许可证规定的法规，会要求证明被告违反并且知道他违反了那项规定。53 F. 3d 533, 537 (2d Cir. 1995).

③   See United States v. Weitzenhoff, 35 F. 3d 1293 – 98 (9th Cir. 1994) (Kleinfeld, J., dissenting).

④   United States v. Weitzenhoff, 35 F. 3d 1275, 1286 (9th Cir. 1994).

⑤   United States v. Weitzenhoff, 35 F. 3d 1275, 1283 – 84 (9th Cir. 1994).

⑥   See David M. Uhlmann, After the Spill Is Gone: The Gulf of Mexico, Environmental Crimes, and the Criminal Law, *Michigan Law Review*, 2010 (8).

认识，但司法实践中也被归结为仅要求对"行为"这一要素的认识。第一个根据 RCRA 而定罪的"明知危害"犯罪案件是 United States v. Protex Industries Inc.。基本案情是：罐桶回收厂的经营条件远远未达到保护雇员免受有毒化学物质危险的安全规定的要求，致使雇员暴露于有毒化学物质，因而违反了 RCRA 的规定。政府的专家检查后发现，Protex 的两名雇员正面临一些可治愈和不可治愈的健康问题。法庭采纳了检察官的如下主张：为了表明被告认识到了危险，只需证明被告认识到了他们的行为，意识到他们正在处理有害物质而不是无害物质；这一认识因素可通过被告在过去因类似问题而与环保机构发生的联系来证明；被告的刻意回避、严重的漠不关心、缺乏应有的勤勉，能够表明被告具有应受谴责的认识因素。[①] 在实践中，在对"明知危害"犯罪的"结果"认识的证明上，排放物的毒性越大，证明行为人认识到致他人于死亡或严重健康危险的门槛就越低。

（三）环境犯罪中的严格责任

在美国，环境犯罪被称为严格责任犯罪。严格责任是否意味着犯罪的成立不要求犯罪心态？回答这个问题，首先需要明确严格责任的含义，在此基础上考察环境犯罪中的严格责任是如何形成的，以及其具体含义是什么。

1. 严格责任的含义

在美国刑法中，犯罪构成是罪责要件（犯罪心态）和以行为为中心的客观要件的有机整体。具体犯罪的不同行为要素通常都具有与之对应的犯罪心态，即一个犯罪通常不止一种犯罪心态，如根据 RCRA §3008（d）(2)(B) 规定：明知违反许可证规定的物质的条件或要求，故意处理、储存或处置本节确定或列举的危险废物，构成犯罪。违反许可证行为和处理、储存或处置行为分别具有相应的犯罪心态。当追究一个人刑事责任时，公诉方仅仅证明行为人一方面有主观过错，另一方面有行为是不够的，还必须证明行为是伴随过错而发生的。所谓严格责任，并不是不要求

---

① See United States v. Protex Industries Inc., 874 F. 2d 740, 741 (10th Cir. 1989).

主观过错，而是对其中某个或者某几个行为要素不要求证明过错。质言之，严格责任犯罪仅仅是对某些行为要素（或曰客观要件要素）不要求过错的犯罪，而不是指对所有行为要素都不要求过错；只要有一个行为要素不要求证明主观过错，该犯罪就属于严格责任犯罪。

概而言之，严格责任犯罪具有以下主要特征：

第一，犯罪的部分行为要素不要求证明主观过错。"严格责任一词在多种情况下被使用……严格责任犯罪是指犯罪行为的一个或者多个元素不包含犯意要求的犯罪。"[1] 即免除了控方对犯罪的某些行为要素的犯罪心态的证明责任，而且对于多数严格责任犯罪而言，被告对自己主观无过错的证明也不能成为免责的理由。

第二，认识错误不能作为辩护理由。在严格责任犯罪中，对于不要求证明主观过错的行为要素，认识错误不能作为辩护理由，但是其他非认识错误的辩护理由，诸如精神病、未成年人等，仍可作为辩护理由。因此，不应将严格责任称为"绝对责任"，因为责任是"严格的"，但并不是"绝对的"。[2]

第三，一般而言，严格责任并不是制定法规定的，而是法院在适用法律过程中解释出来的，是"法官造法"的结果。一些没有明确犯意术语的犯罪，可能被解读为包含犯意要求。同时，某些犯罪定义中包含了明确的犯意术语，却可能会被作非常狭义的解读，以致实际上变成了严格责任犯罪。尽管在决定一个犯罪是否是严格责任犯罪时，犯意术语的具备或者缺乏起着重要的作用，但至少有以下三个因素对是否是严格责任犯罪也产生着影响：①过去类似犯罪的传统解读；②刑罚的严厉程度；③被禁止行为所显示的内在危险。[3]

2. 环境犯罪中严格责任的形成及其含义

环境犯罪中严格责任的形成与美国刑法中的公共福利犯罪原则有重要

---

[1]　See Joshua Dressler, *Understanding Criminal Law*（*Fifth Edition*）, New York：Matthew Bender Company & Inc. , 2009, p. 145.

[2]　See J. C. Smith, and Brian Hogan, *Criminal Law*, Oxford：Butterworth, 1988, pp 111 – 112.

[3]　Samuel H. Pillsbury, *How Criminal Law Works：A Conceptual and Practical Guide*, Durham：Carolina Academic Press, 2009, p. 126 – 127.

关联；或者说，正是一些法院决定对环境犯罪适用公共福利犯罪原则，才使环境犯罪演变成严格责任犯罪。

公共福利犯罪原则是一个用来保护公共健康、安全或者福利的规则。根据公共福利犯罪原则，当涉及的物质存在极高的内在危险时，政府不须证明被告对犯罪行为的部分要素具有犯罪心态；对公共福利犯罪实行严格责任原理意味着允许降低以犯罪心态为要件的犯罪的罪过证明要求。[①] 因此，实行公共福利犯罪原则的犯罪又被称为严格责任的犯罪。

公共福利犯罪原则最初起源于药品和军火类物质的犯罪案件，第一次适用于环境犯罪案件是在 United States v. International Minerals & Chemical Corp. 案[②]中。International Minerals & Chemical Corp. 被起诉故意违反《运输和爆炸物法》（Transportation and Explosives Act）的规定，该规定要求发货人在包装的标签上揭示危险化学品的存在。在审判中，被告认为，政府不能证明他对这一规定有认识。但法院认为，政府不须证明被告对该规定有认识。因为一方面，要求证明被告认识到他正在违反法律与已广为接受的"不知法律不是借口"（ignorance of the law is no excuse）的原则相冲突。另一方面，《运输和爆炸物法》属于公共福利法规，涉及危险或有害的设备或产品或者令人厌恶的废物材料时，监管的可能性是如此之大，以至于任何知道其拥有它们的人必须被推定为意识到了监管。[③] 此后，该案中法院关于"令人厌恶的废物材料"的监管认识可以被推测的做法被广泛引用。[④] 同时，基于环境法律的立法目的[⑤]，环境法律作为公共福利法规的地

---

① See Rebecca S. Webber, Elemental Analysis Applied to Environmental Crimes: What did They Know and did They Know It?, *Boston College Environmental Affairs Law Review*, 1988 (16).

② 402 U. S. 558 (1971).

③ See United States v. International Minerals & Chemical Corp. , 402 U. S. 558, 563 – 565 (1971).

④ See United States v. Buckley, 934 F. 2d 88 (6th Cir. 1991) (CAA); United States v. Corbin Farm Serv. , 444 F. Supp. 510, 519 (E. D. Cal. 1978) (FIFRA); United States v. Hoflin, 880 F. 2d 1033, 1038 (1989); 等等。

⑤ 例如，RCRA 的立法目的是"促进环境和公众健康"[参见42 U. S. C. §6902 (a)，§6901 (b)(2)]；CAA 的立法目的是"保护和加强国家水资源质量以提升公共健康和福利"（参见42 U. S. C. §7401）；CWA 的立法目的是"恢复和维持国家水域化学、物理和生物的完整性。……根绝将污染物排放到航运水域的行为"。[参见33 U. S. C. §1251 (a)]。

位也逐渐得到确认①。运用公共福利犯罪原则，法院将术语"明知"解释为仅要求被告具有正在处理可能被监管的物质的一般意识和认识到排放正在发生，而不须证明对具体监管内容等法律要素的认识。这个标准几乎总是被因经营活动而获得排放许可证的设施达到。因此，环境犯罪被称为严格责任的犯罪。

从前文所述可见，环境制定法规定了环境犯罪的罪责要件，例如，在关于许可证的环境犯罪中，控方应该证明行为人对许可证的规定和内容有认识，在环境犯罪的实害犯中，控方应该证明行为人认识到了致人死亡或者严重身体伤害的"紧迫危险"，但是法院却基于保护环境的现实需要，适用公共福利犯罪原则，免除了控方对这些行为要素的犯罪心态的证明责任。

但是，严格责任并不是不需要犯罪心态。因为控方仍须证明：行为人对自己的行为有认识；对废物的一般危险性质有认识；在一些许可证犯罪中，如果法条在许可证前有"明知"的表述，则行为人也需对许可证地位有认识。可见，所谓环境犯罪的严格责任，并不是指环境犯罪的成立完全不要求罪责条件，而是对具体环境犯罪的某个或某几个行为要素不要求证明过错。针对这一点，法官 Thomas 在 Staples v. United States 案②中曾指出：严格责任术语的使用从技术上看是名不副实的，因为尽管法院消除了（部分）犯意的证明要求，但他们确实要求控方证明被告认识到他或者她正在处理"危险的或者有害的物质"。③

（四）小结

在美国刑法中，一般而言，严格责任并不是制定法规定的，而是"法官造法"的结果。因为一些没有明确犯意术语的犯罪，可能被解读为包含

---

① See United States v. Self, 2 F. 3d 1071, 1091（10th Cir. 1993）；United States v. Weitzenhoff, 1 F. 3d 1523, 1530（9th Cir. 1993）；United States v. Baytank（Houston），Inc.，934 F. 2d 599, 613（5th Cir. 1991）；Wyckoff Co. v. EPA, 796 F. 2d 1197（9th Cir. 1986）；United States v. Hayes Int'l Corp.，786 F. 2d 1499, 1503（11th Cir. 1986）；等等。

② 114 S. Ct. 1793, 1798 n. 3（1994）.

③ Staples v. United States，114 S. Ct. 1793, 1798 n. 3（1994）.

犯意要求。同时，某些犯罪定义中包含了明确的犯意术语，却可能会被作非常狭义的解读，以致实际上变成了严格责任犯罪。尽管在决定一个犯罪是否是严格责任犯罪时，犯意术语的具备或者缺乏起着重要的作用，但至少有以下三个因素对是否是严格责任犯罪也产生着影响：①过去类似犯罪的传统解读；②刑罚的严厉程度；③被禁止行为所显示的内在危险。① 环境犯罪即是如此。环境制定法规定了环境犯罪的罪责要件，例如，在关于许可证的环境犯罪中，控方应该证明行为人对许可证的规定和内容有认识，在环境犯罪的实害犯中，控方应该证明行为人认识到了致人死亡或者严重身体伤害的"紧迫危险"，但是法院却基于保护环境的现实需要，适用公共福利犯罪原则，免除了控方的证明责任，从而使环境犯罪演变为严格责任的犯罪。

但是，严格责任并不是不需要犯罪心态的犯罪。因为控方仍须证明：行为人对自己的行为有认识；对废物的一般危险性质有认识；在一些许可证犯罪中，如果法条在许可证前有"明知"的表述，则行为人也须对许可证地位有认识。可见，所谓严格责任并不是完全不要求罪责条件，而是对具体犯罪的某个或某几个行为要素不要求证明过错，换言之，如果具体犯罪的成立不要求证明某个或某些行为要素的犯罪心态，该犯罪就可被称为严格责任犯罪。将严格责任等同于绝对责任是错误的，因为责任是"严格的"，但并不是"绝对的"。②

第五节　环境犯罪的法律后果

一、罚金刑

环境犯罪作为一种逐利性犯罪，通过罚金刑的适用可以提高行为人的

---

① Samuel H. Pillsbury, *How Criminal Law Works: A Conceptual and Practical Guide*, Durham: Carolina Academic Press, 2009, p. 126 – 127.

② J. C. Smith, and Brian Hogan, *Criminal Law*, Oxford: Butterworth, 1988, pp. 111 – 112.

违法成本，进而遏制行为人的犯罪动机，让行为人转向遵守环境法律法规的相关规定以保证其企业的正常运行。美国环境刑法在发展之初就设置了罚金刑，并且随着环境刑法愈加严厉，罚金的刑罚幅度也在不断提升。1992 年美国诉埃克森公司（Exxon Corp.）一案就是高额罚金刑的典型体现。因为发生了石油溢漏事件，所以埃克森公司受到环境犯罪追诉。在与控方达成辩诉交易之后，埃克森公司除了要承担 10 亿美元的民事赔偿、1 亿美元的环境修复费用之外，还被判处 2500 万美元的罚金。该案之后，因为环境犯罪而被判处超过百万美元罚金的判决十分常见。

罚金刑的具体适用要遵循美国量刑委员会颁布的《量刑指南》。《量刑指南》中第五章 E 部分第 1 节第 2 条规定了自然人被告的罚金表格。该表格根据行为人的犯罪等级来确定罚金数额的最低额和最高额。行为人的犯罪等级规定在《量刑指南》第二章 Q 部分，具体适用与监禁刑的确定方法相同，将在下文介绍监禁刑时统一论述，此不赘述。法院在确定了行为人的具体犯罪等级之后，应考虑如下因素来确定罚金数额：①反映犯罪严重性（包括被害人所受的伤害或损失，以及被告人的所得）、提供法律权威、提供公正惩罚和获得一般威慑力的需要；②根据被告人的创收能力和经济来源，表明被告人支付罚金能力的任何证据；③相比其他可选择的刑罚，罚金给被告人及其抚养人带来的负担；④被告人已经支付或有义务支付的任何财产赔偿或补偿；⑤有罪宣告造成的任何附随后果，包括被告人行为引起的民事债务；⑥被告人以前是否因类似犯罪行为被判处过罚金；⑦其他任何适当的平衡考虑因素；并且罚金数额还应该足以确保该罚金与判处的其他刑罚相结合可以达到当罚其罪的效果。如果被告人确证支付一笔庞大的罚金会给他及其抚养人带来过度的压力，则法院应当建立一个不超过 12 个月的分期付款计划。但是如果能够确认行为人无法，而且即使采取合理的分期付款计划也不可能支付前述要求的罚金的全部或者部分，或者判处罚金将过度增加被告人之抚养人的负担，则法院可以从轻判处罚金或放弃判处罚金。在这种情况下，法院可以考虑用其他刑罚方式来取代全部或者部分罚金，但整体上仍应保持罪刑相适应的法律效果。

此外，经过南方联盟（Southern Union）诉美国政府一案后，罚金刑的成立规则有所改变。法院要求陪审团对被告所被指控应判处罚金的犯罪事实形成确信，并且这一确信应精确到每一天，即陪审团若要对被告判处罚金，则被告所会招致罚金刑的每一天的犯罪事实都应被排除合理怀疑。而这一规则在该案发生之前，是并不适用于罚金刑的，而仅仅对监禁刑适用。

南方联盟公司是一家天然气生产公司，其因对水银的储存不当而受到起诉。该公司将水银储存在破旧居民区里面的一个老旧的、无人看管的地点——一个砖楼中的儿童游泳池里，用塑料袋储存起来。该公司的信件和会议记录等大量证据可以表明该公司明知其是以危险的方式储存水银的。因此在审判过程中，南方联盟公司被指控违反了《资源保护和恢复法案》，因为其故意储存危害物质——水银。但是，该公司对法官认为其违法行为超过 762 天的判决进行了上诉。尽管法庭判决罚金的最高额度是 3.81 亿美元，而实际上只执行了 600 万罚金，但是最高法院仍然推翻了这一罚金刑判决，因为该案一审法官参与了司法事实调查，而这一做法超出了第六修正案的范围和 Apprendi 规则①。因此，最高法院其实是将 Apprendi 规则从监禁刑领域延伸到了罚金刑领域，即要求陪审团必须对增加刑事被告人罚金刑的事实进行确认。在适用这一规则的时候，法庭认为核心问题是确保陪审团对实行刑事制裁的特定犯罪事实展开调查的权力，这一权力在罚金刑、监禁刑或者死刑中都应该适用。

二、监禁刑

环境刑事法规中有大量的违反刑法条款将面临监禁刑的规定。法院在决定刑期时，同样是以《量刑指南》为标准来确定的。该指南规定了量刑表格，纵轴为 1～43 犯罪等级，对应不同的犯罪类型；横轴则是从Ⅰ-Ⅵ的前科犯罪种类，对应不同的前科记录。法官在确定行为应判处的监禁刑

---

① Apprendi 规则是 Apprendi 诉新泽西州政府一案的判例规则，是指只有经过陪审团排除合理怀疑的事实才可以作为法官增加被告监禁刑期的依据，如果仅由法官行使自由裁量权进行事实确认，则该刑期增加的判决会因为违反美国宪法第六修正案对陪审团审判的保障条款而归于无效。

时，应先确定犯罪等级，包括确定基本犯罪等级、考察犯罪特征、考虑其他因素等三个步骤；再判断行为人是否有前科，前科对应的点数。最后将犯罪等级以及前科犯罪种类相结合，在量刑表中找到行为人应适用的监禁刑幅度。

《量刑指南》中将环境犯罪类型规定在第二章 Q 部分第 1 节，共有七个犯罪类型：

（1）明知危险结果而胡乱处置危险或有毒物质、农药或者其他污染物质。其基本犯罪等级为 24 级；如果行为造成被害人死亡或者严重身体伤害，根据《量刑指南》第五章 K 部分的偏离规则，法院应当考虑上调适用犯罪等级，即对行为人考虑加重处罚。

（2）随意处置危险或有毒物质或者农药；对之隐瞒、篡改和伪造；在贸易中非法运输危险原料。其基本犯罪等级为 8 级。此外还要考察以下因素：①如果犯罪具有致人危险或有毒物质或者农药不间断地、连续地或反复地排出、释放或散发到环境中，则提高 6 级；或者犯罪导致危险或有毒物质或者农药以其他方式排出、释放或散发，则提高 4 级；②如果犯罪具有致人死亡或严重身体伤害的实质可能性，则提高 9 级；③如果犯罪导致公共事业的混乱或社区居民的疏散，或者清污工作需要巨额费用，则提高 4 级；④如果犯罪涉及未经许可或违反许可证而进行运输、处理、储存或处置，则提高 4 级；⑤如果关于保存纪要的犯罪的目的在于隐瞒实在的环境犯罪，则适用该实在犯罪的犯罪等级；⑥如果犯罪是单纯违反保存纪要或申报制度的行为，则降低 2 级。此外，如果行为出于过失，法院可以考虑下调适用犯罪等级。

（3）随意处置其他污染环境的物质；对之隐瞒、篡改和伪造。其基本犯罪等级为 6 级。此外，还要考察以下因素：①如果犯罪导致污染物质不间断地、连续地或反复地排出、释放或散发到环境中，则提高 6 级；或者如果犯罪导致污染物质以其他方式排出、释放或散发，则提高 4 级；②如果犯罪具有致人死亡或严重身体伤害的实质可能性，则提高 11 级；③如果犯罪导致公共事业的混乱或社区居民的疏散，或者清污工作需要巨额费用，则提高 4 级；④如果犯罪涉及未经许可或违反许可证而进行排放，则提高 4 级；⑤如果关于保存纪要的犯罪的目的在于隐瞒实在的环境犯罪，则适用该实在犯罪的犯罪等级。本条规定排除对农药、指明为危险或有毒的物质、核材料的适用。

（4）损害或企图损害公用供水系统。其基本犯罪等级为 18 级。此外，还要考察以下因素：①如果有致人死亡或严重身体伤害的危险，则提高 6 级；②如果犯罪导致公用供水系统的崩溃或社区居民的疏散，或者清污工作需要巨额费用，则提高 4 级；③如果犯罪导致污染物不间断地、连续地或反复地排放到公用供水系统或者排放持续了相当长的时间，则提高 4 级；④如果犯罪的目的是给政府的行为施加影响或勒索金钱，则提高 4 级。

（5）以损害公用供水系统相威胁。其基本犯罪等级为 10 级。如果这种威胁或企图导致了公用供水系统的崩溃、社区居民的疏散或巨额公共费用的支出，则提高 4 级。如果犯罪的目的是给政府的行为施加影响或勒索金钱，则适用暴力敲诈或以身体伤害或严重损害相威胁的敲诈的相关规定来确定犯罪等级。

（6）在联邦领土上安装危险性或伤害性装置。其基本犯罪等级为 6 级。如果犯罪涉及在显示了极端漠视危险的状况下，将他人置于死亡或严重身体伤害的危险境地而完全不顾，则应适用重伤害中规定的犯罪等级。

（7）有关鱼类、野生动物和植物的犯罪。其基本犯罪等级为 6 级。此外，要考虑以下因素：①如果犯罪的实施是为了获取可用金钱衡量的收益或为了以其他方式达到有关商业目的；或者涉及一系列相似的违法行为，则提高 2 级；②如果犯罪涉及没有按照法律要求进行检疫的鱼类、野生动物或植物；或者以其他方式造成可能危害人类、鱼类、野生动物或植物的骚扰横行或疾病传播的显著危险，则提高 2 级；③如果涉及的鱼类、野生动物或植物的市场价值在 2000 美元到 5000 美元之间，提高 1 级；超过 5000 美元，则要根据盗窃、财产损坏及欺诈的表中对应此价值的等级数提高犯罪等级；如果犯罪涉及《海洋哺乳动物保护法案》中被列为濒危的海洋哺乳动物，或者被《濒危物种法案》列为濒临灭绝或受到威胁的鱼类、野生动物或植物；或者被列入《关于濒临灭绝的野生动植物物种的国际贸易条约》附件一中的鱼类、野生动物或植物，则应提高 4 级。

在确定完基本犯罪等级之后，要考虑行为人是否具有前科。之所以要考察被告人的前科，是因为美国刑法理论认为，刑罚的每一次发动，都应该向社会传递这样的信息：重复犯罪者，其犯罪行为每重复一次，对其的惩罚就会加重一次。因此，相比初犯者，有犯罪记录的被告人应该承担更重的刑罚。① 所以《量刑指南》中规定了行为人前科记录的不同监禁刑幅度对应的不同点数，当行为人重复犯罪时，需要将点数考虑在内，从而决定最终的刑罚幅度。《量刑指南》第四章 A 部分第 1 节第 1 条规定：（a）对每次超过一年零一个月的前科监禁，增加 3 个点数；（b）对（a）项中未包括的每次至少 60 天的前科监禁，增加 2 个点数；（c）对（a）（b）项中未包括的各前科监禁，增加 1 个点数，本项总点数最高为 4 点；（d）被告人在任何刑事司法判决期间，包括缓刑、假释、受监督释放、监禁、工作管束或脱逃状态，实施了现行犯罪的，增加 2 个点数；（e）被告人在（a）（b）项内的监禁刑刑满释放后两年内又实施现行犯罪，或在监禁期间或脱逃状态下又实施现行犯罪的，增加 2 个点数；如果根据（d）项已经增加 2 个点数的，那么本项只增加 1 个点数；（f）对前述没有按照（a）（b）（c）项增加点数的每一暴力犯罪的判决，考虑到该判决与另一个暴力犯罪的判决相关，只增加 1 个点数。本项最高点数为 3 点。如果由于犯罪发生在同一场合，判决被认为是相互关联的，则不适用本项规定。不予计算或只在特定条件下计算的某些前科包括：①被告人现行犯罪开始时 15 年前的判决不予计算，除非被告人的监禁延展至这 15 年内；②若被告人在 18 周岁以前犯下罪行，其判决只有在属于成年人法院的定罪时，才予以计算；③外国法院定罪的判决，定罪被撤销的判决或定罪无效的判决均不予计算。在确定了行为人增加的点数之后，根据 0 或 1 点对应Ⅰ、2 或 3 对应Ⅱ、4－6 对应Ⅲ、7－9 对应Ⅳ、10－12 对应Ⅴ、13 及以上对应Ⅵ的标准，与前述确定的犯罪等级相结合，在量刑表中找出行为人所适用的量刑范围。

----

① 参见吕秀梅总主编，美国量刑委员会编，逢绵温等译：《美国量刑指南——美国法官的刑事审判手册》，北京：法律出版社 2006 年版，第 319 页。

举一例说明：根据《联邦杀虫剂、杀菌剂和灭鼠剂法》，如果行为人使用、销售、运输未经登记注册或者与登记注册成分不相符合的杀虫剂、杀菌剂、灭鼠剂，则基本犯罪等级为 8 级，如果行为具有造成他人死亡或严重身体伤害的实质可能性，则提高 9 级；如果同时导致了清污工作需要巨额费用，则提高 2 个犯罪等级。最终，行为人的犯罪等级为三者相加，为 19 级。再考虑行为人的前科情况，如果行为人在该犯罪之前曾被判处 5 年监禁刑，且刑罚刚执行完毕 1 年，则行为人所对应的前科点数为 3 + 2，即为 5 个点数，对应Ⅲ。所以根据量刑表，行为人应被判处 37 ~ 46 个月监禁刑。

三、其他法律后果

环境污染犯罪所带来的后果不同于一般刑事犯罪，其造成的损害是灾难性的，并且影响极大，危害时间极长。因此，与传统犯罪不同，行为人除了需要承担罚金刑和监禁刑之外，法院还会责令行为人承担其他非刑事责任的法律后果。

（一）修复责任

法院可以要求行为人对其行为所造成的危害后果承担清理责任，往往这一责任承担的支出甚至会超过刑事罚金。而且，对于检察官来说，为了能够快速、有效地治理环境污染，他们愿意接受行为人所提出的能够立即消除污染的方案，或者比法律要求更高的清理承诺，而放弃对行为人进行追诉或者降低刑罚程度。尽管这样做可能导致刑法的一般预防功能受到影响，但是可以使环境污染得以控制，可以更加快速、直接地达到治理环境污染的目的。此外，如果行为人必须要清理其造成的环境污染，那么他们可能会基于采取全面补救计划的意愿，和检察机关达成一项谈判解决方案。而检察官也可能会被这样的决议所吸引，因为它通过消除污染物而直接地保护环境，而不是通过威慑潜在的未来违规者来间接地预防环境犯罪的发生。此外，巨额的环境修复支出也可能会为检察官办公室带来有利的宣传。但是，检察机关采取这种谈判协商方案还需要联邦和州民事监管机构就许多具有关键成本影响的清理条款达成一致才可以形成。对于污染者来说，通过谈判达成协商方案的主要吸引力在于除了降低收费的可能性之外，行为人还可以就所需的清理级别、允许的补救技术、时间表和清理后的义务等关键条款进行更大的灵活性协商。

（二）附随后果

法院在判决行为人承担刑事责任和修复责任之外，还会规定一些附随的法律后果：比如要求行为人公布其犯罪性质，定期向法院提交有关补救程序的信息；行政机关有权对其组织记录和处所进行定期或未经通知的检查；组织应采取适当行动，防止进一步类似的犯罪行为，包括评估合规性和道德操守方案，并作出必要的修改，以确保该方案的有效性。一个有效的合规程序的要素包括：减少犯罪行为的标准化、合理化的前置程序；一个高层次的员工负责监督这些标准配置；有效沟通的标准和程序；监督程序。公司还应该聘请外部专业顾问对合规程序的制定或修改进行适当评估和执行。合规程序在环境犯罪领域尤其重要，因为这种方案的存在可以大大减轻可能实施的任何潜在罚款。此外，随附后果还包括了一些强制程序，如：被未来的联邦合同强制列入黑名单；中止和取消与政府订立合同的资格；联邦税的后果；股票债券发行时的披露义务；剥夺其持有的环境行为许可证。这些影响对企业未来的经营可能是毁灭性的。比如《清洁水法案》和《清洁空气法案》中规定如果行为人违反了其条款，那么联邦机构将不再同这些行为人订立合同，也不允许对其发放补助基金。① 这种禁止并不具有追溯性，因此，已经同联邦机构订立合同或者获得补助基金的行为人在实施环境犯罪后，也不会被取消该合同或补助。但是这并不妨碍联邦机构在合同续订时进行新的安排，直到行为人能够向环保署证明其已经改正了导致环境犯罪的行为。而根据环保署的相关政策文件，这种证明需要行为人表明其今后都将遵守相关环境法规的态度，具体包括以下因

---

① See 33 U. S. C. §1368（a）；42 U. S. C. §706.

素：是否存在通过纪律机制得到持续执行的书面的环境标准；一个有效的程序来应用这些标准，如监控和审计系统，以及员工可以报告环境问题而不受惩罚的方法；一项防止和纠正未来环境问题的计划，其中包括一项独立的环境审计，以确保该公司没有其他问题。① 因此，与环境行为有关的公司应该在实施环境行为的一开始就将这些潜在的附带后果牢记在心，并应寻找机会，尽量减少其不利影响。

四、自觉服从的减轻责任

尽管法律没有将被告人的自觉服从行为作为抗辩事由的一种，但是由于环保署和司法部都比较欣赏受监管的实体自愿守法的行为，因此可以将行为人的自觉服从行为作为减轻情节来对待。在1996年，环保署通过了一项关于根据自我审计的程度来决定刑罚减少程度的政策，将原来临时性的减刑方案作为长期性的政策来对待。2000年的时候，环保署又对这项政策进行了修改，明确其规范表述，扩大其适用范围，以便使该法同环保署的执法实践相一致。但是，这一政策的基本结构和条款，仍然保持大体上的一致：一个组织必须在发现违法行为之日起20日内向行政机关披露，才有资格申请减刑；若公司或者其他组织自愿发现、披露和纠正违法行为，则可以完全免除惩罚性的处罚；而对满足上述多个条件的公司或者其他组织，则最高可以免除75%的行政处罚。除此之外，环保署对于善意地发现、披露和纠正违法行为的企业，将不会向司法部提起刑事诉讼，除非违法行为涉及经理或者员工个人的犯罪行为，存在着纵容环境违法行为的经营理念，有意识地参与或者有意识地忽略高级员工的违法行为。如果没有足够的理由怀疑存在环境违法行为，环保署将不会要求企业自动进行环境检查。环保署还会采取措施，通过适用审核政策来鼓励设施的新所有人报告之前的违法行为和使他们的设施符合规定以避免受到刑事追诉。

① See EPA Policy Regarding the Role of Corporate Attitude, Policies, Practices, and Procedures in Determining Whether to Remove a Facility From the EPA List of Violating Facilities Following a Criminal Conviction, 56 Fed. Reg. 64785 (1991).

　　但是，自觉服从也是一把双刃剑。因为司法部对是否在刑事诉讼中使用自愿审查的资料享有完全的自由裁量权，因此一个全面的检查可能成为检察官的路线图。环保署拒绝将环境审核的信息视为不许公开的保密信息。尽管存在这一有争议的条款，反对者仍然认为法人自愿审查信息的保密性，就像委托人向律师所提供的信息一样，律师负有保密的义务。环保署亦应如此。也有学者认为企业所提供的自愿审查信息涉及工业产品的秘密信息，也可以通过商业秘密条款要求环保署不予公开。

参考文献

一、中文著作类

1. 陈兴良：《刑法哲学》，北京：中国政法大学出版社 2000 年版。

2. 陈兴良、梁根林主编：《润物无声：北京大学法学院百年院庆文存之刑事一体化与刑事政策》，北京：法律出版社 2005 年版。

3. 《刑事法学要论》编辑组：《刑事法学要论》，北京：法律出版社 1998 年版。

4. 梁根林主编：《当代刑法思潮论坛》，北京：北京大学出版社 2016 年版。

5. 张明楷：《外国刑法纲要》，北京：清华大学出版社 1999 年版。

6. 杨兴、谭涌涛：《环境犯罪专论》，北京：知识产权出版社 2007 年版。

7. 许玉秀：《当代刑法思潮》，北京：中国民主法制出版社 2005 年版。

8. 许福生：《刑事政策学》，北京：中国民主法制出版社 2006 年版。

9. 梁根林：《刑事政策：立场与范畴》，北京：法律出版社 2005 年版。

10. 曲新久：《刑事政策的权力分析》，北京：中国政法大学出版社 2002 年版。

11. 杨春洗主编：《刑事政策论》，北京：北京大学出版社 1994 年版。

12. 张明楷：《刑法分则的解释原理》（第二版），北京：中国人民大学出版社 2011 年版。

13. 赵秉志主编：《环境犯罪及其立法完善研究》，北京：北京师范大学出版社 2011 年版。

14. 王世洲：《德国经济犯罪与经济刑法研究》，北京：北京大学出版社 1999 年版。

15. 胡雁云：《环境犯罪及其刑事政策研究》，北京：法律出版社 2018 年版。

16. 古承宗：《刑法的象征化与规制理性》，台北：元照出版有限公司 2017 年版。

17. 林山田：《刑法各罪论》（上），北京：北京大学出版社 2012 年版。

18. 高铭暄、马克昌主编：《刑法学》（第七版），北京：北京大学出版社、高等教育出版社 2016 年版。

19. 焦艳鹏：《刑法生态法益论》，北京：中国政法大学出版社 2012 年版。

20. 刘彩灵、李亚红：《环境刑法的理论与实践》，北京：中国环境科学出版社 2012 年版。

21. 黎宏：《刑法学》，北京：法律出版社 2012 年版。

22. 张明楷：《刑法学》（第六版），北京：法律出版社 2021 年版。

23. 张军主编：《〈刑法修正案（八）〉条文及配套司法解释理解与适用》，北京：人民法院出版社 2011 年版。

24. 高铭暄、陈璐：《〈中华人民共和国刑法修正案（八）〉解读与思考》，北京：中国人民大学出版社 2011 年版。

25. 王作富主编：《刑法分则实务研究》（第五版），北京：中国方正出版社 2013 年版。

26. 吴情树：《客观处罚条件研究：构成要件抑或处罚条件》，北京：社会科学文献出版社 2015 年版。

27. 陈洪兵：《中立行为的帮助》，北京：法律出版社 2010 年版。

28. 李希慧、董文辉、李冠煜：《环境犯罪研究》，北京：知识产权出版社 2013 年版。

29. 帅清华：《我国环境刑事司法实践研究》，南昌：江西人民出版社 2021 年版。

30. 杨春洗、向泽选、刘生荣：《危害环境罪的理论与实务》，北京：

高等教育出版社 1999 年版。

31. 付立忠：《环境刑法学》，北京：中国方正出版社 2001 年版。

32. 吕秀梅总主编，美国量刑委员会编，逢锦温等译：《美国量刑指南——美国法官的刑事审判手册》，北京：法律出版社 2006 年版。

二、译著类

1. ［德］汉斯·海因里希·耶赛克、托马斯·魏根特著，徐久生译：《德国刑法教科书（总论）》，北京：中国法制出版社 2001 年版。

2. ［德］克劳斯·罗克辛著，蔡贵生译：《刑事政策与刑法体系》（第二版），北京：中国人民大学出版社 2011 年版。

3. ［德］克劳斯·罗克辛著，王世洲译：《德国刑法学总论(第 1 卷)》，北京：法律出版社 2005 年版。

4. ［德］埃里克·希尔根多夫著，江溯、黄笑岩等译：《德国刑法学：从传统到现代》，北京：北京大学出版社 2015 年版。

5. ［德］安塞尔姆·里特尔·冯·费尔巴哈著，徐久生译：《德国刑法教科书》（第十四版），北京：中国方正出版社 2010 年版。

6. ［德］弗兰茨·冯·李斯特著，徐久生译：《德国刑法教科书》，北京：法律出版社 2000 年版。

7. ［德］卡尔·拉伦茨著，陈爱娥译：《法学方法论》，北京：商务印书馆 2003 年版。

8. ［日］森本益之、濑川晃、上田宽等著，戴波、江溯、丁婕译：《刑事政策学》，北京：中国人民公安大学出版社 2004 年版。

9. ［日］大谷实著，黎宏译：《刑事政策学》，北京：法律出版社 2000 年版。

10. ［法］米海伊尔·戴尔玛斯－马蒂，卢建平译：《刑事政策的主要体系》，北京：法律出版社 2000 年版。

11. ［意］安贝托·艾柯等著，王宇根译：《诠释与过度诠释》，北京：生活·读书·新知三联书店 2005 年版。

三、期刊类

1. 储槐植：《建立刑事一体化思想》，《中外法学》1989 年第 1 期。

2. 储槐植：《刑法学研究的新构想：刑法研究的思路》，《中外法学》1991 年第 1 期。

3. 储槐植：《刑法存活关系中——关系刑法论纲》，《法制与社会发展》1996 年第 2 期。

4. 陈兴良：《老而弥新：储槐植教授学术印象——〈刑事一体化论要〉读后感》，《昆明理工大学学报（社会科学版）》2008 年第 5 期。

5. 皮艺军、翟英范：《"严而不厉"与"刑事一体化"——储槐植先生访谈》，《河南警察学院学报》2015 年第 2 期。

6. 胡鹏：《中国环境报》"雾霾报道研究"，《传媒》2018 年第 21 期。

7. 包赟、周霄林、王栖溪：《〈大气十条〉实行后中国空气质量状况及成因简析》，《生命与灾害》2019 年第 12 期。

8. 马安怡：《浅析中国雾霾污染现状和治理策略》，《低碳世界》2019 第 2 期。

9. 刘华军、杜广杰：《中国雾霾污染的空间关联研究》，《统计研究》2018 年第 4 期。

10. 温嘉琪：《浅谈"河长制"与跨省流域水污染治理问题》，《世界环境》2017 年第 6 期。

11. 焦艳鹏：《我国污染环境犯罪刑法惩治全景透视》，《环境保护》2019 年第 6 期。

12. ［日］今井猛嘉著，李立众译：《环境犯罪》，《河南省政法管理干部学院学报》2010 年第 1 期。

13. 刘艳红：《环境犯罪刑事治理早期化之反对》，《政治与法律》2015 年第 7 期。

14. 张明楷：《污染环境罪的争议问题》，《法学评论》2018 年第 2 期。

15. 刘伟琦：《处置型污染环境罪的法教义学分析》，《法商研究》2019 年第 3 期。

16. 王勇：《论司法解释中的"严重污染环境"——以 2016 年〈环境污染刑事解释〉为展开》，《法学杂志》2018 年第 9 期。

17. 陈洪兵：《论污染环境罪中的"严重污染环境"》，《刑法论丛》2017 年第 2 期。

18. 马卫军：《论污染环境罪的保护法益》，《时代法学》2017 年第 4 期。

19. 黄旭巍：《污染环境罪法益保护早期化之展开——兼与刘艳红教授商榷》，《法学》2016 年第 7 期。

20. 吴卫星：《我国环境权理论研究三十年之回顾、反思与前瞻》，《法学评论》2014 年第 5 期。

21. 王岚：《论非法处置危险废物类污染环境罪中的处置行为》，《法商研究》2017 年第 3 期。

22. 刘伟琦：《污染环境罪中"处置"行为的司法误区与合目的性解读》，《当代法学》2019 年第 2 期。

23. 钱小平：《环境法益与环境犯罪司法解释之应然立场》，《社会科学》2014 年第 8 期。

24. 张志钢：《摆荡于激进与保守之间：论扩张中的污染环境罪的困境及其出路》，《政治与法律》2016 年第 8 期。

25. 冯军：《污染环境罪若干问题探讨》，《河北大学学报（哲学社会科学版）》2011 年第 4 期。

26. 叶良芳：《"零容忍"政策下污染环境罪的司法适用》，《人民司法》2014 年第 18 期。

27. 林芳惠：《污染环境罪立法的反思与重构》，《福建农林大学学报（哲学社会科学版）》2014 年第 6 期。

28. 陈洪兵：《解释论视野下的污染环境罪》，《政治与法律》2015 年第 7 期。

29. 侯艳芳：《污染环境罪疑难问题研究》，《法商研究》2017 年第 3 期。

30. 赵天红：《浅析污染环境罪的成立条件与罪过形态》，《中国检察官》2019 年第 12 期。

31. 田宏杰：《立法演进与环境污染罪的罪过：以行政犯本质为核心》，《法学家》2020 年第 1 期。

32. 张铎：《污染环境罪罪过形式探究》，《湖北警官学院学报》2014 年第 1 期。

33. 喻海松：《污染环境罪若干争议问题之厘清》，《法律适用》2017 年第 23 期。

34. 付立庆：《中国〈刑法〉中的环境犯罪：梳理、评价与展望》，《法学杂志》2018 年第 4 期。

35. 李玲：《污染环境罪"选择罪过"形式之提倡》，《北京政法职业学院学报》2018 年第 1 期。

36. 储槐植、杨书文：《复合罪过形式探析——刑法理论对现行刑法内含的新法律现象之解读》，《法学研究》1999 年第 1 期。

37. 张明楷：《罪过形式的确定——刑法第 15 条第 2 款"法律有规定"的含义》，《法学研究》2006 年第 3 期。

38. 苏永生：《污染环境罪的罪过形式探究——兼论罪过形式的判断基准及区分故意与过失的例外》，《法商研究》2016 年第 2 期。

39. 贾学胜：《论美国环境犯罪的罪责要件》，《安徽大学学报（哲学社会科学版）》2014 年第 3 期。

40. 贾学胜：《美国对环境犯罪的刑法规制及其启示》，《暨南学报（哲学社会科学版）》2014 年第 4 期。

41. 晋海、王颖芳：《污染环境罪实证研究——以中国裁判文书网198 份污染环境罪裁判文书为样本》，《吉首大学学报（社会科学版）》2015 年第 4 期。

42. 陈洪兵：《中立的帮助行为论》，《中外法学》2008 年第 6 期。

43. 王晓萍：《论我国环保警察制度的构建》，《科技创新与生产力》2017 年第 10 期。

44. 龙耀：《对森林公安整建制转为环保警察的思考》，《环境保护》2016 年第 8 期。

45. 吴云、方海明：《法律监督视野下行政执法与刑事司法相衔接的制度完善》，《政治与法律》2011 年第 7 期。

46. 姜涛：《行政执法与刑事执法的衔接机制研究——一个制度性的审视框架》，《内蒙古社会科学（汉文版）》2008 年第 6 期。

47. 周佑勇、刘艳红：《行政执法与刑事司法相衔接的程序机制研究》，《东南大学学报（哲学社会科学版）》2008 年第 1 期。

48. 刘远、赵玮：《行政执法与刑事执法衔接机制改革初探——以检察权的性质为理论基点》，《法学论坛》2006 年第 1 期。

49. 赵旭光：《"两法衔接"中的有效监督机制——从环境犯罪行政执法与刑事司法切入》，《政法论坛》2015 年第 6 期。

50. 周长军：《环境犯罪的行刑衔接》，《山东法官培训学院学报》2021 年第 3 期。

51. 冯俊伟：《行政执法证据进入刑事诉讼的类型分析——基于比较法的视角》，《比较法研究》2014 年第 2 期。

52. 陈卫东：《认罪认罚从宽制度研究》，《中国法学》2016 年第 2 期。

53. 魏晓娜：《完善认罪认罚从宽制度：中国语境下的关键词展开》，《法学研究》2016 年第 4 期。

54. 侯艳芳：《我国污染环境犯罪中因果关系推定规则之适用研究》，《青海社会科学》2011 年第 5 期。

55. 唐双娥：《我国污染型环境犯罪因果关系证明方法之综合运用》，《法学论坛》2012 年第 5 期。

56. 张明楷：《规范的构成要件要素》，《法学研究》2007 年第 6 期。

57. 蒋兰香：《规范刑法学视野下非法狩猎罪司法解释的基本逻辑》，《法学论坛》2019 年第 6 期。

58. 郑丽萍：《轻罪重罪之法定界分》，《中国法学》2013 年第 2 期。

59. 蒋兰香：《生态修复的刑事判决样态研究》，《政治与法律》2018 年第 5 期。

60. 宋维彬：《行政证据与刑事证据衔接机制研究——以新〈刑事诉讼法〉第 52 条第 2 款为分析重点》，《法律适用》2014 年第 9 期。

61. 汪建成：《司法鉴定基础理论研究》，《法学家》2009 年第 4 期。

62. 侯艳芳：《环境损害司法鉴定的现实与理想》，《山东社会科学》

2017 年第 10 期。

63. 赵星、安然：《试论我国环境污损司法鉴定机构的建构——以完善环境犯罪的惩治为视角》，《法学杂志》2010 年第 7 期。

64. 万毅、纵博：《论刑事诉讼中的抽样取证》，《江苏行政学院学报》2014 年第 4 期。

65. 焦艳鹏：《污染环境罪因果关系的证明路径——以"2013 年第 15 号司法解释"》的适用为切入点，《法学》2014 年第 8 期。

66. 曾粤兴、李霞：《环境犯罪因果关系的特殊性》，《中国人民公安大学学报（社会科学版）》2012 年第 5 期。

67. 陈瑞华：《非法证据排除规则的中国模式》，《中国法学》2010 年第 6 期。

68. 纵博：《我国刑事证据能力之理论归纳及思考》，《法学家》2015 年第 3 期。

69. 张扩振：《认知理论在行政诉讼中的应用——以证据证明标准为例》，《学术界》2019 年第 12 期。

70. 徐军、钟友琴：《恢复性司法在生态环境刑罚中的定位重构》，《环境污染与防治》2022 年第 4 期。

71. 张福德：《美国环境犯罪的刑事政策及其借鉴》，《社会科学家》2008 年第 1 期。

72. 杜宇：《犯罪构成与刑事诉讼之证明——犯罪构成程序机能的初步拓展》，《环球法律评论》2012 年第 1 期。

73. 陈伟：《疫学因果关系及其证明》，《法学研究》2015 年第 4 期。

74. 姚贝：《论污染型环境犯罪的因果关系》，《中国刑事法杂志》2015 年第 5 期。

75. 廖祥正：《刑事证据"三性"刍议》，《天中学刊》2012 年第 3 期。

76. 杨波：《由证明力到证据能力——我国非法证据排除规则的实践困境与出路》，《政法论坛》2015 年第 5 期。

77. 唐绍均、黄东：《环境罚金刑"修复性易科执行制度"的创设探索》，《中南大学学报（社会科学版）》2021 年第 1 期。

78. 陈太清：《美国罚款制度及其启示》，《安徽大学学报（哲学社会科学版）》2012 年第 5 期。

79. 王晨：《我国刑法中规定了严格责任吗》，《法学研究》1992 年第 6 期。

80. 赵星：《法益保护和权利保障视域中的环境犯罪立法与解释》，《政法论坛》2011 年第 6 期。

四、报纸文章

1. 郄建荣：《环境犯罪为何游离于刑事处罚之外》，《法制日报》2010 年 5 月 27 日。

2. 陈景清：《"亡羊"后，我们如何"补牢"?》，《中华工商时报》2010 年 9 月 10 日。

3. 武卫政：《两部门发布意见　环保公安合力打击污染犯罪》，《人民日报》2013 年 12 月 4 日。

4. 丁国峰、卢志坚：《江苏能动检察妥处"鹦鹉案"　为司法解释完善提供案例样本》，《法治日报》2022 年 4 月 29 日。

5. 来洁：《河北试水"环保警察"》，《经济日报》2014 年 5 月 6 日。

五、外文参考文献

1. Scott E. & Sundby, A Return to Fourth Amendment Basics：Undoing the Mischief of Camara and Terry, *Minnesota Law Review*, 1988 (72).

2. Ronald G. Burns, Michael J. Lynch and Paul Stretesky, *Environmental Law*, *Crime*, *and Justice*, New York：LFB Scholarly Publishing LLC, 2008.

3. Findley, R. W. & Farber, D. A., Environmental Law：In a nutshell, St. Paul, MN：West Group, 2000.

4. Cohen, M. A., Environmental Crime and Punishment：Legal/Economic Theory and Empirical Evidence on Enforcement of Environmental Statutes, *The Journal of Criminal Law and Criminology*, 1992 (82).

5. James Miskiewicz & John S., Rudd, Civil and Criminal Enforcement of

the Clear Air Act After the 1990 Amendments, *Pace Environmental Law Review*, 1992 (9).

6. William F. Pedersen Jr. , Why the Clear Air Act Works Badly, *Univerity of Pennsylvania Law Review*, 1981, Vol. 129.

7. Joseph G. Block, Environmental Criminal Enforcement in the 1990s, *Villanova Environmental Law Journal*, 1992 (3).

8. Criminal Litigation Committee of the Environmental Law Section, Environmental Crime, 1995.

9. U. S. Department of Justice, *Factors in Decisions on Criminal Prosecutions for Environmental Violations in the Context of Significant Voluntary Compliance or Disclosure Efforts by the Violator*, 1991.

10. Susan F. Mandiberg, Michael G. Faure, A Graduated Punishment Approach to Environmental Crimes: Beyond Vindication of Administrative Authority in the United States and Europe, *Columbia Journal of Environmental Law*, 2009 (34).

11. Joshua Dressler, *Understanding Criminal Law (Fifth Edition)*, New York: Matthew Bender Company & Inc. , 2009.

12. J. C. Smith, and Brian Hogan, *Criminal Law*, Oxford: Butterworth, 1988.

13. Samuel H. Pillsbury, *How Criminal Law Works: A Conceptual and Practical Guide*, Durham: Carolina Academic Press, 2009.

14. Rebecca S. Webber, Elemental Analysis Applied to Environmental Crimes: What did They Know and did They Know It?, *Boston College Environmental Affairs Law Review*, 1988 (16).

15. EPA Policy Regarding the Role of Corporate Attitude, Policies, Practices, and Procedures in Determining Whether to Remove a Facility From the EPA List of Violating Facilities Following a Criminal Conviction, *Fedral Register*, 1991 (56).

16. Kevin A. Gaynor & Thomas A. Bartman: *Criminal Enforcement of Environmental Law*, Colorado Journal of International Environmental Law and Policy, 1999.

后 记

当撰写完本书最后一个句点，如释重负的同时，一种"知易行难"的感觉油然而生。储槐植教授将"刑事一体化"分为"观念的刑事一体化"和"方法的刑事一体化"，本书是在后一种意义上使用"刑事一体化"这一概念的。我所理解的"刑事一体化视阈中的环境犯罪研究"具有两层含义：其一是从犯罪学、刑事政策学、刑法教义学、刑事诉讼法学和证据法学视角对环境犯罪展开研究；其二是要在事实学（犯罪学）的基础意义、刑事政策的指导意义、教义学的构成要件研究、刑事诉讼的机制保障和证据对构成要件实现的制约意义等方面进行"贯通学科联系"的研究。如果说不同学科视角只是表明了刑事一体化研究的形式意义的话，"贯通学科联系"研究才是刑事一体化研究的实质。项目研究行将结束之际，我只能说对第一层含义的研究目标基本达成，但第二层含义的研究，仍留下不少遗憾。造成这种遗憾，一是因为自己在认识论和知识储备上还有局限，二是因为在执行力上还须大力提升。只能留待以后的研究继续深化对刑事一体化方法论的实践和探索了。

我指导的几名研究生也参与了本项目的研究。董艺敏同学和李悦尔同学根据我拟定的研究思路和纲要，利用她们所掌握的数据统计和图表制作方法，分别参与了第一章第一节和第五章的研究，并撰写了初稿；刘轩谕同学和阙山朝同学分别协助了第一章第二节和第四章的资料收集和整理。感谢她（他）们对本项目研究的参与和协助。

最后，感谢暨南大学出版社张晋升社长、李战副总编和姚晓莉编辑对本书出版的热情关怀、支持和帮助；感谢暨南大学法学院/知识产权学院对本书出版的资助！

贾学胜

2022 年 7 月于广州